改訂新版

まるごと授業 社会 5年

喜楽研の
QRコードつき授業シリーズ

板書と授業展開がよくわかる

著者：羽田 純一・中楯 洋・倉持 祐二・安野 雄一

企画・編集：原田 善造

わかる喜び学ぶ楽しさを創造する教育研究所　略称 喜楽研

はじめに

　社会科の授業では，様々な人との出会いから学び，具体物に触れて感じ取り，事実や資料から読みとるなど多様な活動が展開できます。これらの活動に主体的に取り組み，考えたり話し合ったりしながら，社会的な認識と判断力を身につけ，主権者としての力を育てていくことが大切な目標となります。

　児童が「社会科嫌い」になる一番の理由は「覚えることが多いから」です。一方的に教えられたことを暗記していくだけの授業では，楽しい授業にはなりません。教科書をそのまま教えるのではなく，内容を深めたり広げたりする工夫が先生方には求められます。

　先生が「社会科を教えるのが楽しくなってきた」，児童が「社会科が好きになってきた」と思えるような授業づくりに，本書が少しでも役立つことを願っています。

楽しく＆わかる社会科授業を目指して

　「楽しく，わかる」社会科授業をするためのポイントは二つあります。一つは，児童の関心を引きつけ，教える目標に迫れるような魅力的な教材と，そのための資料（図表，グラフ，文章，絵や画像，具体物，人々の話など）を準備することです。二つ目は，資料を読み解き，考えたり話し合ったりする児童の活動を十分に取り入れ，授業の進め方を工夫することです。
教材（何を）と授業方法（どう教えるか）は，社会科学習を進める両輪です。二つがかみ合ったときに，「楽しく＆わかる」授業ができるのです。言うまでもないことですが，ただ「楽しい」だけの授業ではなく，「何がわかったのか」という内容が伴わなければならないのは勿論のことです。

　ＩＣＴの活用が広がり，児童自身もインターネットで簡単に多様な資料が入手できるようになりました。授業の中でも，様々に活用できる幅が広がっています。これらを上手く活用すれば，「楽しく，わかる」授業に新たな要素が加わることになります。本書でも，その活用例を取り上げています。
同時に忘れてはならないことは，児童自身が地域に足を運んで学ぶ活動，現実にものを見たり触れたり，直接話を聞くことの持つ教育的な「力」の重要性です。ここから得られる「感動」や「事実の重み」は機械で代替できません。ＩＣＴの便利さとアナログ活動の持つ力，その両方の使い分けも必要なことです。

新しい資料・補充教材も豊富に

　5年生の社会科は，日本の国土，産業，環境問題について学習します。これらの分野に関係するデータ（各種統計など）は，年々変わっていきます。教科書より新しい資料が欲しいときや教科書を補充する資料があれば，もっと良い授業ができるときもあります。各省庁の統計や白書や参考文献などを調べれば資料を作ることはできます。しかし，多忙な学校現場で，それは困難な場合が多いことでしょう。まして，画像等を撮り，取材するために，日本全国に出かけて行くことなど不可能です。

　本書では，できる限り多くのより新しい資料や，ワークシート，画像，動画などをＱＲコードから手軽に入手し活用していただけるようにしています。教科書会社によって，取り上げている教材や資料にも違いがあります。本書には，どの教科書を使っていたとしても，活用できるような展開や，資料・画像などを補足した教材を収録しています。補充教材も，いくつか挿入しています。時間に余裕があるときに取り上げたり，他の教材と入れ替えて扱っていただくのもよいでしょう。

本書で楽しく・わかる授業を！

全ての単元・全ての授業の指導の流れを掲載！

　学習する全単元・全授業の進め方が掲載されています。学級での日々の授業や参観日の授業，研究授業や指導計画作成の参考にして頂ければと思います。

　本書の各単元の授業案の時数は，ほぼ教科書の配当時数にしてあります。

QRコードを使って見せる授業ができる

　授業1時間ごとの写真・動画・資料・解説・イラスト・ワークシートを各ページに載せてあるQRコードに収録しました。写真や動画はカラーでよくわかり，児童が喜ぶので是非ご活用下さい。

1時間の展開例を見開き1ページで説明

　どのような発問や指示をすればよいか具体例が掲載されています。先生方の発問や指示の参考にして下さい。

　板書例だけでは，細かい指導の流れがわかりにくいので，詳しく展開例を掲載しておきました。是非本書を参考に，クラスの実態にあわせて展開の仕方を工夫してください。

板書例をわかりやすく掲載

　教室の黒板は，「たて」と「横」の比が，1：3〜1：4です。本書も実際の黒板のように横長にして，見やすい工夫をしました。

各時間のねらいとICT活用のポイント

　本書では，各時間のはじめに，その時間で大切にしたいことや，児童に身につけさせたい学習の力等々を，「本時の目標」にまとめてあります。また，ICTを活用して授業を進めるポイントを「ICT」欄に記載しています。

5年（目次）

QR コンテンツについて

授業内容を充実させるコンテンツを多数ご用意しました。右の QR コードを読み取るか下記 URL よりご利用ください。

URL：https://d-kiraku.com/4514/4514index.html

ユーザー名：marugotoshakai5

パスワード：HErK2t

※各授業ページの QR コードからも，それぞれの時間で活用できる QR コンテンツを読み取ることができます。
※上記 URL は，学習指導要領の次回改訂が実施されるまで有効です。

本書の特色と使い方

◆**板書例について**

　見やすく，1時間の授業内容がひと目でわかるのがよい板書です。板書例を参考にしながら，文字が多くなりすぎないように，拡大表示された図表，絵，写真，記号なども配した板書を工夫してください。特に目立たせたいところや大事なところは，赤字や赤のアンダーライン・囲みで表しています。QRコードには，板書用の写真や図表なども収録していますので，活用してください。

◆**本時の目標について**

　1時間の学習を通して，子どもたちにわからせたい具体的目標。

◆ POINT **について**

　子どもが社会の見方・考え方を働かせたり，資質や能力を養ったりできるためのポイント等が書かれています。こうした授業につながる学習活動の意図や，子どもの理解を深めるための工夫など，授業作りにおいて指導者が留意しておくべき事項について示しています。

◆**授業の展開（過程）について**

①1時間の授業の中身を基本4コマの場面に分け，標題におよその授業内容を表示しています。

②本文中の「T」は，教師の発問です。

③本文中の「C」は，教師の発問に対する子どもの反応や話し合い，発表です。

④太字で書かれている分は，教師や児童の活動への指示，教師が留意しておきたいことなどです。

第1時

工業製品の輸送と日本の貿易

日本時の目標｜輸送や貿易と日本の工業生産との関係を考え，学習課題を持つことができる。

板書例

ⓜ 工業製品の輸送と貿易について調べ，学習課題を持とう

1〈工業生産に必要な運輸と貿易〉

工業生産を続けるために必要なもの

・原料や部品・製品を売る・働く人・中小工場…

2〈輸送（運輸）〉

・原料，部品，製品を運ぶ

・トラック，船，鉄道，飛行機

・2000年頃まで大きく増える
　→工業生産の発展と似ている

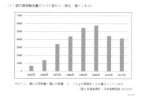

資料　国内の貨物輸送と貿易

(1) 国内貨物輸送量のうつり変わり（単位　億トンキロ）

QR

POINT 地図帳を活用して，位置関係や各地域のつながりが見えるようにしたい。その上で，輸送方法などについて対話的に考えて

1 日本の工業が生産活動を続けていくためには，何が必要か考えよう。

T 日本の工場で工業製品をつくり続けていくために，どうしても必要なことは何だと思いますか。

C 部品と部品になる鉄などの原料は絶対必要。

C 部品があっても，働く人がいないと生産は続けられないよ。

C どれだけつくっても，製品が売れなかったら，生産は続けられないよ。

C 自動車はたくさん輸出しているから，輸出は大事。原料は輸入しているから輸入も絶対必要だ。

T 原料の産地や部品工場から自動車組み立て工場へは，どうやって運んでいるのですか。

C 原料は船で運んで輸入している。

C トラックで部品を運んでいる。

T 製品を消費者や輸送先に届けるときには，何を使いますか。

C トラックに積んだり船に積んだりして運ぶ。

T 輸送がなければ，生産は続けられないですね。

2 貨物輸送について調べよう。

T 様々な物や人を運ぶことを運輸と言います。

C じゃあ，輸送がなかったら工業生産は続けられないから，輸送が工業を支えていると言えるね。

T 品物を運ぶのは，トラックと船だけですか？

C 鉄道でも運びます。貨物列車があります。

C 飛行機でも，運んでいるよ。

資料「国内の貨物輸送と貿易」QR**を配る。**

T (1) のグラフから分かることを話し合いましょう。

※単位の「トンキロ」や「貨物輸送」の説明をしておく。

C 2000年までは，輸送量がすごく増えて，その後は少し減っている。

C 貨物の中には工業製品や部品なども含まれているのね。

C 前に勉強した工業製品の生産量と似たようなグラフになっている気がする。

174

◆ 準備物について

　1時間の授業で使用する準備物が書かれています。授業で使用する道具，準備物については，教科書に掲載されている物や教材備品，ＱＲコードの中のものを載せています。教師用に，参考資料・参考文献なども書いています。

◆ ICT について

　指導者が1時間の中でどのように端末を活用するのか，子どもにどのように活用させるのかについて具体的な例を示しています。資料の配布・提示をはじめとした様々な用途で活用することを想定しています。

　ただし，端末利用に捉われず，身の回りの出来事や毎日の暮らしとの繋がりを意識させることができるような使い方をすることが目的です。

準備物	・資料 QR ・地図帳

ICT	グラフを配信し，地図帳と照らし合わせて見ることで，工業製品の国内輸送の様子を捉えやすくなる。

◆ QR コードについて

　本文中の QR コードを読み取っていただくと，板書に使われているイラストや，授業で使えそうな関連画像・動画，資料等を見ることができます。教科書に書かれた内容をより深く理解するために色々な資料を揃えているので，場面や展開に応じて柔軟な使い方をすることができます。

　また，資料をプリントではなく，画像データで児童のタブレットに配信することができるので，授業準備にかかる負担を軽減することができます。

※ QR コンテンツを読み取る際には，パスワードが必要です。パスワードは本書 P4 に記載されています。

③ 〈貿易（輸出・輸入）〉
・貿易額の多い港，空港
　成田国際空港，関西国際空港
　名古屋港，東京港，横浜港など
　→工業地帯・地域にある

④ 〈もっと調べたい〉
・どのようにして運ぶのか
・どの手段で運ぶことが多いのか
・飛行機では何を運ぶのか
・輸送のうつり変わり
・何をどこへ輸出・輸入
・貿易のうつり変わり

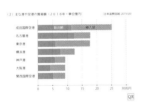

いくことで，深い学びに繋がっていく。

3 貿易について調べよう。

「貿易」の意味を教科書や資料集で確認させる。

Ｔ　今度は資料の（2）QRもグラフを見ましょう。これは何を表しているグラフですか。
Ｃ　主な港や空港の貿易額です。
Ｃ　輸出が輸入より多いところや，その逆もあるね。
Ｔ　地図帳で場所を調べましょう。何か特徴は？
Ｃ　どこも，前に習った太平洋ベルトの中で工業の盛んなところばかりだ。
Ｃ　京浜・中京・阪神工業地帯の近く。成田や千葉は京葉工業地域に近い。
Ｃ　工業地帯や地域にある港や空港で，輸出や輸入をしている。その方が便利だよね。

工業の盛んな地域の地図（教科書など）も参照する。

Ｃ　工業と貿易の関係は，貿易額の多い港や空港が工業地帯などにあることからも分かるね。

教科書記載の輸送や貿易場面の写真も見させておく。

4 日本の工業と輸送や貿易について，もっと調べたいことを話し合おう。

Ｔ　日本の工業を支えている運輸や貿易について，どんなことを詳しく調べてみたいと思いますか。
Ｃ　自動車はキャリアカーで運ぶけど，他はどのようにして原料や製品を運んでいるのか，もっと調べてみたい。
Ｃ　どんな物を輸出や輸入しているのか，どこの国と貿易をしているのか，もっといろいろ知りたい。
Ｃ　空港での貿易額がすごく大きかったけど，どんな物を飛行機で運ぶのかな？
Ｃ　品物を運ぶのはトラックや船などいろいろあったけど，どれで運ぶのが多いのかな？
Ｔ　いろいろ意見が出ましたね。では，次の時間から原料・部品・工業製品が何でどのように運ばれているか調べましょう。貿易についても，どことどんなものを輸出入しているのか調べましょう。
Ｃ　輸送も貿易も，その移り変わりも知りたいです。

◆文中のアンダーライン，赤字について

　本時の展開で特に大切な発問や授業のポイントにアンダーラインを引いたり，赤字表示をしています。

工業生産を支える運輸と貿易　175

5 学年の授業のポイント

授業の準備と資料

1 　資料の特性を活かした活用を！

　本書には，様々な形態の資料（写真や動画，イラスト，グラフ，表などのデータ）をＱＲコードに収録しており，スマホやタブレットでそれを読み取ることで資料を利用することが可能となっています。目の前にいる児童の特性やその授業で取り扱う内容，身につけたい力等に応じて活用することで有効に働きます。教科書や地図帳，資料集とともに，本書の資料を活用することで，「事実的知識」から「概念的知識」「価値的・判断的知識」の領域へと向かっていくようにしましょう。

2 　「学びの必然性」に応じた学習展開を！

　児童がもつ疑問から始まる授業は，学びを活性化させ，より深い学びへと誘います。年間の授業時間は限られていますが，できる限り児童が抱いた「問い・疑問」「学び方」「まとめ方」に寄り添いましょう。そして，各単元の計画を柔軟に修正しながら，主体的・対話的で深い学びの世界に没入していけるようにしましょう。

3 　地図帳・地球儀・統計資料の活用を！

　1年を通して，地図帳を数度しか使わなかった…という先生もいらっしゃるのではないでしょうか。しかし，実は地図帳は統計資料等の宝庫です。生産量や出荷額，消費量，人口など，地図だけでなく様々な資料が掲載されています。資料集や地球儀も併せて，社会認識を深めるために活用しましょう。

4 　「実物や人とのつながり」から，深い学びを！

　実物や対象となる人との直接的な出会いは，新たな「見方・考え方」や「感動」，「疑問」を生み出し，学びをより豊かにします。「人から感じ，学ぶこと」は社会認識を深めるだけでなく，情感をより豊かなものに育みます。現地見学やインタビュー，オンラインで対象となる人をつなぐなど，場の工夫をしましょう。

授業の進め方－（ICT を活用した深い学びを目指して）－

1　生活と関連づけて「社会」や「生き方」を学ぶ

　導入において，生活と結びつけられるような写真や動画，具体物，クイズなどを提示しましょう。日々の生活と学ぶ対象を関連づけることで，児童は対象を身近なものとして捉え，興味をもち，「問い・疑問」を生み出します。児童がもつ「問い・疑問」を観察しながら，学習展開していくことで，児童は社会科授業に夢中になり，「社会」や「生き方」を学んでいきます。

2　いろいろある「学び方」「まとめ方」

学び方	まとめ方
教員による資料提示 調べ学習（教科書・資料集・地図帳・インターネット・図書館利用） 見学・インタビュー（オンラインも可）	レポート・ポスター・新聞づくり CM づくり・企業・団体との PR 活動 団体・地域・国際支援活動

　これら以外にも様々な方法があります。うまく組み合わせて展開しましょう。

3　「事実的知識」から「概念的知識」「価値的・判断的知識」へ

　社会科は丸暗記の学習ではありません。資料の読み取りなどを通して「事実（見えるもの）」を知ることは大切ですが，そこから先にある「概念・意味・価値（見えないもの）」に迫っていくところに深い学びがあります。事実をもとに，友だちとの対話や対象となる人との関わりを通して，「見えないものを追究する深い学び」へと向かっていきましょう。また，私たちが生きる「社会・世界」は複雑なものです。「社会は分からないものだ」「一筋縄ではいかない」という気づきは，社会科学習において素晴らしい気づきであり学びです。

4　ICT を有効に活用しよう

　ICT を活用できる場面は，本書で紹介する通り資料提示，調べ学習，意見・考えの共有，学習のまとめ，学びの見取り等たくさんあります。しかし活用の仕方を誤ると対話が止まるなど不都合が生じます。ICT は万能でないことを念頭におき，最大限に特徴を活かせるよう，活用場面を考えていくようにしょう。

QRコンテンツで楽しい授業・わかる授業ができます
児童のタブレットに配信できます

見てわかる・理解が深まる動画や画像

　本書には，授業では実際に見に行けない地域の画像や動画が多数収録されています。動画や画像を見せることでわかりやすく説明でき，児童の理解を深めると同時に，児童が興味を持って取り組めます。各資料は，児童のタブレットに配信し，拡大して見ることができます。

◇ 動画・画像

代掻きする様子（動画）

庄内平野（画像）

白馬連峰（画像）

洞爺湖（画像）

授業で使える「白地図」「ワークシート」など

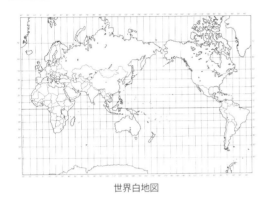

世界白地図

ワークシート

　授業の展開で使える「ワークシート」や「白地図」などを収録しています。印刷して配布したり，児童のタブレット等に配信してご利用ください。

板書づくりにも役立つ「イラストや細密画，図」など

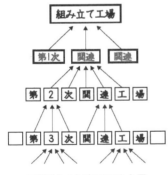

工場間のつながりを示した図

　わかりやすくきれいな板書に役立つイラストや図がたくさん収録されています。

　黒板に投影したり，児童のタブレット等に配信してご利用ください。

　また，印刷して，大切なところに印をつけたり，色ぬりをさせるのも，児童の理解を深めるのにとても有効な方法です。

自動車組み立ての様子

枕崎市内のかつお節工場

1 わたしたちの国土

世界の中の国土

全授業時間6時間（導入2時間＋4時間）

◉ 学習にあたって ◉

◇**何を教えるのか　- この単元の特徴 -**

　　世界の六大陸三海洋の位置や名称と，その中での日本の位置，日本の領土の広がりと周辺の国々について学習する小単元です。最初の導入の1時間は「わたしたちの国土」の単元全体の導入です。どの教科書も，宇宙から見た地球の写真を大きく掲載しています。

　　5年生最初の社会科学習であり，今後の学習につながっていく教材です。児童ができるかぎり興味をもって学習に取り組めるように，クイズや作業的な学習活動を取り入れ，画像や具体物などを活用して世界の国々のイメージを広げるなどの工夫をします。名称を覚えるだけの学習にならないような配慮が必要です。世界地図と併せて，地球儀の扱い方や見方にも慣れさせておきましょう。緯度・経度についても，基礎的な知識を含めてしっかりとおさえておきたい内容です。

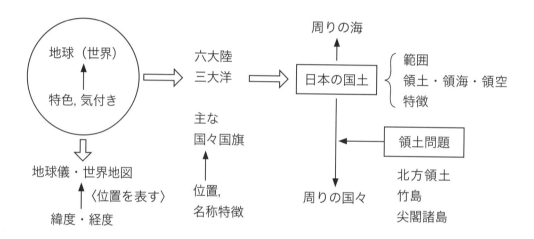

● 評　価 ●

| 知識および技能 | ・世界の六大陸と三海洋，主な国の名称と位置，世界における日本の位置，国土の構成，領土の範囲などについて大まかに理解している。
・国土の概要や構成について，地図帳や地球儀，各種の資料で調べ，ノートやプリントにまとめることができる。 |

| 思考力，判断力，表現力等 | ・世界の大陸と主な海洋や国の位置，世界の中での日本の位置，近隣諸国との位置関係や領土問題などについて考え，表現している。
・我が国の国土の位置や形状などの情報を総合し，我が国の国土の特色を考え，白地図やノートなどに適切に表現している。 |

| 主体的に学習に取り組む態度 | ・わが国の国土の様子について関心を持ち，主体的に学習問題を調べて追究し，解決しようとしている。 |

● 指導計画　　6時間（導入2時間＋4時間）●

時数	授業名	学習のめあて	学習活動
導入1	地球の姿を見て	・宇宙からの写真や地球儀を見て，気づいたことを話し合い，世界や日本の姿に関心を持つことができる。	・宇宙からの写真や地球儀を見て，地球の姿をとらえる。 ・地球儀を見て分かったことを発表する。 ・調べてみたいことを交流する。
導入2―ひろげる	地球儀と世界地図を使って調べよう	・緯度と経度について理解し，地球儀や世界地図を使って，位置を調べることができる。	・緯度と経度について理解する。 ・緯度と経度から位置を確かめる。 ・地球儀と世界地図の特徴を比較する。
1	世界の大陸・海洋と日本の位置	・世界の大陸や海洋の位置や特徴がわかり，その中での日本の位置について考えることができる。	・世界の陸地，海洋の名称を書き，気づいたことを発表する。 ・世界の中での日本の位置の表し方を話し合う。 ・学習の振り返りをする。
2	世界の国々と日本	・世界の主な国々の名称や位置，国旗の意味について調べることができる。	・知っている国を出し合い，位置を確認する。 ・教科書に国名を書き，位置を確かめる。 ・国旗のデザインには意味があることを理解する。 ・世界の国について気付いたことを話し合う。
3	多くの島からなる日本―国土の広がりと周りの国々―	・日本の国土の範囲，特徴，周りの様子などがわかる。	・日本の国土の範囲を確かめ，周辺の海や国を調べる。 ・国土の特徴について話し合う。 ・印象に残ったことなどを話し合う。
4	領土をめぐる問題	・領土，領海，領空の意味と範囲が分かる。 ・領土をめぐる問題があることがわかる。 ・学習のまとめ。	・領土，領海，領空の範囲を確かめる。 ・領土をめぐる問題があることを理解する。 ・学習してわかったことや考えたことを話し合う。

地球の姿を見て

板書例

㊌ 地球の姿を見て，気づいたことを話し合おう

1 〈宇宙から見た地球〉

・大きな球の形

・緑：森や草原　青：海　白：氷

・日本 – 周りを海に囲まれている，
　大陸のすぐそば

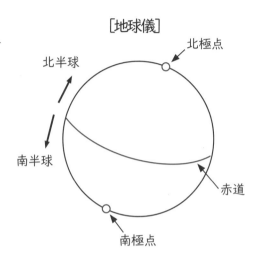

[地球儀]

北極点

北半球

南半球

赤道

南極点

2 〈地球儀を見て〉

・日本を見つける

・大きな海がつながっている

・つながっている大陸もある

POINT 地図データを配信して読み取るとともに，マップ機能を活用することで，様々な角度から地球を見ることができ，新たな疑

---

1 宇宙から見た地球の姿を見て，気づいたことを話し合う。

T　教科書の宇宙から見た地球の写真を見て，気づいたことを言いましょう。

C　地球は丸い形をしていることが分かります。

C　陸地の緑のところは，森林や草原です。

C　陸地の形がよく分かります。

C　陸地より海の方が広そうです。

C　写真の上の白いところは氷だ！

C　宇宙飛行士の人は，地球のこんな姿を見ているんだね。

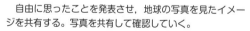

　　自由に思ったことを発表させ，地球の写真を見たイメージを共有する。写真を共有して確認していく。

T　日本は，どこにあるか分かりますか。

C　大きな陸地のすぐそばにある国です。

C　大陸と反対側は，大きな海です。

C　周りを海に囲まれた小さな島だな。

C　細長い形をしている。

---

2 地球儀で，地球全体の姿を確かめる。

T　写真では，見えない部分がありましたね。地球全体の様子は，地球儀を見ると分かります。

　　地球儀をグループに配る。地球儀は2種類あるので，目的に応じて使い分ける。
　　①地勢…地理的な特徴。②行政…国名，位置など。

T　地球儀を回して全体の様子を見ましょう。日本の位置も確認して下さい。

C　日本がどこにあるか見つけた。

C　日本の反対側の国も分かる。

C　大きな海は，つながっているんだね。

C　つながっている大陸もあるよ。

T　北極点，南極点，赤道を見つけましょう。

C　多分ここだと思う。上が北極点。下が南極点。

C　あった。赤道は別に赤くはないね。

T　赤道より北を北半球，南を南半球といいます。

3 〈わかったこと〉

・陸より海の方が広い

・少しかたむいている

・日本は北半球

・陸の多いところと海の多い
　ところ

4 〈調べたいこと〉

・どんな国がいくつあるのだろう

・日本の周りの国について

・世界の人の暮らし

・大陸，海について

・世界のいろいろなランキング

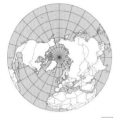

北半球 QR

南半球 QR

陸半球 QR

水半球 QR

問を生み出すことができる。

3 地球儀を見て，分かったことや気づいたことを発表する。

T　地球儀を見て，分かったことや気がついたことを発表しましょう。

C　陸地より海の方が広い。

C　海の色が濃いところは深くて，薄いところは浅いのだろう。

C　地球の形が丸いことがはっきり分かった。

C　地球は少し傾いている。

C　日本は北半球にある。

C　南極には陸地があるが，北極はほとんど海だ。

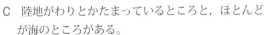

C　陸地がわりとかたまっているところと，ほとんどが海のところがある。

T　陸地が多いところと，海が多いところはどのあたりでしょう。地球儀をいろいろな角度から見てみましょう。

C　地球儀をこんな見方で見るのも面白いね。

4 宇宙からの写真と地球儀を見て，調べたいと思ったことを発表する。

T　宇宙からの写真や地球儀を見て，もっと調べてみたいことはありますか。

C　どんな国がいくつぐらいあるのか知りたい。

C　日本の周りには，どんな国があるのか？

C　色んな国々の人の暮らしを知りたい。

C　世界の大陸や海洋のことを詳しく知りたい。

C　いろいろな世界ランキング。一番大きな国，一番小さな国，一番大きな湖…など。

C　地球は丸いのに，どうして紙の地図に表せるのかな？

T　さっき地球儀をいろんな角度から見ましたね。地球をいろいろな所で真っ二つに割って真上からみるとこんな地図もできます。

　　北半球，南半球，陸半球，水半球の地図QRを見せる。

C　おもしろいね。いろんな見え方がある。

C　これ全部地球の姿なんだね。

地球儀と世界地図を使って調べよう

板書例

⓶ 緯度や経度，地球上の位置の表し方を確かめよう

1 〈経線と経度〉

経度
・0度から左右に180度ずつ
・北極と南極をつなぐ

経線
・同じ長さ
・線と線の間は
　南北にすすむ
　とせまくなる

グリニッジ天文台

2 〈緯線と緯度〉

緯度
・0度から上下に90度ずつ
・0度は赤道
・90度は北極と南極

緯線
・長さはちがう
・線は平行

POINT 国土地理院地図を出し，自分の家の位置を表示する。地図の左下をクリックすると，経度・緯度・標高などの情報が表示される。

---

1 地球儀で縦に引かれている線を見つけて何かを調べる。

グループに地球儀を配る。

T 地球儀で縦に引かれた線を見つけましょう。

C 縦の線が何本もあります。

T 縦の線を経線と言い，経線で表される位置を経度と言います。経度は何度までありますか。

C 0度から両側に10度，20度となっていって，最後は180度で一つになります。

イギリスのグリニッジ天文台の写真 QR を見せ，ここを通る経線が0度と定められていることを説明する。

T 経線を見て気づいたことを言いましょう。

C 地球儀の上と下で一点に集まっている。

C 上は北極，下は南極だから，どの線もすべて北極と南極をつないでいる。

C 線の長さは同じ。線と線の幅は上と下へいくほど狭くなる。

2 地球儀で横に引かれている線を見つけて何かを調べる。

地球儀を見て調べる。

T 今度は，地球儀で横に引かれた線を見つけましょう。

C 横の線も何本もあります。

T 横の線を緯線と言い，緯線で表される位置を緯度と言います。緯度は何度までありますか。

C 0度から北と南にそれぞれ90度まである。

C 90度は北極と南極です。

T 緯線を見て気づいたことを言いましょう。経線との違いも確かめましょう。

C 緯線は輪になっている。経線は半円だったね。

C 経線と違って，平行に並んでいる。

C 赤道が緯度0度です。

C 0度からだんだん短くなっていく。

C 90度の北極と南極では，線の長さが0だ！

| 準備物 | ・地球儀（各グループ）　・地図帳　・緯度経度図 QR
・画像：グリニッジ天文台 QR　・緯度０度線 QR
・世界白地図（モルワイデ図法・ミラー図法）QR | I
C
T | スライド機能などを活用することで，配信した地図（画像データ）に直接書き込むことができ，気づいたことや調べたことなどを整理しやすくなる。 | |

❸ 〈位置を確かめる〉

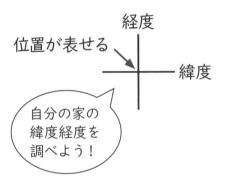

経度

位置が表せる →

緯度

自分の家の
緯度経度を
調べよう！

❹ 〈地球儀と世界地図〉

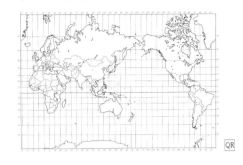

地球儀 ←→ 世界地図

正確　　　正確に表せない

・陸地の大きさや形が違う

・経線が平行になる

↓

さまざまな表し方

---

3 緯度経度を使って地球上の位置を確かめてみる。

T　経度の表し方です。０度から東（右）は東経○度，西（左）は西経○度と表します。

　　地球儀で東経と西経の０〜180度の線を確認する。

T　緯度の表し方です。０度から北（上）は北緯○度，南（下）は南緯○度と表します。

　　地球儀で北緯と南緯の０〜90度の線を確認する。

T　1本の経線と1本の緯線が交わるところは，地球上に何カ所ありますか。

C　一カ所だけです。

T　そうですね。だから，地球上の位置は，緯度と経度を用いると表すことができます。

T　東経80度北緯20度の地点は，どこの国にあるでしょう。

C　インドです。

　　何問か出す。児童同士で問題を出し合ってもよい。
　　日本の位置も緯度経度で表してみる。

4 地球儀と世界地図を比べてみよう。

T　自分の家の位置も緯度経度で表せます。

　　インターネットで国土地理院地図を開き，自分の住所の緯度経度を確かめる。

C　すごい！　自分の家の緯度経度がわかる。

C　細かくいうと○度○分○秒で表すんだ。

T　世界地図でも緯線と経線を確かめましょう。
　　世界地図（地図帳：ミラー図法）を見る。

T　地球儀の緯線経線と比べて気づいたことを発表しましょう。

C　陸地の大きさや形が違います。

C　世界地図では，経線が平行になっています。

T　地球を正確に表しているのはどちらですか。

C　地球儀です。

T　球形の地球を平面に表すことはできないので，世界地図は，様々な表し方をしています。

　　モルワイデ図法など他の世界地図も紹介する。

板書例

㋱ 世界の陸地や海洋を調べ，日本の位置の表し方を考えよう

1 〈大陸〉

・六大陸

・北半球に多い

・ユーロ ＋ アジア ＝ ユーラシア

2 〈海洋〉

・三大洋

・大陸より広い

・北〜南半球にまたがる

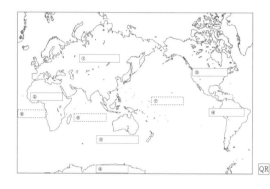

POINT　スライド機能を活用して，大陸名・大洋名をかくし，クイズ形式で地球全体の地理を楽しく学び，知識を定着させることが

1 世界の陸地について気付いたことを発表する。

　ワークシート「世界の大陸と海洋」QR を配る。

T　地図帳で調べて，ワークシートの①〜⑥に大陸の名前を書きましょう。

　　ワークシートに大陸名を書き込む。大陸のふちの線を色分けしてなぞってもよい。

T　一番大きな大陸と一番小さな大陸はどれでしょう。

C　一番大きいのがユーラシア大陸です。

C　一番小さいのはオーストラリア大陸です。

T　世界の陸地で気付いたことを言いましょう。

C　大陸は 6 つで，他に島もたくさんあります。

C　陸地は北半球に多いです。

C　大陸や島は，海に囲まれています。

T　ユーラシアは，ヨーロッパ（ユーロ）とアジアを合わせた名前です。ヨーロッパ大陸とアジア大陸に分けることもあります。

2 世界の海洋について気付いたことを発表する。

T　地図帳で調べて，ワークシートの⑦〜⑨に海洋の名前を書きましょう。

　　ワークシートに海洋名を書き込む。

T　三つの海洋で一番大きいのはどれですか。

C　太平洋です。

T　世界の海で，気付いたことを言いましょう。

C　大陸より広い。

C　三つの海洋は，どれも北半球から南半球にまで広がっている。

C　太平洋には，小さな島がいっぱいあります。

C　三大洋の他にも，海があります。

C　日本海，ベーリング海，地中海，北極海…。

C　メキシコ湾，ハドソン湾，ベンガル湾など，大きな湾もあります。

C　大西洋は地図で切れているので形がわかりにくいな。北極海も…。

| 準備物 | ・ワークシート「世界の大陸と海洋」QR
・画像「明石天文科学館日本標準時子午線柱」QR
・参考画像「標準時子午線最北端の塔」QR
・地図帳　・地球儀 | ICT | 配信したワークシートを色塗りすることで，三大洋・六大陸の位置関係を押さえるだけでなく，地形などについて新たに気づきを得ることができる。 | |

③〈世界の中での日本の位置〉

- ・太平洋の西はし
- ・北半球
- ・ユーラシア大陸の東

　　もっと正確に
　　表すためには？

- ・緯度経度で表す
- ・東経135度

　　日本の標準時子午線

　　ここを基準（きじゅん）に
　　日本の時こくが決められる

④〈地図と地球儀を見比べ〉

- ・大西洋や北極海が見やすい
- ・なぜ経度は180度，緯度は90度なのか
- ・経度0度の決め方
- ・大陸は変わらない？

　　調べてみよう

「明石市立天文科学館」

できる。

---

3 世界の中での日本の位置は，どう表したらよいか話し合う。

　地球儀と世界地図で，日本を見つける。

T　日本の位置を知らない人には，世界の中の日本の位置をどう説明すれば，よいでしょう。

C　太平洋の西の端にあります。

C　北半球にあります。

C　ユーラシア大陸の東側にあります。

C　ユーラシア大陸と日本の間は日本海がある。

T　大まかな位置は知らせられるけど，もっと正確に知らせるには，どうすればよいでしょう。

C　緯度と経度を使えば，日本のどこの場所でも正確に知らせることができるよ。

C　東京は，東経140度，北緯35度ぐらいかな。

T　日本では，明石天文科学館（兵庫県明石市）のある東経135度が標準時子午線QRとされ，ここを基準に日本の時刻が決められています。

4 学習してきたことをふりかえる。

　大陸・海洋で学習したことを，地図と地球儀の両方を見比べながら確かめておく。（ここでまとめて行うのではなく，その都度確かめていってもよい）

C　地球儀だと大西洋が途切れないで見られる。

C　北極海も，こんなふうに囲まれているんだ。

C　海や陸地の形も地球儀だとよく分かるね。

T　ここまで地球儀と世界地図，緯度と経度，大陸と海洋の勉強をして来ましたが，疑問に思うことや感想を出し合いましょう。

C　なぜ，経度が180度で緯度は90度なのかな？

C　緯度0度が赤道というのは分かるけど，経度0度はどのようにして決めたのかな？

C　大陸は，大昔から形や位置は同じかな？

T　いろいろ疑問が出ましたね。一度自分で調べてみて，分かったらみんなに教えましょう。

世界の国々と日本

世界には様々な国があることを知り，主な国々の名称や位置，国旗の意味について調べることができる。

板書例

ⓜ 世界の国々について，名前，位置，国旗などを調べてみよう

1 〈知っている国〉

・韓国＝大韓民国
・イタリア＝イタリア共和国
・バチカン市国
　　世界最小
　　ローマ市内にある

サンピエトロ寺院 QR

2 〈教科書の国〉

・フランス共和国
・オーストラリア連邦
・エジプト・アラブ共和国
・サウジアラビア王国

QR

POINT 地図帳や地球儀を積極的に活用したい。その際に地図帳の「索引」の使い方を確認する。児童自身で国や地域について調べ，

1 知っている国の名前を出し合い，世界最小の国を知る。

T　知っている国の名前と，知っている理由を発表しましょう。

C　韓国。テレビドラマ（韓ドラ）でよく見る。

C　中国。日本に来る観光客が多い。

C　イタリア。料理でよく名前を聞く。

T　地図帳や地球儀で位置を確かめましょう。正式な国名も確かめましょう。

C　韓国は大韓民国，イタリアはイタリア共和国。

　　サンピエトロ寺院の画像QRを見せる。

T　ここは，世界でも珍しい国です。どこの国か，当ててみましょう。ヒント，世界最小の国です。

C　え〜，どこか分からない。

　　答えが出なければ教えて，地図帳で探させ，位置，面積，人口などを説明する。（教師用資料）QR

T　今日は，世界の国々について調べましょう。

C　どんな国があるのかな。おもしろそうだ。

2 国名を書いたり，位置を調べたりする。

T　教科書P10・11の図を見ましょう。国名が入っていない国は地図帳で調べて正式な国名を書き入れ，国名が入っている国は，地図帳と地球儀で位置を確かめましょう。

C　フランスは，エッフェル塔で分かった！
　　正式な名前はフランス共和国。

C　オーストラリアはコアラで分かった。

C　エジプトもピラミッドで分かる。
　　エジプトはエジプト・アラブ共和国が正式名。

C　ドイツは，ドイツ連邦共和国なんだ。

C　分からない国は国旗で調べよう。

T　日本と同じ経度にある国はどこですか。

C　オーストラリアです。

T　この中で日本と同じ緯度にある国はどこ？

C　アメリカ合衆国，中華人民共和国，トルコ。
　　トルコも正式な名前はトルコ共和国なんだ。

3 〈世界の国旗〉

・国民の願い

・理想などの意味

・国の歴史や暮らしと関係

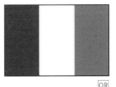　

フランス QR　　日本 QR

自由　平等　博愛　赤丸は太陽

4 〈気づいたこと〉

・他国の市の中に国

・共和国が多い

・王国もある

・1大陸に1国

・正式名がある

やってみよう
国あてクイズ

国旗クイズを作ることもできる。

3　国旗の意味について考える。

T　教科書や地図帳に載っている国旗をみて，気づいた特徴を言いましょう。

C　色は，赤や緑や黄色が多いかな。

C　横に3色や縦に3色に分けた国旗も多いな。

C　星や十字のマークが入っている国旗も多いけど，何か意味があるのかな？

C　他にも，絵や模様の入った国旗もあるね。

　　参考資料「世界の国名と国旗について」QR を使い，国旗にはそれぞれの意味があることを説明する。

T　国旗について，分かったことや感想を言いましょう。

C　国旗には，国民の願いや理想を表しているものも多いんだね。

C　国旗は，独立や革命や宗教など，その国の歴史や暮らしと関係が深いと思う。

T　日本の日の丸の赤は太陽を表しています。

4　見つけた国について，気づいたことを話し合う。

T　学習してきた世界の国について，気づいたことを話し合いましょう。

C　面積の広い国や狭い国など，色々な国がある。

C　バチカン市国のように，他の国の市の中に国があるなんてびっくりした。

T　世界には，他にも市ぐらいの面積や人口の小さな国がまだあります。調べてみましょう。

C　共和国という名前の国が多かったね。

　　「共和国」の説明を簡単にする。（教師用資料）QR

C　王国というのもあった。今でも王様がいる。

C　オーストラリアは，一つの大陸に一つの国しかない。これも他にはない珍しい国だね。

C　正式な名前はあまり知らなかった。

T　国当てクイズを作っても面白いね。一番南にある国とか，周りを海に囲まれた国とか…

C　面白そう！　やってみよう！

多くの島からなる日本
—国土の広がりと周りの国々—

板書例

⊕ 国土の広がりや特ちょうと周りの様子を調べよう

1 〈国土の形〉

・弓のような形

・4大島と多くの小島

・周りが海

・海岸線が長い

〈日本のはんい〉

東のはし ⟹ 南鳥島（東京都）

西のはし ⟹ 与那国島（沖縄県）

南のはし ⟹ 沖ノ鳥島（東京都） ↕

北のはし ⟹ 択捉島（北海道） 3300km

2 〈日本の周り〉

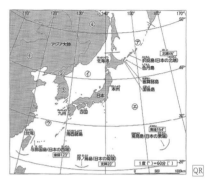

4つの海と4つの国に
囲まれている

POINT　沖ノ鳥島が「岩」か「島」かによって，日本の排他的経済水域に大きな影響があることに着目する。「岩」や「島」の定義

1 日本の国土の範囲を確かめる。

T 日本の国土は，どんな形をしていますか。

　　地図帳で確かめながら答えてもよい。

C 弓のような形をしている。

C 四つの大きな島と，たくさんの小島がある。

C 周りを海で囲まれている。

C 島国なので海岸線が長そうだ。

T クイズ「日本の国土のはんい」QRに答えましょう。

C 北は北海道の択捉島。

C 南は沖ノ鳥島。

C 東は南鳥島。西は与那国島。

C 南と東は似た名前で，すごく離れている。

T 南と東は，どちらも東京都です。

C え〜，東京都って日本のまん中なのに…？

　　関連動画として，NHK for school に「日本の東西南北の端はどこ」「沖ノ鳥島」などがあるので視聴する。

2 日本の周りの海や国を調べる。

T 日本の周りの海と国を地図帳で調べて，ワークシートQRに書き入れましょう。国名は正式な名前で書きましょう。

　　ワークシート「日本の周りの海と国」QRに書き込んで，発表する。

T 書けたら，周りの海を発表しましょう。

C ⑦はオホーツク海，⑦は日本海です。

C ⑦は南シナ海 ⑦は太平洋です。

T 周りの国の名前を発表しましょう。

C ①は中華人民共和国です。

C ②は朝鮮民主主義人民共和国です。

C ③は大韓民国です。

C ④はロシア連邦です。

T 国を色分けして塗るか周りを囲みましょう。

　　それぞれの国の様子が分かる画像QRや具体物を見せる。（インターネットも活用したい）

3 〈国土の特ちょう〉

クイズ QR に答えてみよう

・島の数　6800 以上（最新調査 14000 以上）

・南北に長い　3300km

・海岸線　3.5 万 km（世界 6 位）

・周りを海に囲まれている

・周りの国　ロシア連邦・中華人民共和国

4 〈印象に残ったこと・ふしぎに思ったこと〉

・周りの国が近い

・沖ノ鳥島 = 小さな岩（東京都小笠原村）

・はしまで含めると意外に広い

・与那国島…外国が見える？

を確認し，「なぜ島としているのか」を考えたい。

---

3 国土の特徴について考える。

T　クイズ「日本の国土のとくちょう」QR に答えましょう。地図帳で調べてもいいですよ。

C　⑤と⑦は○です。

C　イギリスが北海道より北にあるって意外！

C　⑥と⑧は×です。

C　島の数は教科書に 6800 以上と書いてあるね。

　　最新の国土地理院調査では 1 万 4 千以上だと伝える。

C　海岸線の長さも 3.5 万 km で世界第 6 位だ。

　　南北の長さは地図帳で測り，縮尺から計算して確かめてみるのもよい。

T　他の国の人に，日本の特徴を説明するとしたら，あなたならどう説明しますか。

C　南北に細長い島国で，およそ 3300km もあります。

C　周りを海に囲まれ，ロシア連邦や中華人民共和国などが近くにあります。

4 印象に残ったことや不思議に思ったことなどを話し合う。

T　今日の学習で印象に残ったことや不思議に思ったことなどを話し合いましょう。

　　グループで話し合う。その後，全体で発表交流。

C　大阪からソウルまでは，地図で見ると北海道や沖縄より近い。周りの国とは，こんなに近いんだと思った。

　　参考：大阪からソウルまでは約 800km，北海道千歳までは約 1300km，沖縄那覇までは約 1200km。

C　沖ノ鳥島が，小さな岩で，ブロックに守られているのに驚いた。日本の領土だったら，住所や郵便番号もあるのかな。

　　参考：沖ノ鳥島 = 〒 100-2100 東京都小笠原村沖ノ鳥島 1 番地（北小島），同 2 番地（東小島）

C　世界地図で見たら，小さな国だと思ったけど東西南北の端まで入れると結構広い。

C　対馬や与那国島へ行けば外国が見えるかな？

領土をめぐる問題

板書例

ⓜ 国土のはん囲や領土をめぐる問題について知ろう

1 〈領土・領海・領空〉

・領土　38万km²
・領海　43万km²
・領空　領土と領海の上の空
・排他的経済水域
　　漁業・地下資源など

2 〈領土をめぐる問題〉

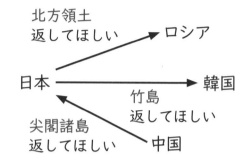

北方領土
返してほしい　　→ロシア

日本　　　　　　　　　→韓国
　　　　　竹島
　　　　　返してほしい
尖閣諸島
返してほしい　　←中国

3

・それぞれに言い分
・小さな島の大きな問題
・それぞれの国民はどう考えているのだろう

POINT　領土・領海・領空の意味を押さえた上で，領土をめぐる問題について各国とも「なぜ譲らない（譲れない）のか」「日本は

1 日本の領土・領海・領空の範囲を確認する。

T　今日勉強する「領土」とは何ですか？
C　自分の国の土地のことかな？
T　領土とは何か，教科書で調べてみましょう。
C　日本が持っている陸地と，陸地に囲まれた川や湖を合わせたものが領土です。
T　身の周りで確認しましょう。学校やみんなの家，近くを流れている川や池は，どうですか。
C　全部日本の領土にあります。
C　領海というのもある。海岸から約22kmまでの海のことで，ここも日本のものです。
C　領土と領海の上の空は領空になります。
C　外国の船や飛行機が，勝手に領土・領海・領空には入れないんだ。

　　排他的経済水域についても簡単に説明しておく。→水産業で再度学習する。
　　領土・領海・領空について，図 QR で確認しておく。

2 領土をめぐる問題が起きている場所を確かめる。

T　領土をめぐって，どんな問題があるのでしょうか。知っていることがあれば言ってください。
C　北方領土というのは聞いたことがある。
C　韓国や中国と争いになっている？
T　では，どこの国とどんな問題が起きているのか，教科書などで調べましょう。
C　歯舞群島，色丹島，国後島，択捉島について，ロシアと争っている。北方領土と言う。
C　竹島について，韓国と争っている。
C　尖閣諸島については，中国と争っている。
C　どこも，自分の国の領土だと主張している。
T　三つの場所を地図帳で確認しましょう。
C　国後や択捉は知床半島のすぐ近くだね。
C　竹島は日本海で，韓国と日本の中間ぐらい。
C　尖閣は与那国島から近い。台湾や中国も近い。

　　インターネットの画像でどんな島か確かめる。

4 〈わかったこと〉

・周りに4つの海

・領土 38 万km²　　領海 43 万km²

約 10 倍

・排他的経済水域

〈考えたこと〉

・領土→話し合いとゆずり合い

・小さな島→おおきな利えき

・世界の国→もっと調べたい

竹島や尖閣諸島を譲るべきか」など考えるようにする。

---

3 日本と相手国の言い分を調べて話し合う。

T　今、それぞれの島を実際に支配しているのはどちらの国なのでしょう。

　　教科書やインターネットなどで調べる。

C　北方領土はロシアが支配しています。そこにロシアの人々が住んでいます。

C　竹島は、韓国が支配しています。人は住んでいないみたい。

C　尖閣諸島は、日本が支配している…かな。

T　日本、ロシア、中国、韓国のそれぞれの言い分を資料で確かめましょう。

　　資料「領土問題のそれぞれの国の主張」QR を読む。

C　どちらの国にも言い分があるから、どちらが正しいか決めるのは難しいな。

C　小さな島でも、自国の領土になるかどうかは、大きな問題なんだね。

C　それぞれの国民はどう思っているのかな？

4 学習して分かったことや考えたことを話し合う。

T　日本の領土や領海の広さを確かめましょう。

　　資料「日本の領土・領海・排他的経済水域などの広さ」QR

C　領土よりも領海の方が広い。

C　排他的経済水域は領海より 10 倍ぐらい広い。

T　学習をしてわかったことをまとめましょう。

　　ワークシート「世界の中の国土まとめ」QR の①に書く。

C　日本は4つの海に囲まれている。

C　日本には島が多くあり、領土約 38 万 km² に対して、領海は 43 万 km² もある。

T　考えたことも書いて話し合いましょう。

　　ワークシート「世界の中の国土まとめ」QR の②に書く。

C　領土問題は国同士がよく話し合って譲り合わないと解決しないと思う。

C　小さな島でも、地下資源や領海が増える利益があるから争いになるんだね。

C　世界には色々な国がある。もっと調べたい。

国土の地形の特色

全授業時間 3 時間＋ひろげる 1 時間

◉ 学習にあたって ◉

◇**何を教えるのか**　- この単元の特徴 -

　　日本は，大小合わせて 1 万 4 千の島から成り立っている島国です。島の多さに加えて海岸線が入り組んでいることもあり，海岸線の長さは世界でも第 6 位。日本よりはるかに広い領土をもつオーストラリアやアメリカよりも長いことになります。また，領海と経済水域を合わせた面積は世界で 6 位，領土・領海・経済水域を合わせた面積は，世界で 1 位であり，世界有数の広さがあります。山地が国土の 4 分の 3 を占め，火山が多く，多様な地形が見られるのも日本の地形の特色です。

　　この小単元では，こうした国土の地形の特色を概観し，以後の国土，産業，環境学習につなげていきます。地図や写真などを多く活用して，そこから児童に地形の特徴をとらえさせ，主な山地，平地，川などの名称や位置なども言葉の暗記だけに陥らないように，楽しく印象的な授業を目指したいものです。また，山脈，山地，高地，平野，盆地などの概念も定着させましょう。

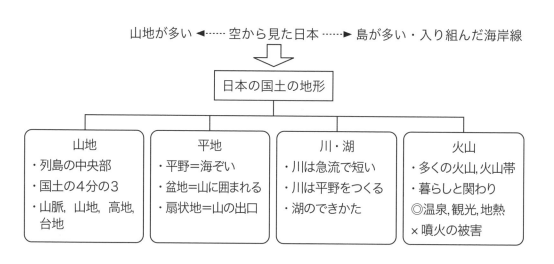

26

● 評　価 ●

知識および技能
・国土の地形について必要な情報を集め，国土の自然や特色ある地域の概要を理解している。
・国土の地形の特色について地図帳や各種の資料を読み取って調べ，その内容を白地図などにまとめている。

思考力，判断力，表現力等
・国土の地形の特色について調べるため，学習問題や予想，学習計画を考えている。
・国土の位置や地形から，国土の自然環境の特色について，考えたことを適切に表現している。

主体的に学習に取り組む態度
・国土の地形の様子に関心を持ち，国土の特色について，主体的に学習問題を追究・解決しようとしている。

● 指導計画　　3時間＋ひろげる1時間 ●

時数	授業名	学習のめあて	学習活動
1	空から見た国土	・高い空から日本列島全体を見渡して，地形の特色について考えることができる。	・地形の特色について気付いたことを話し合う。 ・島や海岸線について確かめる。 ・地形の特色をノートにまとめる。
2	国土のさまざまな地形	・山地や平地のさまざまな地形，特色，広がりなどがわかる。	・山地の特色や広がりを調べる。 ・平地の特色や広がりを調べる。 ・山地や平地の地形の名前を確かめる。 ・山地や平地の広がりについて，気付いたことを話し合う。
3	日本の川や湖の特色	・日本の川と湖の特色，川と平野の関わり合いがわかる。	・日本の川の特色を見つける。 ・川と平野の関係を調べる。 ・湖のでき方を調べる。 ・日本の湖のいろいろなベスト3を調べる。
ひろげる	日本の火山の広がりと生活	・日本の火山の特色や，私たちの生活との関わり合いがわかる。	・火山の噴火や活動について知っていることを交流する。 ・資料やワークシートから，日本の火山の分布や特色をつかむ。 ・暮らしと火山の関わりを考える。 ・地形クイズをつくって，出し合う。

空から見た国土

板書例

㊍ 航空写真や地図帳から，日本の地形の特ちょうを知ろう

1 〈地図や写真を見て〉

空からの写真を見て
・火山 – 近くに町
・広い平野，川，水田
・山のしゃ面に田畑

地図帳を見て
・山地が多い
・海岸が複雑
・列島の中央が高い

2 〈日本の島〉

＝数＝
1位　長崎県　1479島
2位　北海道
3位　鹿児島県

長崎県　QR

＝大きさ＝
1位　えとろふ島　3167km²
2位　国後島
3位　沖縄本島

沖縄本島
沖縄県　QR

POINT　マップ機能を活用することで，興味関心をより高め，調べる意欲を駆り立てることができる。長崎県の島の数は数えきれな

1 地図や写真を見て，日本の地形の特色について気付いたことを発表し合う。

T　教科書の写真をみて，土地の形や特徴など，気付いたことを発表しましょう。

　　地形の特徴と，気付きをひと言付け加えて発表する。

C　入り組んだ海岸がある。複雑な形をしている。
C　噴火している火山がある。近くに町もある。
C　広い平野がある。川が流れて水田が広がる。
C　山の斜面に田畑を作って住んでいる。
T　載っている写真の場所が，地図帳ではどうなっているか確かめましょう。
C　桜島の近くの町は鹿児島だ。すぐ隣だね。
C　入り組んだ海岸とまっすぐな砂浜は地図でもよくわかる。
T　地図帳で，日本列島を見て気づいたことは？
C　山地が多い。緑の平地は周りに少しだけ。
C　海岸線が複雑なところが多そうだ。
C　列島の中央辺りに山地が集まっている。

2 島の数や分布，特徴などを調べる。

T　日本には，島がいくつぐらいありましたか。
C　最新の調査では1万4千以上ありました。
T　島が多く集まっているところを地図帳で探してみましょう。
C　瀬戸内海に多い。広島県かな？
C　九州の西や南にも多く集まっている。長崎県，鹿児島県…。
C　沖縄県も多そうだよ。
T　では，「日本の島クイズ」QRに答えましょう。

　　自分が書いた答えを発表し合ってから正答を聞き，感想を交流する。

C　一番数が多いのは沖縄県かと思ったけど違った。
C　淡路島が一番大きいと思ったけど，意外だった。
C　クイズ，面白かった。

日本の島クイズ
(1)島の多い都道府県トップ5
(2)面積の大きな島トップ5

準備物
・地図帳　・日本の島クイズ QR
・日本の海岸線クイズ QR　・長崎県白地図 QR
・様々な地形の画像 QR　・沖縄本島白地図 QR

ICT
クイズ形式で資料画像を提示し，児童が対話的に予想していくようにすることで，「調べてみたい」という意欲を引き出すことができる。

❸ 〈海岸線〉

＝ 長さ ＝

1位　北海道　4461km

2位　長崎県

3位　鹿児島県

火山の噴火口のあと

❹ 〈日本の地形の特色　まとめ〉

・南北に細長い
・海岸線が長い ＞ 地球1周
・周りが海，小さな島が多い
・山地が多い，海の周辺に
　平地が少ない

山の多いところ

入り組んだリアス式海岸

いほど多いので，児童は特に関心を持つだろう。

3 海岸線の長さについて，都道府県別で比べる。

T　日本の海岸線の長さは，いくらでしたか。

C　約3万5千kmでした。

C　世界第6位の長さです。

T　「日本の海岸線クイズ」QR に答えましょう。

　　自分が書いた答えを発表し合ってから正答を聞き，感想を交流する。

C　北海道の1位は予想通り。面積が大きいし，島も多かったから。

C　愛媛県以外は，島の数のトップ5と同じだ。

C　海岸線のない県というのは考えていなかった。海に面していなければ海岸線はないのだ。

T　5つの道県を地図で詳しく見ましょう。海岸線が長くなるのは，どんなところですか。

C　島が多くて，海岸線も入り組んでいるところ。

C　北海道と沖縄は，さらに周りを全部海に囲まれているから海岸も長くなる。

4 日本の地形の特色をまとめる。

　　本時の学習で出てきた，地形，島，海岸などを，地図帳やインターネット画像や QR 画像 QR でふりかえる。

C　日本の地形って，すごく変化に富んでいるね。

C　似たような地形が各地にあるんだね。

C　よく見ると，行ったことがあるような地形もある。今まで気がつかなかった。

T　日本の地形の特色を自分の言葉でまとめましょう。一番の特色は何だと思いますか。

　　ノートにまとめ，書けたら発表し合う。

C　南北に細長いのが一番の特色だと思う。

C　海岸線が長い国。面積は小さいけど，海岸線の長さは世界6位。地球1周の長さより長いんだよ！

C　周りを海に囲まれて，小さな島がたくさんあるのが一番の特色だと思います。

C　山地が多くて，海の近くに平地が少ししかないのが一番の特色かな。

国土のさまざまな地形

板書例

ⓜ 山地や平地のさまざまな地形を知り，広がりを調べよう

1 〈山地の広がり〉

・高い山の連なり

・雪がつもる

・日本列島の中央部へい行に連なる

・山地が海にせまる

・特に高いところ

白馬連峰（栂池）　QR

2 〈平地の広がり〉

・平らに広がる

・田畑や牧草地

・平野は海のそば

・平野は少ない

（国土の4分の1）

北海道の牧草地　QR

POINT　マップ機能を活用して，本時で取り扱った地域とともに，児童が住む地域の地形を見ていくことで，学習内容と生活を結び

1 山地の特色や広がりを調べる。

T　日本の山で，知っているものはありますか。

C　富士山，阿蘇山，槍ヶ岳…。

T　日本の山地の特色を，写真で調べましょう。

　　教科書の写真，QR画像QRなどで調べる。インターネット画像も活用してもよい。

C　富士山がすごくきれい。

C　高い山が連なっている。

C　高い山には雪が積もっている。

T　山地や山脈の名前と広がりも調べましょう。

　　教科書の地図や地図帳などから調べる。

C　細長い日本列島と平行に，中央の部分に山地が連なっています。

C　飛騨山脈，木曽山脈，赤石山脈が集まっている辺りが特に高そうだね。

C　山地が海の近くまでせまっています。

C　東日本の山地は険しくて，西日本はなだらか。

2 平地の特色や広がりを調べる。

T　日本の平地で，知っている名前はありますか。

C　十勝平野，関東平野，濃尾平野…。

T　日本の平地の特色を，写真で調べましょう。

　　教科書の写真，QR画像QRなどで調べる。インターネット画像も活用してもよい。

C　どこも平らに広がっている。

C　田畑や牧草地などになっている。

C　川が流れているところもある。

　　ワークシート「日本の平野や川」QRの平野に薄く緑をぬり，平野の名前を書き込む。

T　作業して，わかったことを発表しましょう。

C　平野は海のそばにあります。

C　国土の4分の3は山地で，平地は少ない。

T　一番広い平地はどこでしょう。

C　関東平野です。

T　2番，3番…はどこか調べてみましょう。

❸〈地形の名前〉

山地
山脈
高地
高原
丘陵(きゅうりょう)

平野
盆地
台地

北上高地
三河高原　など

松本盆地
下総(しもうさ)台地　など

❹〈気づいたこと〉

・山　脈 ‐ 日本列島の背骨
・平　野 ‐ 海に面したところにある
・盆　地 ‐ 海からはなれたところにある
・東日本 ‐ 山脈が多い
・西日本 ‐ 山地，なだらか

釧路(くしろ)湿原 QR

富士山(朝霧(あさぎり)高原) QR

つけて考えていくことができる。

3　山地や平地の地形の名称を確かめる。

T　山地にはどんな地形があるのでしょう。

　　教科書の説明と絵を見比べて確かめる。画像 QR やイラスト QR も参考にしてもよい。

C　山地とは，山が集まっている地形。

C　山脈は山の峰が連なっているところ。白馬連峰や北アルプスの写真がよく分かる。

C　高原はイラストがよく分かる。

C　言葉の説明と，絵や写真があると分かりやすいね。

T　平地にはどんな地形があるでしょう。

　　山地と同じようにして調べる。

C　お盆の形のように周りを山に囲まれて中が平地になっているところを盆地という。

C　台のように，周りより高くなっている平らな土地が台地。どちらも分かりやすい名前だね。

4　山地や平地についてまとめる。

T　山地や平地のそれぞれの地形を，地図帳で見つけましょう。

C　日高山脈と中国山地を見つけた。

C　越後平野と松本盆地を見つけた。

C　北上高地があった。岩手県だ。

C　愛知県に三河高原があった。

C　千葉県に下総台地があるよ。

T　みんな，いろいろとよく見つけましたね。

T　では，山地や平地の広がりについて，気づいたことを話し合ってノートにまとめましょう。

C　山脈は，日本列島のまん中に，背骨のようにあります。

C　平野は，海に面したところにあり，盆地は海から離れた所にあるね。

C　山脈は東日本に多い。西日本はほとんどが山地で，東日本よりなだらかな感じがする。

日本の川や湖の特色

板書例

ⓜ 日本の川や湖の特色を調べよう

1 〈日本と世界の川をくらべる〉

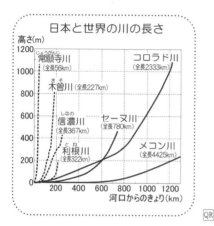

日本と世界の川の長さ

常願寺川（全長56km）
コロラド川（全長2333km）
木曽川（全長227km）
信濃川（全長367km）
セーヌ川（全長780km）
利根川（全長322km）
メコン川（全長4425km）

高さ(m)
河口からのきょり(km)

QR

日本の川…短くて急流，
　　　山から海まで一気に

2 〈川と平野〉

・小さな川が合流
　↓
・大きな川になる
　↓
・平野の中を流れて海へ
　↓
・海へ流れこむ

　　川が運んだ土砂でできる

常願寺川（画像提供：富山県）

POINT　マップ機能を活用する時には，同じ縮尺でそれぞれの地形を見ていくと，それらの規模の違いを体感しやすくなる。地図帳

1 世界の川と日本の川を比べて特色を見つける。

T　日本の川と世界の川を比べましょう。

　　　教科書またはQR収録の図QRを見る。

T　川の長さ，流れ始めの高さや川の傾きを比べて，気づいたことを発表しましょう。

C　日本の川は短くて，世界の川は長い。

C　日本の川は，傾きがとても急です。

C　世界の川は，流れ始めが低いか，高くても長いから傾きが緩やかです。

T　ここから，日本の川のどんな特色が分かりますか。

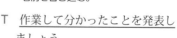

C　長さが短くて，流れが速い，急流です。

C　山から海まで一気に流れていきそうです。

T　日本の川と世界の川を写真で比べましょう。

　　　インターネットで日本の川（急流，常願寺川QR，木曽川）と，世界の川（大河，セーヌ川，メコン川）を調べる。

2 主な川と平野の関係を調べる。

T　山から流れてきた川は，海に近づくにつれてどうなっているのか，教科書で調べましょう。

C　小さな川が合流して大きな川になると書いてある。

T　地図帳（拡大ページ）も見て確かめましょう。

C　ほんとだ，いくつもの川が合流している。

前時に使ったワークシート「日本の平野や川」の川に青をぬり，川の名前を書き込む。

T　作業して分かったことを発表しましょう。

C　川は平野の中を流れている。

C　いろんな方向に流れ，最後は海に流れこむ。

T　地図帳でも確かめましょう。

C　どの川も緑の所，平野に流れている。

C　下流にいくほど川幅が広くなっている。

T　川が運んだ土砂で平野ができるのです。

準備物	・地図帳　・グラフ「日本と世界の川の長さ」QR ・画像「川・湖」QR　・ワークシート「湖のできかた」QR ・資料「日本の湖ベスト3」QR ・ワークシート「日本の平野や川」

ICT	グラフ画像を配信し，気づいたことを書き込んでいくことで，その時に見つけたことや考えたこと（学習履歴）を残し，以降の学習にも活かすことができる。

3 〈湖のできかた〉

①火山ふん火のくぼ地

　　例：十和田湖

②断層でへこんだ所

　　例：びわ湖

③川がせき止められ

　　例：中ぜん寺湖

④海から切りはなされ

　　例：浜名湖

水がたまる

4 〈日本の湖ベスト3〉

・広さ
　１位　びわ湖

・深さ
　１位　田沢湖（たざわ）

・とうめい度
　１位　摩周湖（ましゅう）

びわ湖とびわ湖大橋

も積極的に活用し，多面的・多角的に迫っていきたい。

3 湖のでき方を調べる。

T　日本で知っている湖を言いましょう。

C　琵琶湖，浜名湖，阿寒湖，十和田湖…。

T　みんなが知っている湖は，どのようにしてできたと思いますか。

C　水がたまってできた。雨かな？

C　川の水が流れこんできて，できた？

T　みんなが知っている湖は，全て同じようにできたわけではないのです。ワークシートに答えてみましょう。

　　ワークシート「湖のできかた」QR に答えを書き込む。

C　え〜，どれがどれか分からない。

　　解答を聞いて書き直し，場所を地図帳で確認する。

T　<u>どんなでき方の湖がありましたか。気付いたことがあれば，それも答えましょう。</u>

C　琵琶湖は断層のくぼ地に水がたまってできた。

C　海からできた湖もあったのか…。

C　どれも予想外れで，意外なでき方をしていた。

4 日本の湖のいろいろなベスト3を調べる。

T　日本にある湖の数はいくらだと思いますか。

　　　①78　　②478　　③678　から選ぶ。

C　478か678だと思う。

C　意外と78かもしれない。

T　正解は，478か所です。これは面積1ha以上の，天然の湖と沼の数です。

　　質問があれば，「水深が比較的深ければ湖，水深が浅ければ沼，小さければ池」と答えておく。（定義は曖昧）

T　日本の湖ベスト3を調べてみましょう。どんなベスト3が知りたいですか。

C　広さのベスト3

C　深さのベスト3

　　資料「日本の湖ベスト3」QR を配る。

T　<u>資料から分かったこと，考えたことを話し合いましょう。</u>

C　琵琶湖は抜群に大きな湖だった。

C　大陸棚の水深200mより深い湖がある！

日本の火山の広がりと生活

板書例

㋳日本の火山の様子や，くらしとの関わりを調べよう

1 〈日本の火山〉

・今も噴火　桜島など

・大きな被害も起こる

・山ができた　昭和新山

・島ができた　西之島（にしのしま）

昭和新山

2 〈火山の分布や特徴〉

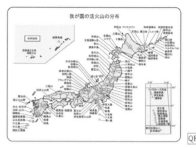

わが国の活火山の分布（気象庁HP）

・111 の活火山

・北海道～九州まで分布

・近畿，中国，四国 ＝ 少ない

・火山が多いところ⇔火山帯

POINT　マップ機能を活用して調べると，実際の様子を写した写真や動画も掲載されていることが多いので，児童にとっては現地の

1 火山の活動や噴火などで知っていることを交流する。

T　日本の火山の噴火や活動について，何か知っていますか。

C　今も噴火している火山がある。

C　鹿児島の桜島は，よく噴火をする。

C　火山灰が車の屋根に積もったりするらしい。

C　御嶽山の噴火（2014 年）で大きな被害が出た。

T　世界の火山の活動で何か知っていますか。

C　ハワイでは，今も噴火している。

C　溶岩が海に流れこむ所をテレビで見たよ。

T　日本でも，噴火で山や島ができた所があります。

　　桜島・昭和新山・西之島の噴火の画像QRを見る。火山の噴火の動画をインターネットで見る。

C　大きな噴火が起きたらすごいことになるね。

C　山が急にできたり，島ができたり，すごい！

C　私たちの町の近くに火山はあるのかな？

2 日本の火山の分布や特徴を調べる。

T　日本には活火山はいくつぐらいあるでしょう。

　　3 択問題　①75　②111　③312　から選ぶ。

C　う～ん，75 はあるだろうな。

T　正解は②で，日本にある活火山は 111 です。

　　過去 1 万年以内に噴火したと認められた火山と，現在噴火している火山が「活火山」と定められている。

T　日本の活火山の分布図QRを見て，気づいたことを話し合いましょう。

C　北海道から九州まで，火山がいっぱいある。

C　近畿，中国，四国地方にはほとんどない！

C　島にも火山が多い。火山で島ができたのか？

T　ワークシートに書き込んで，更に気づいたことがあれば発表しましょう。

　　ワークシート「日本の山地と火山」QRに書き込む。

C　火山が多いところは，火山帯と重なる。

C　日本って，火山の密集地だね。

| 準備物 | ・画像「桜島」「昭和新山」「西之島」「溶岩台地」 QR
・日本の活火山の分布図 QR
・ワークシート「日本の山地と火山」 QR
・地図帳 | ICT | 日本各地に見られる特徴的な地形について調べ，現地の様子も踏まえて，スライド機能を活用して「地形クイズ」を作ると，意欲的に学び合う姿につながる。 |

3 〈火山と暮らし〉

こまること

・溶岩，噴石，火山灰
　→人や作物に被害
　→建物や木などが燃える・埋まる

よいこと

・温泉
・景色の良さ
　→観光地になる
・暖房→温室など
・地熱発電

4 地形クイズを作ろう
・問題を出し合って答える。

桜島

溶岩台地

西之島新島(気象庁HP)

様子をイメージしやすくなる。

3 火山と私たちの暮らしとの関わりについて話し合う。

T　火山は，わたしたちの暮らしに，どのような影響を与えているのでしょう。

・噴火すると，石が飛んできてケガをする。
・火山灰が降ってきて，農作物に被害がでる。
・溶岩が流れて，家や木などが燃えたり，埋まってしまう。

T　火山があって，よいことはないのでしょうか？
C　火山が噴火してよいことってあるかなあ。
C　噴火は困るけど，いいこともあるよ。温泉が湧く。珍しい景色やきれいな景色もできる。
C　温泉卵ができるし，野菜なども蒸せるんだよ。
C　温室の暖房などにも利用されているよ。
T　「地熱発電」って知っていますか。
C　知ってる！　地熱を利用して発電ができるんだ。火山の多い国で発展しているんだよ。

4 地形クイズを作って，問題を出し合う。

T　今まで学習したことのまとめとして，地形クイズを作りましょう。例えば，地形や場所を当てる問題とか…。

地図帳も，クイズ作りに活用できる。(掲載されている統計や資料を使う，地図帳で探す，など。)インターネットで調べたデータや画像等も使える。

C　何か面白そうだな。みんなで問題を作って，出し合ったらいいね。
T　グループで相談して問題を作ってもいいし，個人で作った問題をグループで出し合って答えてもいいですよ。
C　ぼくが考えた問題。日本で一番長い川の名前と，流れている平野を答えましょう。
C　北海道にある火山を三つ答えましょう。
C　地図帳で調べたら，答えられる。雄阿寒岳，有珠山，大雪山。地図帳の▲マークの山だ。

低い土地のくらし

全授業時間 5 時間

● 学習にあたって ●

◇何を教えるのか　-この単元の特徴-

　前の単元で日本の地形の特色を学習し，その地形の一つである低地での暮らしを本単元では学習します。本書では，「輪中地域（岐阜県海津市）」を教材として取り上げています。教科書では，「低地の暮らし」と「高地の暮らし」のどちらか一つを教材として扱えばよいことになっており，それぞれ選択教材も準備されています。

　低地の暮らしに関しては，教科書で取り上げる地域とは違いますが，川より低い土地が広がり，洪水に悩まされてきたという条件は同じです。農業もかつては低湿地で行われ，今は土地改良や用水排水技術の発達で生産も伸びていることも同じです。また，住宅や耕地を囲む土手も，海津市では輪中と呼ばれ，白根郷（教科書教材）では，囲い土手と呼ばれていますが，よく似ています。その中の土地利用についても，低地を水田にし，住居は比較的高い土地にあり，水屋（輪中），水倉（白根郷）など似たような施設が見られることも共通しています。この小単元では，土地の地形や自然条件をつかみ，その中で人々は水とどのように向き合ってきたのか，また，その水をどのように暮らしや産業に生かしてきたかを学習していきます。

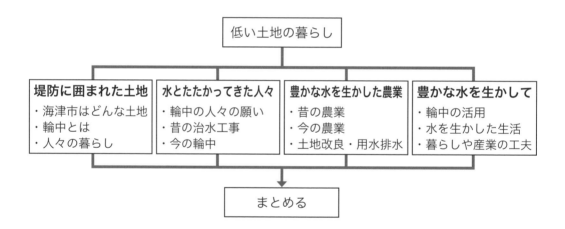

| 知識および技能 | ・国土の地形などについて各種の資料で調べ，必要な情報を読み取り，特色ある地形条件で暮らす海津市の人々の生活を理解している。
・海津市の人々の生活や産業の様子を例に，国土の環境が人々の生活や産業と密接な関連を持っていることを理解している。 |

| 思考力，判断力，表現力等 | ・海津市の地形条件と人々の生活や産業を相互に関連付けて，国土の自然環境が人々の生活や産業と密接な関連を持っていることを考え，適切に表現している。
・海津市の地形条件を生かした人々の生活や，産業の工夫について調べたことを，文や図表にまとめて適切に表現している。 |

| 主体的に学習に取り組む態度 | ・海津市の地形条件に関心を持ち，人々の生活や産業の様子について主体的に学習問題を追究・解決しようとしている。 |

● 指導計画　5時間 ●

時数	授業名	学習のめあて	学習活動
1	堤防に囲まれた土地	・海津市の土地の様子をつかみ，わかったことや疑問に思ったことを整理して，学習問題をつくることができる。	・海津市の土地の様子を調べ，人々がどんな生活をしているか考えさせる。 ・どんな学習がしたいか話し合う。
2	水害とたたかってきた人々	・輪中に暮らす人々の水害から暮らしを守る工夫や，水害を防ぐための取り組みがわかる。	・輪中で暮らす人々の願いを考える。 ・江戸時代と明治時代の水害を防ぐ工事について調べる。 ・現在の治水について調べる。
3	豊かな水を生かした農業	・土地改良工事を行い，用水や排水を工夫して，豊かな水を生かした農業が行われていることがわかる。	・堀田があったころの農業の様子を調べる。 ・現代の農業について，グラフや写真などから，現状をとらえる。 ・どのようにして農業が変わってきたのかを調べる。
4	水を生かした生活	・輪中の人々が，豊かな水をどのように生活に生かしているかがわかる。	・自然条件の良い点を見つけたり，農業をふりかえる。 ・海津市では，どのように水を生かした活動が行われているか調べる。 ・低地での人々の生活や産業について，学習した感想や意見を発表する。
5	低い土地の暮らしをまとめる	・輪中で生きる人々の暮らしや，産業での工夫について，まとめることができる。	・「地形の特色」「水害から暮らしを守る」「豊かな水を農業に生かす」「豊かな水を生活に生かす」の4点で学習をまとめる。

堤防に囲まれた土地

㉁ 海津市の土地の様子を知り，学習問題を作ろう

かい　づ

板書例

1　〈海津市の土地の様子〉

・川に囲まれている

・平地や田が多い

・川より低い土地

2　〈川に囲まれた輪中〉

わ　じゅう

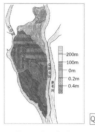

今の海津市

昔の海津市

輪中

周りを堤防で囲む

中には家や田畑

POINT マップ機能を活用して，海津市の現在の様子を調べると，写真や動画資料も掲載されている。現地の様子をイメージしやす

1 海津市はどんな土地か調べる。

　地図帳の地名索引，または地図の岐阜県の中から海津市を見つける。

T　海津市の近くを流れる川を見つけましょう。

C　木曽川，長良川，揖斐川です。

T　地図帳や教科書の写真を見て，どんな土地だとわかりますか。（写真のどこが海津市か確認する）

C　川に囲まれています。

C　平地で田が多い。山は遠くにしか見えない。

C　周りを囲むのは堤防かな？

T　この写真を見てください。

　画像「川と堤防と海津市の土地」QR を見て，川と堤防と海津市の土地を確認する。

C　堤防の上が道路になっている。

T　川の水面と土地とどちらが低いですか。

C　川より土地の方が低い！

C　堤防がないと，川の水が海津市に流れこむ。

2 なぜ『輪中』と呼ばれているのか調べる。

　資料「川に囲まれた土地」QR を配る。

T　(1)の地図の川に青，海面より低い土地に緑，高い土地に茶色で色をぬり，気がついたことや思ったことを言いましょう。

C　海面より低い土地が多い。

C　洪水になったら，どうなるのかな？

C　田畑の水には不自由しないから，農業は盛んだと思う。

T　ここは，輪中と呼ばれています。なぜ，そう呼ばれるのか，資料の(2)も参考にして考えましょう。ヒント，輪中は，『わのなか』と書きます。

C　低い土地の周りを堤防で囲んでいるんだ！

C　その中に家や田畑がある。

　資料(3)の輪中断面図で，地形の特徴をイメージする。

C　家は田畑より高い所に建ててある。

C　堤防の輪の中に住んでいるんだね。

準備物	・画像「川と堤防と海津市の土地」QR ・資料「川に囲まれた土地」QR ・輪中イラスト5枚QR ・地図帳	I C T	画像・資料データを配信し，児童が資料を読み取って気付いたことや疑問を書き込んだものをグループや全体で共有すると，より学びを深められる。	

3 〈人々の暮らし〉

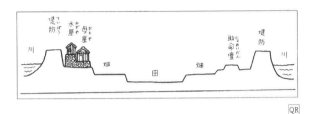

・台風や大雨→水害

・米作りがさかん？　それとも漁？

・低い土地＝田，中間＝畑，
　高い土地＝家

・低地の暮らしは大変

・いろいろ工夫している

4 〈学習したいこと〉

・水害から暮らしを守る

・色々な工夫

・産業（農業）

・水を生かした取り組み

教科書　地図帳
本　ホームページ
手紙　電話

くなり，興味関心を高めることができるだろう。

---

3 人々の暮らしについて考える。

T　海津市の土地の様子から，人々のどんな暮らしが分かりますか。

C　水田が多そうだから，米作りが盛んなのかな。

C　川で漁をして生活しているのかもしれない。

C　台風や大雨になると，水害が起こりやすいと思う。

T　輪中の断面図も見てみましょう。

　　　教科書や「輪中の断面図」QRも見て話し合う。

C　家は高い所に建てているけど，それでも水面より低そうだね。

C　一番低いところは，水田にして，それより少し高いところは，畑にしています。

C　上手く考えて，高さに合わせて土地を使っているね。

C　川より低い土地に住むって，大変だね。

C　他にも色々工夫しているかもしれないよ。

4 どんなことを学習していきたいか，学習問題を共有する。

T　これから，この低い土地の暮らしで，どんなことを学習していきたいか話し合いましょう。

C　水害から，どのように暮らしを守ってきたか調べたいね。

C　ここで暮らすために，どんな工夫をしてきたか知りたい。

C　どんな産業が盛んなのか調べたい。多分，農業だと思うけど…。

C　川の水を生かした取り組みについて調べてみたい。

T　どのように調べればよいでしょう。

C　教科書や地図帳で確かめます。

C　図書館で本を探して調べる。

C　海津市のホームページで調べられると思う。

C　手紙や電話で聞いてみる。

T　では，次の時間から調べていきましょう。

水害とたたかってきた人々

板書例

⊗ 水害からくらしを守る工夫や取り組みを調べよう

1 〈人々の工夫〉

・高石垣と水屋（一部の人）
　米，食料，衣類など

・あげ船

・助命だん（一般の人）

2 〈江戸時代薩摩藩（さつまはん）の仕事〉

水面高い　　　　水面低い

堤防工事

難工事で多くのぎせい

↓

治水神社を建てる

POINT NHK for School などの動画を視聴することで，歴史的な内容も含め，どのように水害から生活を守ってきたのか，児童

1 輪中で暮らす人々の願いと工夫を考える。

T　輪中で暮らす人々の願いを考えましょう。

　　前時で学習した輪中での暮らしを思い出して考える。

C　水害が起こらないでほしい。

C　水害の心配のない暮らしがしたい。

T　水害から暮らしを守るために，どんな工夫をしてきたか，写真や資料から考えてみましょう。

　　水屋のイラスト QR から読みとって考える。

T　水屋の中には何が置いてありますか。

C　米，タンスの中は衣類かな。

C　樽や壺の中には，水や食べ物が入っている。

C　洪水になってもしばらくは暮らせるね。

　　「石垣の家と水屋」「あげ船」の写真 QR も見て考える。

C　船があれば，水害の時も移動できる。

C　石垣があれば，水害の時でも家は浸からない。

C　お金持ちしか石垣の家は造れないだろう。

　　避難場所「助命壇」 QR について簡単に説明する。

2 昔の水害を防ぐ工事を調べる。

T　この神社は治水神社 QR といい，昔の薩摩藩（今の鹿児島県）の人たちが，祀られています。なぜでしょう。

C　治水って，工事で水害を防ぐことだね。

C　薩摩の人がここに住んでいたのかな。

C　薩摩藩の人たちが水害を防いでくれた？

　　資料「水と戦ってきた人々」 QR の，「1 江戸時代の治水工事」を読む。

T　資料を読み，分かったことを発表しましょう。

C　薩摩藩の人たちが治水工事をしてくれた。

C　幕府の命令で薩摩藩が工事をした。

C　大変な難工事で，多くの犠牲が出た。

C　その犠牲者を祀るために治水神社を建てた。

　　薩摩藩が築いた堤防（千本松原）の写真 QR を見る。

C　本当に，水面の高さが違う！

準備物	・水屋イラスト QR　・画像「石垣の家と水屋」「あげ舟」「助命壇」「治水神社」「千本松原」「排水機場」QR　・資料「水と戦ってきた人々」QR　・グラフ「水害の発生件数の移り変わり」QR　・排水機場の分布図 QR
ICT	資料データを配信し，読み取ったことを共有して対話的に学ぶことで，「なぜ」「どのように」水害から暮らしを守ろうとしてきたのかに迫ることができる。

❸ 〈明治時代の工事〉

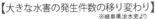
【大きな水害の発生件数の移り変わり】
※岐阜県治水史より

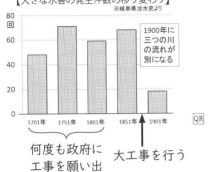

1900年に三つの川の流れが別になる

何度も政府に工事を願い出　　大工事を行う

デ・レーケ(オランダ人)が担当
(25年・予定の倍以上のお金)
水害減・耕地増・米収穫増

❹ 〈現在の輪中〉

・排水機場をつくる

　洪水のときに，水をくみ出すこ

　とができる

・川が入り組んだ地形→整備

　↓

　水害の心配は少なくなった

がイメージしやすくなるようにする。

3　明治時代の水害を防ぐ工事を調べる。

T　「水害の発生件数の移り変わり」のグラフ（教科書・QR資料 QR）を見て，気付いたことを発表しましょう。

C　薩摩藩の工事の後でも，水害は無くならなかったのだ。

C　1900年を過ぎると急に減っているね。

T　なぜ，急に水害が減ったのでしょう。

C　何か，水害を防ぐ工事をしたのだと思います。

　　資料プリント「水と戦ってきた人々」QR 中の「2 明治時代の治水工事」を読む。

C　25年かかりお金も予定の倍以上の大工事だった！

C　今度はオランダ人の技師ヨハネス・デ・レーケという人が工事を担当した。

C　水害が減って耕地も増えたのでよかったね。

C　人々が，何度も政府に願い出たからできたのだわ。

4　今の輪中は，どうなっているのか確かめる。

　　排水機場の写真（教科書・QR収録画像 QR）を見る。

T　写真の建物は何だと思いますか。

C　排水機場って，看板がある。

C　輪中が洪水になったら，ここで水をくみ出すんだね。

　　高須輪中にある排水機場の分布図 QR を見る。

T　分布図を見て気づいたことがありますか。

C　たくさんの場所に排水機場がある。

C　下流のより土地が低いところに多くある。

C　万一，川の水が流れこんだり，大雨で水がたまっても，すぐにくみ出せるね。

　　国土地理院5万分の1の地図で，現在の川は入り組んだ地形ではなくなっていることを確かめる。

C　川が入り組んでいた昔と全然違うね。

　　最後に NHK for school「輪中を空から見てみよう」を視聴してまとめとする。

豊かな水を生かした農業

板書例

め 海津市の農業について調べよう

1 〈昔の農業〉

土をほり下げる　　土をもって高く
（堀つぶれ）　　　（堀り上げ田）

堀田
（ほりた）

・少しでも被害をふせぎたい

・船で運ぶ

2 〈今の農業〉

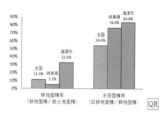

海津市の耕地・水田面積の割合

・耕地，田の割合が高い

低地で豊かな水
↓
米作りがさかん，他にも
小麦，大豆，果物，野菜

POINT　昔の農業（堀田）については，現在の児童には想像できないことが多い。動画視聴を通して，昔の農業の様子をイメージで

1 昔の農業の様子を調べる。

資料「海津市の昔の農業」QRの(1)のイラストを見る。

T　イラストは，海津町の昔の農業の様子です。どんなことが分かりますか。

C　船で苗を運んでいる。

C　田植えをしている所は島のようだ。

T　このような田を堀田（ほりた）といいます。

資料の(2)を見て，問いに答えましょう。

C　堀り取った土を田に積み上げている。

C　堀り上げ田では田植えをして，堀りつぶれには水がたまるので船で移動している。

C　田の一部をつぶしたら，面積が減らないかな？

T　なぜこんなことをしたのでしょう。

C　洪水の被害を少しでも減らそうとした。

C　田の一部を犠牲にしても，他の田を守った。

NHK for school の動画「輪中の昔の暮らし」を見る。

2 今の農業の様子を調べる。

資料「海津市の農業」QRの(1)のグラフを見る。

T　このグラフから，海津市の今の農業について，どんなことが分かりますか。

C　全国や岐阜県より，耕地の割合が多い。

C　水田の割合が耕地の80％を超えている。

資料「海津市の農業」の(2)のグラフを見る。

T　このグラフからどんなことが分かりますか。

C　やはり，米づくりが一番だけど，小麦や大豆の生産も盛んに行われている。

C　お米を作った後に，小麦などを作っているんだろう。

国土地理院5万分の1の地図で土地利用を確かめる。

C　輪中の中は田んぼの地図記号がいっぱいだ！

T　海津町の農業を自分の言葉でまとめましょう。

C　低地で水が豊かなので米づくりが盛んです。米以外の作物もいろいろ作られています。

準備物	・資料「海津市の昔の農業」「海津市の農業」QR ・国土地理院地図　農業関係グラフQR ・堀田イラストQR　・復元堀田画像QR	ICT	イラストやグラフのデータを配信し, 堀田の仕組みも含め, 資料の読み取りを丁寧に行うことで, 地形と農業の様子について関連付けて考えることができる。

3 〈農地の改良工事〉

・田の広さや形を整える
・水路をうめ立てる

↓

広くてきれいな長方形の田
機械も使える

1600 ha
海津市の主な農産物の作付面積

・米の生産が一番
・小麦や大豆も生産が多い
・果物や野菜も生産

4 〈用水と排水〉

・排水路と排水機場
　水はけがよくなる
　大雨でも水がたまらない

・用水路と揚水機場
　必要な時に必要な水を使える

水をコントロール

きるように働きかけたい。

3 農地の変化を調べて話し合う①
〜土地改良〜

　　教科書に載っている堀田があった頃の耕地の写真と, 今の耕地の写真を比べる。

T　耕地の様子は, どのように変わっていますか。気付いたことを言いましょう。

C　昔は, 田が小さく分かれて形もバラバラだ。

C　昔は田をつぶして水路にしていた所がたくさんあった。

C　今は, 広くてきれいな長方形の田になっている。

C　二つの写真を見くらべたら, 違いがとてもよく分かります。

T　どうしてこのように変わったのか, 教科書を読んで確かめましょう。

C　田の広さや形を整える工事をした。

C　水路を埋め立てて, 田を広くしている。

C　機械を使った農業もできるようになった。

4 農地の変化を調べて話し合う②
〜用水と排水〜

T　教科書の用水路と排水路の図を見て, 気付いたことや疑問に思ったことを発表しましょう。

C　排水路が輪中の中に何本もある。

C　用水路が何本かある。

C　揚水機場も結構たくさんあるよ。

C　すぐに水がたまって困っていたのに, なぜ用水路で水を取り入れるのかな？

T　用水と排水について, 教科書でも調べて, 思ったことを話し合いましょう。

C　排水機場ができて, 水はけがよくなったので米以外の野菜や果物も作れるようになった。

C　排水機場のおかげで, いらない水が排水でき, 大雨でも水がたまらなくなった。

C　じゃあ, 揚水機場ができて良いことは何？

C　必要な時に必要な水が使える。

C　二つで, 水を自由にコントロールできるんだ。

水を生かした生活

板書例

め 豊かな水をどのように生かしているか調べよう

1 〈自然・地形のよさ〉　**2** 〈水を生かした施設〉

長良川・揖斐川と千本松原

・豊かな水

・自然も豊か

・水と関わった歴史

広がる水田

☆木曽三川公園センター ――――――

☆長良川サービスセンター ――――――

☆アクアワールド水郷パークセンター ――

☆寒ブナ漁

<u>水を生かした産業</u>

・米づくりなど農業

　　洪水で栄養分の多い土

　　土地改良・排水や用水の整備

POINT　国営木曽三川公園の HP やマップ機能を活用すると，幅広く海津市の地形を活かした工夫について幅広く調べることができ

1 輪中地域の自然と地形，暮らしと産業など，学習したことをふりかえる。

T　<u>輪中地域の自然条件のよい点はどこでしょう。</u>

C　大きな川が３つもあり，水が豊かです。

C　水辺の生き物や植物など自然も豊かだと思います。

C　水と関係のある歴史の跡も残っています。

C　薩摩藩の工事や，デ・レーケの工事だね。

T　<u>水が多い低地という自然条件をどのように生かして農業をしてきたのでしょう。</u>

C　米作りには水が必要だから，米作りに生かしてきた。

C　洪水で栄養分の多い土がたまっていった。

C　土地を改良し，排水や用水の設備を整えることで，農業生産を発展させてきました。

T　今日は，農業以外に，どのように水を生かしてきたか，調べていきましょう。

2 水を生かした施設や行事について調べる。

T　<u>農業以外に，どのように水を生かしているか，まず，教科書で調べましょう。</u>

C　カヌー教室をしている。

C　ヨット池というのも地図に載っている。

C　アクアワールドというのもある。

C　寒ブナ漁の写真も載っている。水が多いから漁業も盛んなのだろうね。

T　<u>では，海津町のホームページで，もっと詳しく調べてみましょう。</u>

C　木曽三川公園の展望タワーからは，川の流れや輪中の様子が見渡せるんだ。

C　平田リバーサイドプラザというのもあった。長良川の河原にある公園だよ。

C　産業だと寒ブナ漁。他は，観光やレジャーが多くて，いろいろな施設がつくられているね。

準備物	・画像「広がる水田」「長良川・揖斐川と千本松原」QR
ICT	動画を視聴することで，遠く離れた地域に関する学習でもイメージしやすくなる。また，マップ機能は様々な角度から現地の様子を知るために活用したい。

3 〈施設でできること〉

―――― 展望タワー：川や輪中が見渡せる

―――― カヌー体験

―――― 水辺の生き物，体験

4

知恵で暮らしを守った

自然を観光などに役立てた

堀田がすごい，決意が伝わる

展望タワー

カヌー体験

風車

QR

海津市 観光マップ

（画像提供：海津市）

水屋と母屋の復元

る。

3 施設では，どのようなことを
しているか調べる。

T 海津市の観光・レジャー施設では，どのようなことをしているのか，調べてみましょう。

　国営木曽三川公園の HP から調べる。

C アクアワールド水郷パークセンターを調べました。水辺の生き物探しや，いろいろな体験教室もあるようです。

C 長良川サービスセンターでは，カヌー体験ができます。小学校 4 年以上で，1 人乗りカヌーと 2 人乗りカヌーの体験ができます。

C 木曽三川公園には，13 か所の公園があるそうです。アクアワールドも長良川サービスセンターもその一つです。木曽三川公園センターを含めた三施設が海津市にあり，他の市にもさまざまな施設があります。

T 色々な施設で色々な活動がされていますね。

4 低地での人々の暮らしや産業の工夫について，感想や意見を出し合おう。

T 低地の暮らしや産業について，学習したことをふりかえり，感想や意見を出し合いましょう。

　まず NHK for school「輪中の現在の暮らし」を見て学習を振り返ってから，感想や意見を出し合う。

C 輪中は，自分の家だけを囲むのかと思っていたけど，地域全体を堤防で囲むのだとわかった。

C 地域の人々の助け合いが大事だと思った。

C 水屋やあげ舟，助命壇など，いろいろ知恵を絞って，水害から暮らしを守ろうとしてきた。

C 低地では，洪水など困ることもあるけど，その自然条件を生かして観光やレジャーに役立てているのがすごいと思った。

C 堀田がすごかった。一部の田をつぶしてでも，残りの田で米づくりをしようという決意が伝わってきた。

低い土地のくらしをまとめる

板書例

㋯ 低い土地の学習のまとめをしよう

1 〈地形の特色〉
- ・川より低い
- ・輪中－周りは川

2 〈水害から暮らしを守る〉
- ・水屋　あげ舟
- ・治水工事

3 〈豊かな水を農業に生かす〉
- ・堀田
- ・土地改良工事　　米づくり

4 〈豊かな水を生活に生かす〉
- レジャー，観光

POINT　スライド機能を活用して，学習をまとめることもできる。その際，情報リテラシーについても触れ，本単元で使用してきた

1 輪中の地形の特色についてまとめる。

T　輪中地域の地形の特色をまとめましょう。

　　グループで，どんな特色があったか学習をふりかえり，各自でワークシート QR の1項目目に書き込む。

C　まず，輪中とはどんな地形なのかは，絶対に入れないといけないね。

C　川より低い土地だということも特色だね。

C　周りを川に囲まれている。

C　地図で確かめたら，平地で山などがない。

C　大雨が降ると，よく洪水が起こっていた。

T　グループで意見交流ができたら，それぞれでワークシートに書き込みましょう。

C　右側の欄には，輪中の簡単な地図を描いて貼ろうかな。

C　わたしは，空から見た写真を貼ろう。

T　写真や地図など，必要ならインターネットからとって使ってもいいですよ。

2 輪中に住む人々は，水害からどのように暮らしを守ってきたかまとめる。

T　輪中という地形の中で暮らす人々の工夫をまとめていきましょう。先ず，水害からどのように暮らしを守ってきたかまとめましょう。

　　グループで話し合ってから，ワークシートの2項目目に書き込む。

C　洪水に備えた工夫がいろいろあった。

C　洪水になっても，水屋でしばらく暮らすことができる。

C　水屋には食料や日用品などが入れてあった。

C　水屋や石垣が作れない人は，助命壇に避難できた。

C　避難するだけじゃなく，洪水の被害を防ぐ工夫や取り組みもされた。

C　薩摩藩やデ・レーケの工事だね。

C　排水路や排水機場も作って水をくみ出した。

C　排水機場か千本松原の写真を入れよう。

準備物	・ワークシート「暮らしや産業の工夫」QR ・イラスト・画像4枚 QR

ICT	ワークシートを配信し，児童が調べたり考えたりしてきたことをまとめる。その内容をグループや学級全体で共有すると，学びを深め合うことができる。

くらしや産業の工夫－低い土地の学習まとめ

5年　名前（　　　　　　　　　　　）

まとめ	絵・写真・グラフ・表など
＜　地形の特色　＞	
＜　水害からくらしを守る　＞	
＜　豊かな水を農業に生かす　＞	
＜　豊かな水を生活に生かす　＞	

QR

資料を踏まえてまとめるようにする。

3 豊かな水をどのように農業に生かしてきたかまとめる。

T　次は，水を生かした産業をまとめましょう。

　　これまで同様，グループで話し合い，ワークシートの3項目目にまとめる。

C　ここは，何といっても農業だね。

C　その中でも，特に米づくりが中心になる。

C　昔の堀田もすごい工夫だと思うから，それもまとめに入れておこう。

C　土地改良の工事で，耕地が広くなり，大型機械も使えるようになった。

C　用水と排水の両方を活用することで，水が自由にコントロールできるようになり，米づくりだけじゃなく，農業の幅が広がった。

C　用水と排水の両方を活用している所は，他にもあるのかな？

C　農業だけでなく，寒ブナ漁もいれておきたい。

C　農業の様子の写真を貼りつけよう。

C　耕地と主な農作物のグラフを入れよう。

4 海津市に住む人々は，豊かな水をどのように生活に生かしているかまとめる。

T　最後に，水を生かした生活についてまとめましょう。いろいろな水を生かした施設がありましたね。

C　主に観光やレジャー施設がつくられている。

C　いろんな体験ができる。どれを入れようかな。

C　木曽三川公園が中心だね。

C　展望タワーから三つの川や輪中の様子が見られる。

C　カヌー体験は子どもでもできるから，まとめに入れよう。

C　写真は，いろいろ使えそうだな。

T　書けたら，まとめを書いて自分が考えたことがあれば意見交流をしましょう。

C　洪水にも負けないで暮らしてきた人たちはたくましい。知恵もすごいと思った。

C　この厳しい地形を逆に生かしてきた。

国土の気候の特色

全授業時間 3 時間

◉ 学習にあたって ◉

◇**何を教えるのか**　**- この単元の特徴 -**

　日本の国土は，南北に細長く，地形も山が多いことから，気候も地域によって様々です。四季があり，台風や梅雨，夏と冬の季節風なども日本の気候を特色づけています。この小単元では，こうした日本の気候の特色について学習します。学習にあたっては，雨温図，桜前線，台風の接近数，各地の平均気温，気候区などの資料を活用して，日本の気候の特色をつかませるようにします。中学校の学習でも出てきますが，その基礎的な力として，雨温図の読み方に慣れ，気候区の主な特徴などは理解させておきたいものです。この小単元では，具体的な地域を取り上げるわけではなく，いわば日本の気候の総論のような学習になります。写真や動画などがあれば，それも使って児童の関心を惹きつけ，日本の気候の特色をより具体的にイメージ豊かにとらえさせたいものです。

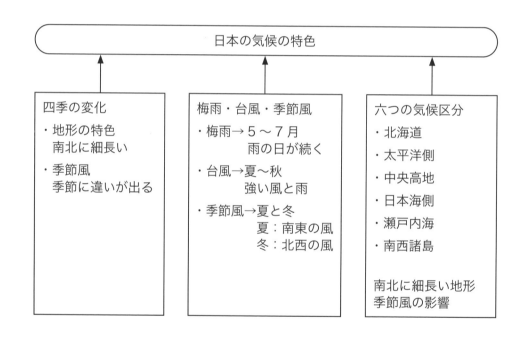

● 評 価 ●

知識および技能
- 日本の気候には四季の変化が見られ，南北に細長い国土，地形や季節風の影響などによる地域差が大きいことを理解している。
- 梅雨，台風，季節風（雪）は，日本の気候を特徴づけている現象であり，人々の暮らしに大きな影響を及ぼしていることを理解している。
- 画像，地図，雨温図などから，日本の気候の特色や各地の気候の様子を読み取っている。

思考力，判断力，表現力等
- 日本の各地の気候と人々の暮らしが密接に関連していることについて考え，適切に表現している。
- 日本の地図や気温・降水量のグラフ（雨温図）などの資料を活用して，日本各地の気候の特色や季節風の影響などのことについて考え，人々の生活について表現している。

主体的に学習に取り組む態度
- 日本各地の気候の特色に関心を持つとともに，四季の変化や季節風，地域の人々の暮らしなどについて，主体的に学習問題を追究し，解決しようとしている。

● 指導計画　3時間 ●

時数	授業名	学習のめあて	学習活動
1	四季の変化がある日本の気候	・日本の気候には地域によって違いがあり，四季の変化もあることに関心を持ち，学習問題を作ることができる。	・四季の変化があることを写真などから確かめる。 ・日本の南北の四つの地域を調べ，気候に違いがあることを確かめる。
2	つゆと台風，季節風	・台風，梅雨，季節風は，日本の気候を特色づける現象であり，人々の暮らしに大きな影響を及ぼしていることがわかる。	・梅雨，台風，季節風について調べ，まとめる。 ・まとめたことを発表し，話し合う。
3	地域によってことなる気候	・日本の各地の特徴的な気候を比べ，その特色を捉えることができる。	・日本は六つの気候区に分けられることを確かめる。 ・各気候区の特色を雨温図からとらえる。 ・学習のまとめを書く。

国土の気候と特色　49

四季の変化がある日本の気候

板書例

㋕ 日本の気候の特色を調べよう

1 〈地形の特色〉

・南北に細長い

・山地

↓

［気候の特色］

・南，低地＝暖

・北，高地＝寒

2 〈四季の変化〉

春…桜

夏…緑いっぱい

秋…紅葉

冬…雪

⇩

日本の気候の特色

桜の開花時期　QR

POINT　マップ機能を使って取り扱う地域を調べるようにすると，投稿されている写真や動画からも現地の様子を掴むことができる。

1 日本の地形から考えられる気候の特色について話し合う。

T　日本の地形には，どんな特色がありましたか。

C　南北に細長く，山地が多く平地が少ないです。

C　山地は，日本列島の背骨のように連なっています。

T　日本の地形から，気候の特色を考えてみましょう。

　　「気候」の意味を教科書の「ことば」で確認しておく。

C　南北に細長いから，南は暖かく，北は寒いと思う。

C　高い土地と低い土地でも，気候は違うんじゃないかな。

T　自分たちの住んでいる地域は，どんな気候の特色があるでしょう。

　　それぞれの地域の特色を考えて発表する。

C　年に何回か，台風などの影響で大雨になる。

C　冬は，雪がたくさん積もる。

2 日本には，四季の変化があることを確かめる。

　　教科書の４枚（長野県松本市）の写真を見て，日本には四季の変化があることを確かめる。他の地域の四季の変化もインターネット画像で見てもよい。

T　春の写真を見て気付いたことを言いましょう。

C　桜が咲いている。

T　夏，秋，冬の写真についても言いましょう。

C　夏は緑がいっぱいで，秋は紅葉している。

C　冬は雪が積もっている。

T　４枚の写真から，どんなことが分かりますか。

C　同じ場所でも，季節で様子がすごく違う。

C　四季の変化がとてもはっきりしている。

C　春夏秋冬と変わっていくのを，あまり意識していなかったね。

T　こうした四季の変化がみられるのは，日本の気候の大きな特色です。

3 〈地域によって異なる気候〉

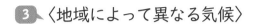

北海道　4月〜5月

東京・大阪　3月

沖縄　1月

3か月以上の差

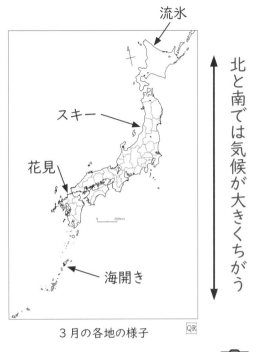

流氷

スキー

花見

海開き

北と南では気候が大きくちがう

3月の各地の様子　QR

地図帳も積極的に活用したい。

3 地域によってどのように気候が違うか確かめる。

T　桜が咲き始める時期を示した地図（教科書）から，どんなことが分かりますか。

　　北海道と沖縄の桜祭りのポスターQRも参考に見る。

C　沖縄では1月に咲き始めるのに，北海道では4月の終わりから5月始め頃に咲き始める。

C　3か月以上咲く時期が違う！

C　桜の開花前線は，南からだんだん北に上がっている。

T　3月の各地の様子を見比べてみましょう。

C　北海道では，まだ流氷があるのに，沖縄では，もう海開きをしている。

C　蔵王では，まだスキーができるぐらいの雪がある。

C　福岡ではもう花見をしている。

C　どれも同じ3月の様子だなんて，違いすぎる。

C　北と南で気候がこんなに大きく違うんだ。

4 日本の気候について，学習したいことを話し合う。

T　各地の様子や桜の開花時期などから，日本の気候の特色についてどんなことが言えますか。

C　沖縄のような南の地域と，北海道のような北の地域では，気候が随分違う。

C　同じ場所でも，四季があるので，季節によって様子がすごく変わってくる。

C　同じ日本の同じ頃に，雪や氷があるところと，海水浴ができるところがあるなんて，不思議な気がする。

T　日本の気候について，他にどんなことを調べたり学習したいですか。

C　色々な地域の気候の違いをもっと知りたい。

C　季節風や梅雨や台風も，地域によって違うのかな？

　　「梅雨」「台風」「季節風」のどれかを調べる数人ずつのグループを作り，次時までに資料を集めてくる。

つゆと台風，季節風

板書例

ⓜ つゆ，台風，季節風について調べたことを発表しよう

1 〈調べたことをまとめる〉

2 〈つゆ〉

（特ちょう）

・5月～7月ごろ，雨の日が多い

・北海道，小笠原－つゆがない

⬇

［えいきょう］

○米作り

○飲み水

▲水害

人々のくらしに

POINT 動画を視聴することで，児童は日本の気候の特色について網羅的に理解することができる。地図帳や資料集も積極的に活用

1 梅雨，台風，季節風について調べたことをまとめる。

T つゆ，台風，季節風とはどういうものか，私たちの暮らしにどのように影響しているのか（できればよい面と困る面）まとめましょう。

集めてきた資料や教科書などをもとにして，前時に決めたグループで話し合ってまとめ用紙 QR に書き込む。

《例：台風グループの話し合い》

C どんなことを中心に発表しよう。台風でも，よい点はあるのかな？

C 台風がどのようにして生まれて，どんな特徴があるかは，絶対必要だね。

C わたしは，過去の主な台風の被害を調べてきたけど，これを発表したらどうかな。

C 教科書に載っている月別の台風の主な進路の図も使えそうだね。

C 暮らしへの影響は，身近な例で調べてきたよ。

C 台風の雨で水不足が解消することもあるね。

2 梅雨について発表し，話し合う。

T では，はじめに，梅雨について調べてきたグループから発表してください。

これまでの学習経験（国語など他教科も含めて）を生かして，写真や図を見せるなど工夫して発表する。

C 梅雨は，5月から7月ごろにかけて，雨や曇りの日が多い期間のことです。

C 北海道や小笠原には梅雨はありません。

C 場所によっては，短時間でたくさん雨が降って，水害が起きたりすることがあります。

C 米作りには，大切な雨が降る時期です。

C 飲み水を供給するダムも満たしてくれます。

T 発表に対する質問や意見を出して下さい。

C 梅雨はいいこともあるけど，やっぱり湿気が多くなっていやです。

C なぜ，北海道には梅雨がないのですか？

質問に即答できない時は，課題として後日報告する。

3 〈台風〉

（特ちょう）

・強い雨と風

・夏から秋

⬇

［えいきょう］

○水不足の地域

▲強風，大雨

4 〈季節風〉

（特ちょう）

・冬 ↘ 北西の風

・夏 ↖ 南東の風

⬇

［えいきょう］

○雪解け水→農業

▲大雪→生活や交通

大きなえいきょう

するようにすると，より多面的・多角的に捉えられる。

3 台風について発表し，話し合う。

T 次に，台風について調べてきたグループ，発表してください。

C 台風は，南太平洋で生まれた熱帯低気圧が発達したもので，強い風と雨が特徴です。

C 日本では，特に夏から秋にかけて沖縄や九州，四国に近づいたり上陸したりします。

C 台風の風や雨で，大きな被害が出ます。夏の水不足が不安な西日本などでは，恵の雨にもなります。

C 教科書に，台風被害の写真と月別の台風の主な進路が載っていますので見て下さい。

　　気象庁 HP で台風の動きの動画を見せる。台風被害の画像 QR を見せてもよい。

T 発表に対する質問や意見を出して下さい。

C 台風の雲の動きがすごくリアルだった。

C 台風の通り道になっている沖縄などでは，どんな対策をしているのですか？

4 季節風について発表し，話し合う。

T 最後に，季節風について発表して下さい。

C 季節によって吹く方向が変わる風のことを季節風と呼んでいます。

C 夏は南東（太平洋側）から，冬は北西（日本海側）から風が吹きます。

C 教科書の絵を見て下さい。湿った風が日本列島の山脈や山地にあたって，手前側に雨や雪を降らせ，山をこえると乾いた風になります。

C 大雪は，交通や生活に問題を起こします。

C でも，雪解け水は，農業などにも役立ちます。

T 発表に対する質問や意見を出して下さい。

C 教科書の降水量の図をみたら，冬に日本海側に雪が多いことがよく分かるね。

T 今日の学習で分かったことをまとめましょう。

C 梅雨，台風，季節風は，よい面でも困る面でも人々の暮らしに大きな影響を与えています。

地域によってことなる気候

日本の各地の特徴的な気候を比べて特色をとらえ，地域によって気候が異なることを理解する。

ⓜ 日本各地の気候の特色を調べよう

❶ 〈国土の気候〉

・北海道，沖縄…独特

・本州…大きく三つにわかれる

・さかい目は山地，山脈

雨温図（うおんず）
降水量と平均気温を表す

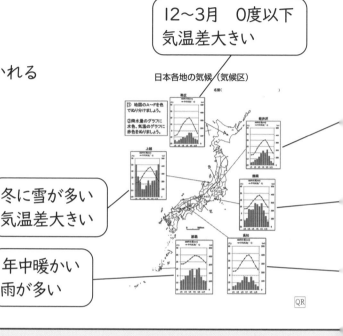

12～3月　0度以下
気温差大きい

日本各地の気候（気候区）

冬に雪が多い
気温差大きい

年中暖かい
雨が多い

POINT 配信したワークシートに，グラフを読み取って気づいたり感じたりしたことを直接書き込むようにすると，児童間で共有し

---

1 気候区分を色でぬり分け，気付いたことを話し合う。

ワークシート「日本各地の気候（気候区）」QR を配る。

T　地図のA〜Fを色鉛筆でぬり分けましょう。ぬれたら，気付いたことを言いましょう。

C　北海道と沖縄は，単独で他と違う気候です。

C　九州も，ほとんどがEにはいります。

C　本州は，太平洋側と日本海側とその真ん中に分かれています。

C　本州のB，C，D，Eの境目のところは，山脈や山地があるところだと思います。

T　地図に書かれているグラフを見て下さい。棒グラフは何を表していますか。

C　月ごとの降水量です。降った雨や雪の量です。

T　折れ線グラフは何を表していますか。

C　月ごとの気温の変化です。

T　このグラフを雨温図（うおんず）と言います。過去10年間を平均したグラフです。

2 上越市と静岡市の気温と降水量のグラフを比べる。（日本海側と太平洋側）

T　では，A〜Fの地域の気候の特色を調べていきましょう。はじめに静岡市と上越市を比べます。

二つの雨温図に色を塗り，教科書「学び方コーナー：グラフを読みとる」を読む。

T　上越市（B地域）と静岡市（E地域）のグラフを比べて，大きく違っているのは何ですか。

C　降水量が，上越市は冬にすごく多くて，静岡市は夏頃が多いです。

T　どうしてこんな違いができるのでしょう。他に気づいたこともあれば言いましょう。

C　上越市は，冬にすごく雪が降るから，降水量が多くなる。

C　静岡市では，夏の季節風がたくさんの雨を降らせるんだ。

C　冬の気温は，静岡の方が少し暖かそうだね。

C　上越市は気温の高低差が大きい。

| 準備物 | ・ワークシート「日本各地の気候（気候区）」 QR
・地図帳 | ICT | 展開2・3・4の2つの雨温図を一つの画面に並べて表示すると各地の気候の違いを比較しやすい。 | |

2,3,4 〈各地の気候が違うわけ〉

気温低め
夏多く，冬少ない雨量

夏に雨が多い
冬は少し暖かい

雨が少ない
暖かい

なぜこんなに
違うのだろう →

上越市と静岡市
・上越市は，雪のえいきょうで，冬の降水量が多い。
・静岡市は，季節風のえいきょうで，夏の降水量が多い。

帯広市と那覇市
・それぞれ北と南に位置している。
・帯広市は，内陸。那覇市は，周りが海。

軽井沢町と高松市
・軽井沢は高原で，気温が低い。
・高松は，山地にはさまれた海近く

て学びを深め合うことができる。

3 那覇市と帯広市の気温と降水量のグラフを比べる。（南方と北方）

T　帯広市と那覇市の雨温図に色をぬり，地図帳で二つの市の位置を確かめましょう。

　　気温と降水量をそれぞれ別に比較する。

T　帯広（A地域），那覇（F地域）の気温の変化について，比べて分かったことを言いましょう。
C　帯広は12～3月まで，平均気温が0度以下！
C　帯広は，気温の高低差が大きい。
C　那覇市は，年中気温が高く変化が少ないです。
C　年平均気温が7.2度と23.3度で全然違う。
T　降水量で分かったことも言いましょう。
C　那覇は雨が多いけど，帯広は雨が少ないです。
C　那覇は帯広の2倍以上の雨が降る。
C　気温だけじゃなく，降水量も違うんだね。
C　二つの地域の違いは，北と南だけでなく，陸地の中と海に囲まれていることにもよるのかな？

　　教科書の雨温図でも確認しておく（2～4展開）。

4 軽井沢と高松市の気温と降水量のグラフを比べる。（条件が異なる内陸部）

T　最後に，軽井沢と高松市の雨温図に色をぬり，地図帳で位置を確かめましょう。
C　やり方がわかってきたから，すぐできるよ。
T　軽井沢（C地域）と高松（D地域）のグラフを比べて，気付いたことはありませんか。
C　軽井沢は気温が低いです。
C　夏は高松より雨が多く，冬は雨が少ない。
C　高松は，平均して雨が少ないです。
C　気温は軽井沢より暖かそうです。
T　なぜこうなるか説明できますか。
C　軽井沢は高原で気温が低い。
C　高松は，2つの山地の間にあるので夏も冬も乾いた風が吹くのだと思います。
C　瀬戸内海があるので暖かいのだと思う。

　　最後に，日本の気候の特色や暮らしとの関わりについてノートにまとめる。

あたたかい土地の暮らし

全授業時間4時間＋ひろげる1時間

◉ 学習にあたって ◉

◇**何を教えるのか　- この単元の特徴 -**

　　日本の特色ある気候の地域として暖かい沖縄を取り上げます。東京書籍，教育出版，日本文教出版の3社の教科書は，いずれも沖縄を教材として取り上げています。ここでも，暖かい土地か寒い土地（雪の多い土地）のどちらかを選択して扱えばよいので，地域によっては寒い土地（雪の多い土地）を選択して扱うことができます。

　　ここでは，沖縄の気候と関わって，家屋の工夫，気候を生かした農業，沖縄の文化や観光について学習します。沖縄の文化や基地問題は沖縄の歴史やその位置とも深く関わっています。

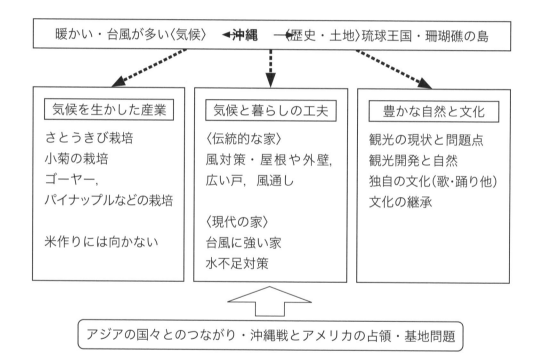

| 知識および技能 | ・沖縄県の気候，人々の暮らし，産業の様子，文化の特徴などを理解している。
・沖縄県の気候条件が，人々の生活や産業と密接な関連を持っていることを理解している。
・資料を活用して，沖縄県の人々の生活や産業，文化などについて，必要な情報を集めている。 |

| 思考力，判断力，表現力等 | ・沖縄県の気候と，人々の暮らしや産業とが，どのように関係しているか考えることができる。
・沖縄県の課題や今後について考え，自分なりの意見を持てている。
・対話の中で，自分の意見を積極的に述べ，学習したことをまとめ，発表している。 |

| 主体的に学習に取り組む態度 | ・沖縄県の気候に関心を持ち，人々の生活や産業の様子などについて意欲的に調べようとしている。
・学習活動の中での対話に進んで参加し，友だちの意見を聞き，自分の意見を述べようとしている。 |

● 指導計画　　4時間＋ひろげる1時間 ●

時数	授業名	学習のめあて	学習活動
1	沖縄の家や暮らしのくふう	・暑さや台風など，沖縄の気候に合わせた工夫を沖縄の家を例に調べることができる。	・沖縄の位置や気候を確認する。 ・沖縄の伝統的な家と，現代の家の工夫を調べる。 ・沖縄について，知りたいことや疑問などを出し合い，学習問題を設定する。
2	あたたかい気候に合った農業	・暖かい気候を生かした作物の栽培が行われている，沖縄の農業の特色がわかる。	・沖縄で栽培されている農作物を調べる。 ・さとうきびの栽培について調べる。 ・電照菊の栽培について調べる。 ・米作りについて調べ，沖縄の農業のまとめをする。
3	あたたかい気候を生かした観光と課題	・沖縄の自然や観光の現状が分かり，自然を守る取り組みについて考えることができる。	・日本のどこに観光に行きたいか話し合う。 ・沖縄の観光客と受け入れ状況について調べる。 ・沖縄の自然や生き物の魅力と，開発の問題点について調べる。 ・開発に伴う問題点，自然や観光のこれからについて考える。
4	古くからの文化を守る	・沖縄の文化の特色と課題が分かり，文化を守る取り組みについて考えることができる。	・沖縄で古くから伝わる独特の文化を知る。 ・沖縄の文化について詳しく調べて，発表し合う。 ・沖縄の文化の特色や成り立ち，これからについて考える。 ・学習したことを表にまとめ，キャッチコピーを作る。
ひろげる	アメリカ軍基地と沖縄の人々の暮らし	・沖縄戦や基地の様子が大まかにわかり，基地がある中での沖縄の人々の暮らしと願いについて考えることができる。	・沖縄の歴史を確かめ，沖縄戦での住民の被害を知る。 ・沖縄に基地が集中していることを調べる。 ・基地があることによる問題点と，住民の願いについて考える。

沖縄の家や暮らしのくふう

板書例

ⓜ 気候に合わせた沖縄のくらしの工夫を調べよう

1 〈沖縄の気候や位置〉

位置
・日本の一番南
・東アジアの国に近い
・たくさんの島

気候
・年中あたたかい
・雨が多い
・台風の通り道

2 〈伝統的な家〉

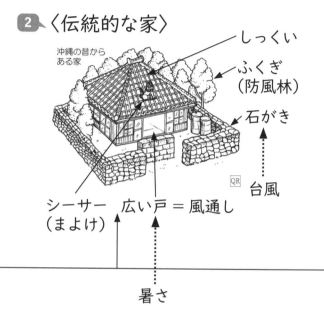

沖縄の昔からある家

しっくい

ふくぎ（防風林）

石がき

台風

シーサー（まよけ）　広い戸＝風通し

暑さ

POINT 動画を視聴することで，沖縄に接近する台風の強烈さや生活に与える影響について，イメージをもちやすくなる。児童自身

---

1 沖縄の気候や位置などを確かめる。

T　沖縄県とは，どんなところか地図帳で確かめましょう。
C　たくさんの島から成り立っている。
C　日本の一番南にある県。台湾や中国に近い。
T　沖縄の気候で，どんなことを連想しますか。
C　年中暖かい。雨も多い。
C　台風の通り道になっていたね。

台風の接近数のグラフ（資料1）QR を見る。

T　グラフから分かることは何ですか。
C　台風は，沖縄にたくさんやってくる。
C　他の地域より，沖縄の方が断然多い。
C　台風のニュースで沖縄がよく出てくるよ。

インターネットなどで沖縄の暴風の様子を見る。

C　沖縄の台風すごい！　沖縄の人たち大変だ。
T　沖縄の人たちは，このような気候に対してどんな工夫をしているのか，沖縄の家を例にして調べてみましょう。

2 沖縄の伝統的な家の工夫を，気候との関係から調べてみる。

教科書の絵や画像QRを見て，工夫をつかむ。

T　沖縄の伝統的な家には，沖縄の気候の中で暮らすためにどんな工夫がされているでしょう。まず，屋根に注目しましょう。
C　漆喰で瓦を固めて，飛ばないようにしている。
C　台風が多いからこんな工夫をしているんだ。
T　他にどんな工夫がしてありますか。
C　石垣やふくぎ（防風林）で周りを囲んでいる。
C　戸を広くして，風通しをよくしている。
T　これは，暑さ対策です。いろいろ工夫しているね。
C　屋根に守り神のシーサーを置いている。台風やその他の災いから守ってほしいという願いからだね。

沖縄の昔からある家

（シーサー＝災いをもたらす悪霊を追い払う魔除け）

3 〈今の家〉

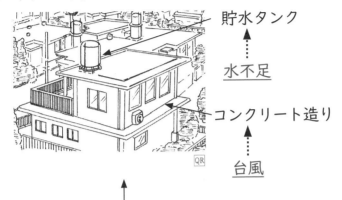

貯水タンク
↑
水不足

コンクリート造り
↑
台風

4 〈学習したいこと〉

・気候

・自然

・文化

・産業

・観光

・基地

の生活と結びつけて考えていきたい。

3 沖縄の今の家の工夫を，気候との関係から調べてみる。

T　今度は，今の家の特徴を見てみましょう。

C　今の家は，コンクリートの家が多い。

T　なぜ，コンクリートの家が多いのでしょう。

C　台風でも壊れないようにコンクリートにしているのかな…。

T　屋根の上の大きな筒みたいなものは何でしょう。何のためにあるのだと思いますか？

C　煙突ではないし…何だろう？

C　暑いから水をよく使う…？

　　　教科書で確かめる。

C　水不足に備えて，家庭でためておくんだよ。

C　水をためる貯水タンクか…。

C　大きな川が少ない土地だから，水不足の時が多いんだね。

　　　NHK for school「沖縄の家の工夫」を見る。

C　色々な工夫をしていることがよく分かった。

4 沖縄について，知りたいことや疑問に思ったことを出し合う。

T　沖縄について，知りたいことや疑問に思ったことを話し合いましょう。

　　　自由に思ったことを出し合う。

C　台風が多いから，生活が大変だと思う。台風に対する工夫をもっと知りたい。

C　野球やサッカーのキャンプ地について知りたいな。

C　沖縄といったら，きれいな海を思い浮かべるので，自然や観光やレジャーのことも知りたい。

C　沖縄の人がきれいな着物をきて踊っているのをテレビでみたことがある。着物について知りたいと思う。

C　アメリカ軍の基地のことも，ニュースに出るので，調べたいです。

T　出し合った意見を，グループでまとめてノートに書きましょう。

あたたかい気候に合った農業

板書例

め あたたかい気候を生かした農業について調べよう

1 〈沖縄の農産物〉

- ・畜産（肉用牛など）が多い
- ・さとうきび…中心作物
  （作付面積1位　産出額2位）
- ・きくが多い

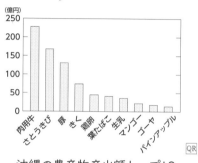

（億円）

沖縄の農産物産出額トップ10
（2021年　単位億円）

2 〈さとうきびの栽培〉

さとうきび…沖縄の宝

- ・倒れないようにたばねる
  →台風対策
- ・スプリンクラー→潮害対策
- ・収穫期には，工場は24時間
  動く

さとうきび

POINT　サトウキビは児童の生活経験からはイメージしにくいので，実物を教材として提示するとよい。

1 沖縄では，どんなものが栽培されているか調べる。

T　沖縄の農産物で，何を思い浮かべますか。
C　ゴーヤ，パイナップル，マンゴー。

　　実物が入手できれば，教室に持ち込んで見せる。

T　何が多く作られているか調べましょう。

　　資料「沖縄の農業1」QRで調べる。

C　一番多いのは牛肉。畜産物が多いね。
C　さとうきびは，作付面積が沖縄の耕地全体の半分近くで断トツ１位。産出額も２位になっている。
C　ゴーヤやパイナップルは意外と少ない。
C　国内産パイナップルのほとんどが沖縄産だよ。
C　菊もわりとたくさん作っているんだ。
C　さとうきびが，沖縄の農業で一番生産が盛んだと言ってもいいね。
T　さとうきびから何を作るのでしょう。
C　黒砂糖です！

　　沖縄産の黒砂糖を見せるとよい。（スーパーでも買える）

2 さとうきびの栽培について調べる。

T　教科書のさとうきび畑の写真を見て，気づいたことはありませんか。
C　すごく背が高い。収穫期に2mぐらいになる。
C　何か，竹みたいだね。
C　刈り取るのが，大変だろうな。
T　沖縄の人たちは，さとうきびの生産で，どんな工夫をしていますか。
C　台風に備えて茎が倒れないように束ねる。
C　スプリンクラーを設置して潮害を防ぐ。
T　潮風の塩分で害を受けるのを防ぐのです。
C　台風に強い品種や防風林も作っている。
C　「沖縄の宝」と呼んで大切にしているんだ。
T　精糖会社の人の話も読みましょう。
C　収穫期の４か月ほどの間に，工場は24時間作業をして，一気に生産してしまう。
C　原料糖を本州に送って，白砂糖が作られる。

| 準備物 | ・資料「沖縄の農業1」「沖縄の農業2」 ・画像：さとうきび畑・電照菊 QR ・参考資料「沖縄の農産物日本一」 QR | ICT | グラフ資料のデータを配信する。特に小菊の取り扱いについては，他地域との生産時期のズレに着目すると，沖縄における小菊の経済的な価値を理解できる。 |

3 〈小菊の栽培〉

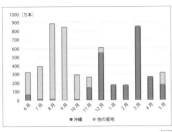

1000（万本）
900
800
700
600
500
400
300
200
100
0
6月 7月 8月 9月 10月 11月 12月 1月 2月 3月 4月 5月
■沖縄 □他の産地

小菊の出荷取り扱い量
（2022年6月～2023年5月）

・12月～4月　ほとんど沖縄産

・3月が最多
　↑
・電灯で開花時期を調整
　＝電照ぎく

・冬に開花　他産地の出荷少

4 〈米作り〉

・全国最低クラスの生産

・二期作（年2回収穫）もされていたが，台風や干害に強いさとうきびに転作

〈まとめ〉

日本一の農産物
　・パインアップル
　・さとうきび
　・マンゴー
　・ゴーヤ　　　　など

---

3 電照菊の栽培について調べる。

T　これは，京都の花屋さんで写した写真 QR です。これは何の花で，どこで作られたのでしょう。

C　箱に沖縄って書いてある。沖縄の菊だ。

C　さっきのグラフの菊はこれだったんだ。

T　沖縄産の菊の生産の特徴を調べましょう。

　　　資料「沖縄の農業2の(1)小菊の出荷…」 QR で調べる。

C　沖縄産の出荷の割合が12月～4月が多い。

C　日本の菊のほとんどが沖縄産だね。

C　12月と3月の出荷数が特に多い。なぜかな？

T　どんな工夫をしているのか調べましょう。

　　　電照菊栽培の画像 QR を見る。

C　電球がぶら下げられている。何のためかな？

T　教科書を読んで確かめましょう。

C　11月まで暑さが続き，冬に菊の花が咲くので，他の産地の出荷の少ない時期に出荷できる。

C　電灯を使って花が咲く時期を調整している。

4 米作りについて調べ，沖縄の農業のまとめをする。

T　沖縄の米作りはどうなっているでしょう。

C　暖かいから米もたくさんとれそうだけど…。

C　作付面積のグラフ中に稲は入っていなかったよ。

T　では，沖縄の米づくりを調べましょう。

　　　資料「沖縄の農業2の(2)沖縄の米づくり」 QR で調べる。

C　作付面積，収穫量，10アール当たりの収穫量，どれも全国最低クラスだよ。

C　暖かいから米作りによいと思ったのに…。

C　台風の被害や，米作りに水がたくさん必要だから，それでかな…。

C　土地が米づくりに向いていないんじゃない。

T　暖かいので二期作もされていましたが，台風や干害に強いさとうきびに変わっていきました

　　　NHK for school「気候を生かした沖縄の農産物」を見る。

T　では，気候を生かした沖縄の農業について，ノートにまとめましょう。

本時の目標　沖縄の自然や観光の現状が分かり，自然を守る取り組みについて考えることができる。

板書例

㋱ 沖縄の自然や観光について調べ，考えよう

1 〈行きたい観光地〉

・北海道－大自然,お花畑
・沖縄－果物, 水族館, 海
・世界遺産－小笠原,屋久島
・日本アルプス

沖縄の観光を調べよう

2 〈観光客と受け入れ〉

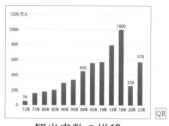

観光客数の推移

・観光客は増加→ 1,000万人
・コロナで大きく減る→回復へ

取り組み

・持続可能な観光地へ
・さまざまな言語の案内

POINT　グラフのデータを配信し，沖縄県の観光客数の変遷を捉える。特に 2020 年に激減していることに着目し，「なぜか」「こ

1 日本でどこへ観光に行きたいか発表し合う。

T　日本のどこかへ観光に行くとしたら，どこに行きたいですか。また，その理由は何ですか。

C　北海道に行きたい。大自然があって，夏は涼しいから。

C　北海道のきれいなお花畑とかをテレビでみるから，見に行きたい。

C　沖縄に行きたい。果物とか美味しそう。

C　沖縄の美ら海水族館に行ってみたい。

C　沖縄の海で泳いだり，遊んだりしたい。

C　世界遺産のところに行きたい。小笠原や屋久島や白神山地など。沖縄も入っているね。

C　長野県で，日本アルプスに登ってみたいな。

　　自由に意見を出し合い，希望を膨らませる。

T　北海道と沖縄が多いようですが，今は暖かい土地の勉強ですから，沖縄の観光について調べてみましょう。

2 沖縄への観光客と受け入れ状況について調べる。

T　沖縄に行ったことがある人や，テレビなどで見た人は，どんなところか言って下さい。

C　家族で石垣島に行った。珊瑚礁を船から見た。

C　イリオモテヤマネコをテレビで見た。

C　マングローブの林もある。

C　アメリカ軍の基地がたくさんあって，基地建設が問題になっていた。

T　沖縄の観光客数の変化を調べてみましょう。

　　資料「沖縄県への観光客数の移り変わり」QRをみる。

C　観光客はどんどん増えて 1000 万人になった。

C　2020 年に大きく減ったのはコロナのためだ。

T　沖縄では，観光客を受け入れるためにどんなことをしているか，教科書で調べましょう。

C　豊かな自然を大切にした持続可能な観光地づくりをしている。

C　さまざまな言語の案内標識を設置している。

| 準備物 | ・資料「沖縄県への観光客数の移り変わり」[QR] | ICT | 沖縄の自然の様子がわかる画像データを配信する。自然環境と経済活動の関わり合いを考えることで, 両方を大切にできるような在り方を考えさせたい。 |

3 〈沖縄のみ力と課題〉

・きれいな海, さんご, ビーチ
・ヤンバルの森, 西表島
・めずらしい生き物, 絶滅危惧種

〔問題〕
・さんごしょうが白化
・海に赤土が流入
・海のよごれ
・絶滅の危機

4 〈これからにむけて〉

〔問題の原因〕
・ホテル建設,
  山林を切り開く
・多くの観光客
・温暖化

・自然をこわさない観光
 （SDGs）
・エコツーリズム

のままでよいのか」などを問うようにする。

3 沖縄の自然や生き物などの魅力と, 開発に伴う問題点について調べる。

T　沖縄の魅力を教科書の写真で見てみましょう。
C　きれいな海がある。サンゴ礁の海で泳げる。
C　広くてきれいなビーチが広がっている。
T　沖縄の魅力は, 海ばかりじゃないよ。
　　インターネットで探す。「沖縄こどもランド」「おきなわ物語」「レッドデータおきなわ」など)
T　ネットで調べた感想を発表しましょう。
C　想像していたよりすごい！　行ってみたい。
C　こんなにたくさん珍しい動物や絶滅危惧種がいるなんて思わなかった。ヤンバル, 西表島…。
C　沖縄の自然を大事にしていきたいね。
T　沖縄の自然や, 観光開発に伴う問題点を調べましょう。教科書には, どう書かれていますか。
C　珊瑚礁が白化する。
C　赤土が流れこんで海の環境が悪化する。
C　海がよごれてしまう。

4 開発に伴う問題点, 自然や観光のこれからについて考える。

T　なぜこんな問題がおきるのでしょう。
C　ホテルが建てられ, 山や森が切り開かれる。
C　工事で赤土が流れこみ, 珊瑚の海が汚れる。
C　珊瑚の白化は, 温暖化の影響もあるね。
　　NHK for school「沖縄の環境問題－珊瑚の減少」を見る。
T　絶滅危惧種が多いということは…。
C　生き物が住む環境が悪くなっていると思う。
C　開発が進めば, 生き物の住みかもなくなる。
T　では, どうすればよいのでしょう。沖縄の自然や観光は, どうなって行けばよいのでしょう。
C　壊れた自然を元に戻すのは大変。観光客の人数を制限した方がいいのかな？
C　観光客が来るのはいいけど, 自然を壊さないようにしたらいい。観光も SDGs だね。
　　インターネットでエコツーリズム等について調べる。
C　自然も観光も守れる方法はありそうだね。

古くからの文化を守る

板書例

㊍ 沖縄の文化の特色について調べよう

1,2 〈沖縄の文化〉

文化財…首里城

芸能…歌　エイサー

工芸品…紅型

料理…ゴーヤーチャンプルー

} 独自の文化

くわしく調べる→発表

首里城 QR

POINT　スライド機能を使って，沖縄の気候や生活，文化についてまとめる。まとめを活かして作ったキャッチコピーを共有したり

1 沖縄で古くから伝わる独特の文化を知る。

沖縄の古くから伝わる音楽を聴く。HP「沖縄こどもランド」→「沖縄の文化」→「音楽」→「谷茶前」

T　聞いて感じたことを言いましょう。

C　言葉もリズムも独特な感じがする。

C　使っている楽器は何かな？

T　楽器は三線といって，三味線に似ています。

インターネット画像で三線と三味線を比べる。

C　三線の方が少し小さい。蛇皮をはっている。

T　沖縄の文化を，教科書の写真で見ましょう。

C　首里城は，世界文化遺産になっている。

C　エイサーという踊りや琉球舞踊がある。

C　沖縄の料理も独特だね。

C　紅型 QR という独特の染め物もある。

T　歴史的な建物などの文化財，音楽や踊りなどの芸能，織物，染め物，焼き物，漆器などの工芸品，沖縄独特の食べ物などがありますね。

2 沖縄の文化から一つ選んで詳しく調べ，発表し合う。

T　沖縄に古くから伝わる文化の中から一つ選んで詳しく調べましょう。

同じテーマを選んだグループで調べる。インターネットや図書（教室に持ち込んでおく）などで調べる。

C　首里城やグスクについて調べたいな。

C　エイサーについて詳しく調べたい。

C　沖縄の言葉も独特なので詳しく知りたいな。

（時間が足りない場合は，調べ学習は宿題としておき，本時は何か動画を見て話し合うことにしてもよい。）

T　調べたことを工夫して発表してください。

グループごとに調べたことを発表する。画像や動画などは，タブレットで共有できれば活用したい。

C　ゴーヤーチャンプルーとソーキそば，ジーマーミ豆腐について発表します。

C　紅型は，鮮やかな色が特徴の染め物です。琉球舞踊の衣装にも紅型が使われています。…

| 準備物 | ・画像：紅型・首里城・グスク QR
・ワークシート「沖縄―表にまとめてキャッチコピーを作ろう」QR | I C T | ワークシートのデータを配信し、児童が調べ直したことを直接書き込み、グループや学級全体で共有すると、互いに学びを深め合うことができる。 | |

3 〈特色と成り立ち〉

```
・アジアの国々と貿易・交流
    →影響をうける
・琉球王国
    →独自の歴史
```

〈沖縄文化のこれから〉

大切に守ってほしい

新しい影響も受けてもよい

4 〈まとめよう〉

ワークシート
沖縄―表にまとめてキャッチコピーを作ろう

学習内容	キーワード
沖縄の家やくらしのくふう	
あたたかい気候に合った農業	
あたたかい気候を生かした観光と課題	
古くからの文化を守る	

＜キャッチコピー＞

＜学習をふりかえって考えたことや、キャッチコピーを作ったわけ＞

QR

すると，児童間の学び合いも活発になる。

---

3 沖縄の文化の特色や成り立ち，沖縄の文化のこれからについて考える。

T　発表を聞いた感想を言いましょう。

C　ちょっと日本ぽくない感じがした。

C　他の地域とは違う，沖縄独特の文化だと思う。

T　どのようにして独特の文化が発展したのだと思いますか。

　　　教科書やHP「沖縄こどもランド」も読んで参考にする。

C　アジアの国々との貿易や交流の中で，いろいろな国の影響を受けてきた。

C　150年前まで王国があり，日本の他の地域とは別の国だったから，独特の文化が育った。

T　沖縄の文化を，これからどうしていけばよいか考えて，話し合いましょう。

C　自分たちの文化に誇りを持って，大切に守っていって欲しい。

C　色々な国の影響を受けてきた文化だから，これからも，新しい影響は受けてもよいと思う。

4 学習したことを表にまとめてキャッチコピーを作る。

T　教科書55ページの「まとめる」を読みましょう。

C　学習したことのキーワードを表にしている。

C　キャッチコピーを作っている。

T　みんなもキーワードを表にまとめて沖縄のキャッチコピーを作ってみましょう。

　　　教科書を参考にして，ワークシート「沖縄―表にまとめてキャッチコピーを作ろう」QRにまとめていく。

C　「沖縄の家や暮らしのくふう」のキーワードは，台風，給水タンク，サンゴの石垣…。

C　キャッチコピーは，「守っていくぞ，サンゴの海と貴重な生き物」。

T　書けたら，キャッチコピーは，グループの中で発表し合い，感想があれば伝えましょう。

　　　最後に全体で発表し合う。本時は，調べ学習やまとめ作業に時間を要するので，できれば1.5時間扱いとしたい。

アメリカ軍基地と沖縄の人々の暮らし

本時の目標　沖縄戦や基地の様子が大まかにわかり，基地がある中での人々の暮らしと願いについて考えることができる。

板書例

㋍ 沖縄の基地問題や住民の暮らしと願いについて考えよう

1 〈戦場になった沖縄〉

・住民をまきこんだはげしい戦争

・住民のぎせい＝9万4000人

　　日本側のぎせい者の半分

　　当時の沖縄人口の4分の1

南へ避難する住民

2 〈アメリカ軍が占領→基地〉

・日本にある米軍基地の70％

　　（沖縄に集中）

・かでな町＝面積の80％が基地

　　（住民は20％）

住民　　　　米軍基地

POINT　本時に関わる地方公共団体に質問状（メールも可）を送ったり，現地の人とオンラインで繋いだりすると，よりリアルに基

1 沖縄の歴史と沖縄戦での住民被害を確かめる。

　資料「沖縄の歴史と沖縄戦」QRを読む。

T　沖縄県の歴史年表を見て，分かったことは何ですか。

C　沖縄は，1429年に琉球王国ができたけど，その180年後に薩摩藩に支配された。

C　1945年にアメリカ軍が上陸し，戦後はアメリカに占領された。

C　1972年に日本に復帰して沖縄県となった。

　歴史には深入りせず，ポイントだけを押える。

T　沖縄戦での住民の被害を確かめましょう。

C　9万4000人の一般住民が亡くなった。日本の側の犠牲者の半分は住民だった。

C　子どもやお年寄りも大勢亡くなった。

C　住民を巻き込んだ激しい戦場となったから。

T　沖縄戦で亡くなった住民の数は，当時の人口の4分の1。4人に1人が亡くなったのです。

2 沖縄にある米軍基地について知る。

T　資料「沖縄の米軍基地図」QRの地図を見てみましょう。気づいたことはありますか？

C　基地が広い。中心部に多い。

C　なぜ，こんなにたくさんの基地があるのかな。

T　どれくらいのアメリカ軍基地が沖縄に集中しているのか調べましょう。

　資料「グラフや数字でみる沖縄の米軍基地」QRの②③を読む。普天間基地の画像QRを見る。

C　日本にあるアメリカ軍の基地の70％が，沖縄に集中している。

C　嘉手納町では，町の面積の80％が基地だよ。沖縄の人が住めるのは，たった20％だけ…。

C　町や村の面積の半分以上が基地になっている所がいくつもある。

T　沖縄は，基地だらけの島なんだ！

3 〈問題点〉

・ついらく事故（学校も）

・そう音（夜間・授業中）

・はんざい（たいほできない）

・火事，流れ弾，おせん

4 〈人々の願い〉

・静かで安全な暮らし

・基地のない暮らし

・土地を返して

地に関わる課題を捉えることができる。

---

3 基地があることでどんな問題が起こるか考える。

T　外国の軍事基地があると，どんな問題が起きてくるでしょう。

C　沖縄の人たちが使える土地が少なくなる。

C　飛行機がたくさん飛んで騒音がする。

C　基地だから，他の国から攻撃されるかも…。

　　　資料「グラフや数字で…」QRの④を読む。

C　飛行機の墜落や事故がすごく多くて危険だ。

C　学校や住宅の近くに墜落したら大変だよ。

C　犯罪だとか流れ弾とか，沖縄の人たちは，とても危険なところで生活している。

C　騒音だって，ひどいとがまんできないよ。

　　　嘉手納基地や普天間基地の騒音の動画をインターネットで見る。米軍機事故の動画や写真も見られる。

C　こんな騒音の中で毎日生活はできないよ。

C　住宅のすぐ上を低空で飛んでいるなんて…。

C　墜落事故の跡はすごい，怖いな。

4 沖縄の人たちの願いを考える。

　　基地被害を深刻化させる以下の3点を押さえておく。
　　①住宅地や学校，病院などの近くの基地もある。
　　②住宅地の上空を飛行し，昼夜を問わず離着陸する。
　　③基地に逃げ込んだ米兵を日本の警察は逮捕できない。

T　基地に対する沖縄の人たちの願いを考えて話し合いましょう。

C　騒音や事故のない，安全な暮らしがしたい。

C　病院や学校のそばの基地は移動してほしいだろうな。

C　学校の授業中の騒音は絶対止めて欲しい。

C　これ以上基地をつくってほしくない。

C　基地がなくなってほしい。

C　基地になった土地を返してもらって，畑にしたい。美味しいものがいっぱい作れるから。

　　　結論なしのオープンエンドで自由に討論させる。

暮らしを支える食料生産

全授業時間5時間（導入1時間＋4時間）

◉ 学習にあたって ◉

◇何を教えるのか　-この単元の特徴-

　本単元では，「食料生産」に関する興味関心を高めながら，その全体像を捉えることが重要です。写真資料や統計資料を読み取り，普段の食生活と結びつけながら，食料生産については気候を含む地理的条件が重要な要素となっていることを考えていきます。学習を進める中で「食料生産」に関する疑問（学習したいこと）を児童から引き出し，その疑問を，以降の米づくり農家や水産業などの学習につなげていきます。この後の「学びの必然性」を生み出す，重要な単元であるといえるでしょう。

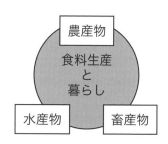

◉ 評　価 ◉

知識および技能

・各農産物の生産地を地図などに整理し，生産地の分布について理解することができる。
・食料生産と地理的条件の間に関係があることを理解することができる。
・普段の生活と結びつけながら，文章，イラスト，統計資料などから人々の暮らしや食料生産の現状について読み取ることができる。

思考力，判断力，表現力等

・資料の読み取りを通して，食料生産が盛んな地域の特徴について捉え，対話を通して，食料生産と地理的条件について考えることができる。
・資料から読み取ったことや対話を通して考えたことを地図などにまとめ，感想や意見を書いて表現することができる。

主体的に学習に取り組む態度

・資料から読み取ったことをもとに自分の意見や疑問をもち，進んで話し合いに参加しようとしている。

時数	授業名	学習のめあて	学習活動
導入	給食の材料	・自分たちが食べている給食に，どのような食材が使われているのか調べ，我が国の食料生産に興味をもつことができる。	・写真資料から，全国で食べられている給食には，どのような食材が使われているかを調べる。 ・グループで協力して考え，様々な食材を農産物・水産物・畜産物に分ける。
1	産地調べ	・普段，自分たちが食べているものが，どこで生産されているのか調べ，学習問題／課題を立てる。	・普段私たちが食べている食材がどこから届いているのか，チラシや地図などの資料を使って読み取る。 ・本単元の学習計画を立てる。
2	日本の米づくり	・米の作付面積や生産量の様子を捉え，各地で様々な品種が作られていることに着目して，その理由を考えることができる。	・米袋の表示から，普段私たちが食べている米がどこから届いているのか調べる。 ・統計資料から，米の作付面積や生産量の多い都道府県を読み取り，その特徴について考える。
3	農産物の産地	・農産物の主な産地について調べ，地理的条件と結びつけて考えることができる。	・統計資料から，各農産物の生産量の多い都道府県を読み取る。 ・日本の気候について学習したことと結びつけながら，各農産物が生産されている地域の地理的条件について考える。
4	地図とノートにまとめる	・地図に色を塗って整理し，食料生産全体の様子を捉え，その特徴について協働して考えることができる。	・様々な農産物の生産量が多い都道府県を，白地図に色を塗って表現し，学習してきたことを整理する。 ・白地図に整理したことをもとに，「食料生産」について学んだことを，自分の言葉で表現する。

給食の材料

自分たちが食べている給食にどのような材料が使われているかを調べ，我が国の食料生産に興味をもつことができる。

板書例

ⓜ 給食にはどのような材料が使われているかを調べよう

1,2 〈全国で食べられている給食〉

（画像提供：全国学校給食甲子園事務局）

山形県	石川県	兵庫県 QR
↓	↓	↓
大根・にんじん	アジ・わかめ	とり肉・タマネギ

POINT 給食甲子園の HP などを調べることで，本単元の学びに対する興味関心を高めることができる。本単元に関連する書籍も用

1 全国各地で食べられている給食を知ろう。

T 「全国学校給食甲子園」というものを聞いたことがありますか。2006 年から始まりました。毎年一度，各地区ごとに自慢の給食が選ばれ，地元の食材を使っているか，栄養があるかなどを競います。

＊給食甲子園の様子は HP を参照。

資料プリント QR を配る。

T 資料プリントは，2022 年大会の決勝に出場した給食です。給食を見てどう思いますか。

C どの給食も地元でとれる材料を使っている。

C おいしそうな給食ばっかり。

C 食べてみたいなぁ。

T 自分たちの給食と比べてどうですか。

C ご飯の給食だけで，パンはないのかなぁ。

C 炊き込みご飯が多い。

2 給食の写真を見て，使われている材料を見つけよう。

T では，給食甲子園に出た給食にはどんな材料が使われているかを見つけましょう。写真とメニューの名前を見ればわかりますよ。

C 秋田県の給食は，ブタ・きのこを使っている。

C 山形県の給食は，大根・にんじんを使っている。

C 埼玉県の給食は，さといも・長ネギを使っている。

C 石川県の給食は，アジ・わかめを使って作っている。

C 兵庫県の給食は，とり肉・タマネギを使っている。

C 山口県の給食は，イワシ・みかんジュースを使っている。

C 長崎県の給食は，大根・きゅうりを使っている。

| 準備物 | ・学校給食甲子園のURL
・資料プリント QR | ICT | 資料プリントのデータを配信し，写真から給食で使われている食材を細かに読み取ることで，普段の食生活と農作物の生産の繋がりを意識することができる。 |

3　〈使われていた材料をグループ分けしよう〉

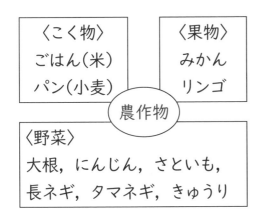

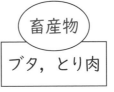

〈こく物〉
ごはん（米）
パン（小麦）

〈果物〉
みかん
リンゴ

畜産物
ブタ，とり肉

農作物

〈野菜〉
大根，にんじん，さといも，
長ネギ，タマネギ，きゅうり

水産物
アジ，イワシ，ワカメ

4　〈学んでいきたいこと〉

・材料は，どこでつくられて，どうやって運ばれてくるのか？

・スーパーのチラシを使って，材料の産地を調べてみよう

意しておくとよい。

3　食材をグループに分けよう。

T　給食にはいろいろな材料が使われていますね。では，<u>材料を，穀物・野菜・果物・水産物・畜産物のグループに分けてみましょう。</u>

T　穀物とは，米，小麦粉，とうもろこし，大豆などです。

C　じゃあ，ご飯はみんな穀類だ。

C　野菜は，大根，にんじん，さといも，長ネギ，タマネギ，きゅうりです。

C　みかんジュースは果物のみかんが材料だね。

C　アジ・イワシは魚だから水産物だ。ワカメもそうだね。

C　ブタ，とり肉は肉類だから畜産物だ。

T　穀物や果物，野菜には共通点があります。

C　農業でつくられたもの。

T　だから，生産される食料は，農作物・水産物・畜産物の大きく３つに分けられます。

4　食料生産について，どんなことを学んでいきたいか考えよう。

T　私たちが毎日食べている給食について，疑問に思ったことや調べてみたいことを話し合いましょう。

C　給食の材料は，どこでつくられて，どうやって運ばれてくるのかな。

C　どこでつくられたかは産地を調べるとわかるよ。

C　スーパーで売っている食材には産地が書いてあるね。

C　チラシにも書いてあるよ。

C　スーパーの前に大きなトラックが停まっているのを見たことがある。トラックで食材を運んでいると思う。

T　では，次の時間にスーパーのチラシを見ながら材料の産地を調べましょう。

産地調べ

板書例

㋕ 自分たちが食べているものの産地を調べてみよう

1 〈食材の産地〉

キャベツ…群馬県産

きゅうり…福島県産

オクラ……鹿児島県産

なすび……奈良県産

にんじん・とうもろこし・トマト…北海道産

えだ豆・ほうれん草…岐阜県産

ぶり……高知県産

さんま…国産

牛肉……国産

豚肉……国産

とり肉…国産

2 〈産地の場所〉

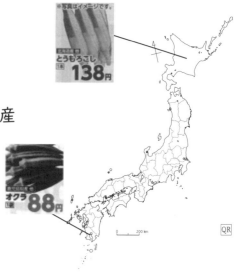

POINT　チラシから読み取った食材の産地を，日本白地図のデータに色塗りをしながらまとめていくと，食材がどこから届いている

1 スーパーで販売されている食材の産地を調べよう。

資料プリント QR を配る。

T　これは先生がよく行くスーパーのチラシです。いろいろな食材が載っていますね。産地がわかるものを発表しましょう。

C　キャベツは群馬県産。

C　きゅうりは福島県産。

C　鹿児島産のオクラもあるよ。

C　なすびは奈良県産だ。

C　野菜は国産が多いなぁ。

C　お肉は国産としか書いていないね。

C　アメリカ産の牛肉もあるよ。

C　魚もいろいろな国から入ってきている。

C　タコはモロッコ産だって。モロッコってどこにあるの？

T　すぐ近くの都道府県で生産されたものもあれば，遠くの外国から来たものもありますね。

2 産地がわかった食べ物を都道府県の地図にはってみよう。

T　チラシのほかに，お店で売っている食材や，普段食べている物について産地がわかるものがあれば発表しましょう。

C　牛乳・バター・チーズは北海道産だったよ。

C　僕の家のお米は，新潟のおばあちゃんが送ってくれたものだ。

C　私の家は秋田県産のお米。

都道府県の白地図 QR を配る。

T　日本では，地形や気候などの特徴を生かして各地で食料生産が行われています。<u>スーパーのチラシにある食べ物の中で，産地がわかったものを切り取って都道府県の地図にはっていきましょう。</u>

C　北海道産は，にんじん，とうもろこし。トマトもある。

C　えだ豆とほうれん草は岐阜県産です。

3 〈外国産の食べ物〉

バナナ…フィリピン産

グレープフルーツ…南アフリカ産

オレンジ…オーストラリア産

紅ザケ切り身…ロシア産

タコ…モロッコ産

牛肉肩ロース，牛肉バラカルビ，豚肉ロース…アメリカ産

4 〈地形や気候を生かした食料生産〉

・どうやって生産しているか？

・新鮮さを保つための工夫は？

・どうやってお店まで運んでいるか？

・つくっている人（生産者）の思いは？

調べ方は？

・生産者に聞く

・お店の人に聞く

・本で調べる

・インターネットを使う

のか可視化することができる。

3 スーパーで売っている食べ物の中で，外国産の食べ物を探そう。

T わたしたちがふだん食べている物の中には，外国から来た食べ物もあります。スーパーのチラシの中から，外国産の食べ物を探してみましょう。果物はどうですか。

C バナナはフィリピン産です。

C グレープフルーツは南アフリカ産。

C オレンジはオーストラリア産だ。

T では，魚はどうですか。

C 紅ザケ切り身はロシア産です。

C タコはモロッコ産だ。

T じゃあ，お肉はどうですか。

C アメリカ産の牛肉肩ロースとか，牛肉バラカルビ，豚肉ロースがあります。

C オーストラリア産・国産・アメリカ産の牛肉・豚肉をまぜてつくった牛豚ミンチもある。

T 外国産の食べ物もたくさん売られていますね。

4 産地を調べて思ったことや知りたいことを話し合おう。

T いろいろな食べ物の産地がわかりましたね。これから学習して知りたいことを話し合いましょう。

C それぞれの産地では，どうやって食料を生産しているのだろう。

C どうしてお肉は，野菜や果物と違って国産としか書いていないのかな。

C お米がどうやってつくられているのか知りたい。

C 魚や外国産の食べ物は，運ぶのに時間がかかる。新鮮さを保つために，どんな工夫をしているのだろう。

T 調べたいことがたくさん出てきましたね。どのようにして調べていけばよいでしょう。

C つくっている人（生産者），売っている人（販売者）に聞いたらいいのでは。

日本の米づくり

板書例

㋫ 日本の米の主な産地はどこかを調べよう

1 〈米ぶくろを比べてみよう〉

新潟県

秋田県

山形県

京都府

2 〈米ぶくろからわかること〉

・産地と品種がわかる

・産地は東北地方に多い

・北海道でもお米をつくっている

POINT　家庭にあるお米の袋を探して学校に持って来てもらうようにすると，それらは生きた資料となる。お米の産地に興味をもち，

1 みんなの家庭の米袋を比べてみよう。

　　　事前に家庭にある米袋を持参するよう連絡しておく。持参が難しい場合は，写真を撮る，米袋の絵を描いてくるなどの課題にしてもよい。教師自身も米袋の用意をしておく。インターネットの画像を活用するのもよい。

T　皆さんのおうちで食べている米の米袋を見てみましょう。

T　米袋から，どんなことがわかりますか。

C　産地がわかります。私の家のお米は新潟県産。

C　僕の家のお米は秋田県産です。

C　お米の種類（品種）もわかるよ。私の家のお米はコシヒカリです。

C　あきたこまちです。

C　南魚沼産コシヒカリって書いてあります。

C　山形県産のは，つや姫という名前です。

C　私は，同じコシヒカリでも京都府産のものを食べています。

2 米袋からどんなことがわかるか考えよう。

T　では，皆さんの米袋を比べてわかったことを発表しましょう。

C　コシヒカリが多い。

C　あきたこまちも多いね。他にもいろいろな品種がある。

C　産地は，新潟県や秋田県など東北地方が多いと思う。

C　私たちの県で作られたお米もある。

T　ここにある米袋のほかに，知っている産地や品種はありますか。

C　熊本にあるおばあちゃんの家では，「森のくまさん」という品種のお米を食べていました。

C　北海道でもお米を作っています。

T　日本では，全国各地で米づくりが行われています。

3 〈米が作られている地域〉

　　米の作付面積・生産量

　　　　・北の方に作付面積が広い県が多い

　　　　・東北地方では，米がたくさん作られている

　　なぜ東北地方や北海道で？

　　　　・広い土地があるから？

　　　　・環境があっているから？

　　　　・なぜいろんな品種があるのか？

　　　　・どの品種がたくさんつくられているか？

4 〈米以外の農作物や畜産物の産地〉

　　　　・野菜や果物も米と同じように産地に特ちょうがあるのでは？

　　　　・ぶた肉ととり肉の産地は違う！

産地の特徴に気付く児童も出てくるだろう。

3 日本ではどこで，どれだけの米が作られているか読み取ろう。

資料プリント QR を配る。

T　プリントには都道府県別の米の作付面積と収穫量の表がありますね。表を見て，どんなことがわかりますか。

C　新潟県は作付面積も収穫量も全国1位だ。

C　収穫量は，2位が北海道，3位が秋田県，4位が山形県で，北の方に多いみたい。

C　東北地方は，ほとんどが10位以内です。

C　関東地方も10位に入っている県が3つある。意外だなあ。

T　なぜ，東北地方や北海道では米の生産が盛んなのか話し合いましょう。

C　寒い地域は米の生産に適しているのかな。

C　北海道はきっと広い土地があるからだよ。

C　自然の特色を生かして，米づくりをしているんだね。

4 米以外の農産物・畜産物の産地について予想しよう。

T　米の他の農産物や畜産物については，産地の違いがあると思いますか。

C　野菜も，米と同じように各地の特色を生かした生産が行われていると思う。

C　果物も暑いところと寒いところでとれるものが違うよ。

C　前の時間で見たスーパーのチラシでも，食べ物によって産地が違っていた。

C　豚肉や鶏肉も産地の違いはあると思う。

T　では，次の時間で野菜や果物，畜産物の産地についても調べてみましょう。

農産物の産地

板書例

ⓜ 野菜,果物,畜産の産地はどんなところがあるのだろう

1,2 〈野菜や果物の生産が多いところ〉

野菜

- レタス ⎫
- はくさい ⎭ 長野，茨城…夏でもすずしい気候，大都市の近く
- きゅうり —— 宮崎
- キャベツ —— 愛知・群馬

果物

- りんご ——— 青森…雨が少なく，すずしい
- みかん ——— 和歌山，愛媛…あたたかい
- いちご ——— 栃木
- ぶどう

POINT　マップ機能の中の航空写真から，野菜や畜産物の生産地の様子を読み取れる。児童の興味関心を高めるとともに，調べたい

1 野菜や果物の生産量が多い都道府県を見つけよう。

T　皆さんの好きな野菜，果物を1つずつ発表してください。

C　・レタス・きゅうり・はくさい・キャベツ

C　・いちご・りんご・みかん・ぶどう

T　野菜や果物の生産量が多いのはどこでしょう。資料プリントから探してみましょう。

　　　資料プリントQRを配る。

C　レタスは長野県や茨城県で多く生産されています。

C　レタスは九州でもたくさん生産されてる。

C　はくさいもレタスと同じで，長野県と茨城県が多いね。

C　りんごは青森県がダントツ1位！

C　みかんは和歌山県が多い。

C　和歌山県産の有田みかんは甘くておいしいよ。

2 なぜこれらの都道府県で野菜や果物の生産量が多いのか考えよう。

T　レタスやはくさいは長野県や茨城県で多く生産されていますね。なぜその地域の生産量が多いのでしょうか。

C　野菜の生産に適した気候だからかな。

C　夏でも涼しい気候だと，レタスやはくさいをつくりやすいみたいだよ。

C　長野県や茨城県は東京に近いから運びやすい。位置も関係しているのかもしれない。

T　りんご，みかんは，なぜその都道府県で生産量が多いのか教科書で調べましょう。

C　みかんはあたたかい地域で，りんごは雨が少なく涼しい気候の地域で栽培されている。

　　　時間があれば，他の野菜や果物の産地についても話し合わせる。

3,4 〈畜産物の生産が多いところ〉

・乳牛──────北海道…エサになる牧草を育てる

・肉牛──────北海道・鹿児島…広い土地

・ブロイラー──宮崎・鹿児島

・豚───────鹿児島

気候や土地の広さなど
特色を生かした食料生産

ことも引き出すことができるだろう。

3 畜産物の生産量が多い都道府県を見つけよう。

T　牛肉，豚肉，鶏肉などは畜産物といいます。畜産物の生産量が多いのはどの都道府県かを調べます。資料プリントの「乳用牛と肉用牛の飼育頭数」を見ましょう。

C　乳牛は北海道がダントツだ！

C　肉用牛は鹿児島県も多いね。

C　ブロイラーは宮崎県と鹿児島県が多いね。

　　他にも農林水産省の畜産データで調べられるので，教師が資料を用意する。

T　牛乳やチーズ，卵なども畜産物です。どこの都道府県の生産量が多いかを調べましょう。

C　牛乳，チーズ，卵の生産量が一番多いのは北海道です。

　　時間があれば調べる。教師があらかじめデータを用意し，配布してもよい。

4 なぜこれらの都道府県で畜産物の生産量が多いのかを考えよう。

T　なぜ北海道や鹿児島では畜産が盛んに行われているのか考えましょう。

C　北海道は広いから，牛をたくさん飼育できるのだと思う。

C　えさになる牧草をつくる広い土地が必要だから。

C　鹿児島は北海道ほど広くはないけど，暖かいから飼育もしやすいのではないかな。

T　野菜も果物も畜産物も，それぞれの土地の特色を生かして行われているのですね。一方で，ハウス栽培などを利用し作物に適した気候を人工的に作り出すことで，本来は気候に合わない地域でも色んな農産物を生産することも多くなってきました。

地図とノートにまとめる

板書例

㉑ 食べ物の産地の広がりを地図にまとめてみよう

1,2 〈米と野菜の産地に色をぬる〉

◆米の産地（黄）

東北地方・北海道で多い生産量

◆野菜

・レタス（黄緑）

> 夏でもすずしい気候
> 都市の周り

・きゅうり（緑）

> あたたかい地域

・キャベツ（紫）

・はくさい（水色）

・大根（うすだいだい）

POINT 地図帳にも農産物の生産量といった情報が豊富に掲載されているので，活用したい。「索引」の使い方を早い段階で確認し

1 これまでに学習してきた食料の産地をふり返ろう。

資料プリント1・2 QR を配る。

T 資料プリントを見て，これまでに学習した食料の産地について発表しましょう。

C お米は東北地方や北海道が多かった。

C レタスやはくさいは長野県や茨城県。

C キャベツは群馬県と愛知県でたくさん生産されています。

C きゅうりは宮崎県が多いよ。

C りんごは青森県。

C みかんは和歌山県と愛媛県。

C ももは山梨県と福島県が多いです。

C 乳牛や肉牛の飼育は北海道が盛んです。

C 豚や鶏は鹿児島県でした。

T 日本の全国各地で，様々な食料が生産されていましたね。

2 米や野菜を多く生産している地域を色分けしよう。

日本の白地図 QR を配る。

T 各食料の産地について，地図に色分けをしてまとめていきます。まず，米が多い地域を黄色でぬりましょう。

C 北海道や東北地方だったね。

C 新潟県や秋田県だ。

T 次は野菜です。種類によって色を変えてみましょう。何色がいいかな。

C レタスは黄緑がいいな。

C きゅうりは宮崎県で緑にしようかな。

C はくさいは水色がいいかな。レタスと同じで長野県や茨城県に多かった。

C キャベツは愛知県だ。紫にしてみよう。

C 大根は白がいいけど，白だと見えないからうすだいだいにしよう。

3 〈果物と畜産物の
　　産地に色をぬる〉

　◆果物
　　・りんご（赤）
　　・みかん（オレンジ）
　◆畜産物
　　・乳牛，肉牛（灰色）
　　・ぶた（茶色）
　　・にわとり（黄土色）

4 〈産地の特徴〉

> 雨が少なく，すずしい地域
> あたたかい地域

> 北海道…広い牧草地
> 九州地方…あたたかい気候

地域の条件に合わせて
農業や畜産が行われている！

ておくと，自分で調べ学習を進めやすくなる。

---

3 果物や畜産物を多く生産している地域を色分けしよう。

T　次は，果物です。地図に色塗りをしましょう。
C　みかんはオレンジがいいよ。愛媛県や和歌山県が有名だよ。
C　りんごは赤色にしよう。
C　りんごは青森県だった。長野県も多かったんだ。
C　ももはピンク色がいいなあ。
T　では，畜産物についてです。地図に色塗りをしましょう。
C　肉牛や乳牛は北海道が多くて，豚や鶏は鹿児島が主な産地だ。
C　牛は灰色にしようか。
C　豚は茶色。
C　にわとりは黄土色にしよう。
C　牛や豚，鶏は宮崎県も多かったね。

4 産地の特徴についてまとめよう。

T　どこの地域でどんな食料が生産されているのか，わかりやすくまとまりましたね。
T　できあがった地図や，これまでの学習をふり返って産地の特徴についてまとめましょう。
C　北海道は広い牧草地を使って乳牛や肉牛の飼育をしていた。
C　鹿児島県や宮崎県は暖かい気候で牛や豚を育てやすい。
C　レタスやはくさいなどの野菜は，夏でもすずしい環境を利用してつくられている。
C　みかんは暖かい地域で栽培されている。
C　地図に色を塗ってみると，日本のいろんなところで，米，野菜，果物が生産され，畜産が行われていることがわかりました。

米づくりのさかんな地域

全授業時間8時間＋ひろげる1時間

● 学習にあたって ●

◇何を教えるのか　-この単元の特徴-

　前単元では，「食料生産」の大枠を捉えました。本単元では，日本の主食である米の生産・流通・貿易・消費について学びます。米の生産は，「食料生産」の重要な位置を占めていますが，米がどのように生産され，どのような経路をたどって消費者である私たちのもとに届いているのかについては見えていない部分が多いものです。その見えていない部分について学習していくことになります。

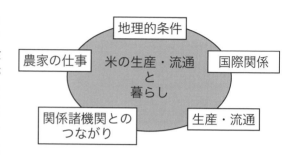

● 評　価 ●

知識および技能	・米づくりに適した地理的条件や生産・流通，関係諸機関とのつながり，貿易について理解することができる。 ・普段の生活と結びつけながら，文章，イラスト，統計資料などから人々の暮らしや食料生産の現状について読み取ることができる。
思考力，判断力，表現力等	・資料の読み取りを通して，米づくりが盛んな地域の特徴や米づくり農家の仕事，生産・流通，関係諸機関とのつながり，国際関係について捉えたことを使って対話し，より高次の思考をすることができる。 ・資料から読み取ったことや対話を通して考えたことをレポートなどに表現し，これからの米づくり農家や消費者としての自分のあり方について考えたことを書いてまとめることができる。
主体的に学習に取り組む態度	・資料から読み取ったことをもとに自分の意見や疑問をもち，進んで話し合いに参加し続けようとしている。

時数	授業名	学習のめあて	学習活動
1	庄内平野の地形と気候の特色	・庄内平野の様子を読み取り、米づくりが盛んな理由を考えることができる。	・写真から庄内地方の様子を読み取り、対話を通して、どのように土地利用されているかを捉え、なぜ米づくりが盛んなのか理由を考える。
2	庄内平野の米づくり	・全国と庄内地方を比較し、庄内地方がなぜ米づくりに適しているのか考えることができる。	・統計資料やグラフ資料を読み取り、耕地面積に占める水田の割合や米の収穫量について現状を捉える。 ・グラフ資料を読み取り、対話を通して、米づくりに適した地理的条件について考える。
3	米づくりの様子	・庄内平野の米づくりの仕事について調べ、その苦労や工夫について考えることができる。	・写真や動画を読み取り、対話を通して1年間の米づくり農家の仕事の流れや工夫、努力や苦労について考える。
4	米づくりの仕事のくふう	・農作業を効率化できた理由について考えることができる。	・グラフや写真、イラスト資料から、米づくり農家や関係諸機関の工夫や努力によって、農家の仕事にどのような変化があったのか考える。
5	庄内平野の米づくりを支える人たち	・米づくりにおける様々な人たちの協力と工夫があることと、その意味を考えることができる。	・写真資料や図を読み取り、庄内地方で農家や関係諸機関などがどのようにつながっているのか、つながることでどのような利点があるのか、対話を通して考える。
6	おいしい米を全国に	・米の輸送や価格について考え、どのようにして消費者のもとに米が届いているのか、その全体像を捉える。	・図や統計資料を読み取り、対話を通して、米が収穫された後の流通について捉える。 ・対話を通して、なぜこのような流通経路が成り立っているのか、理由を考えながら、私たちの手元に米が届くまでの流れについて考える。
7	米づくり農家のかかえる課題と新しい取り組み	・米づくり農家が抱える課題を捉え、その解決に向けた取り組みについて考えることができる。	・グラフ資料を読み取り、対話を通して、年齢別農業人口や米の国内生産量・消費量の変化を捉え、米づくり農家の抱える課題とその解決に向けた取り組みについて考える。
8	学んだことをふり返り、まとめる	・米づくりについて学んだことをふり返り、米づくりの現状と課題、新たな米づくりの取り組みについてまとめることができる。	・米づくり農家について学んできたことを、レポートにまとめ、これからの米づくり農家や関係諸機関、消費者としての自分のあり方についてなど、考えたことを表現する。 ・作成したレポートを共有して思考を深める。
ひろげる	福井平野の新しい米づくり	・庄内平野と福井平野の米づくりの共通点について考え、これからの農業の在り方について考えることができる。	・イラストや写真資料を読み取り、対話を通して、庄内平野と福井平野の共通点を探しながら、米づくり農家や関係諸機関が行っている工夫について考える。

庄内平野の地形と気候の特色

本時の目標 写真や土地利用図から庄内平野の様子を読み取り, 米づくりが盛んな理由を予想しながら, 関心・意欲を高める。

板書例

⊗ 庄内平野はどのようなところなのだろう

1 〈庄内平野のようす〉

QR

・田んぼが広がっている
・田んぼが長方形で, 大きさが同じ
・道路があまりない

2 〈庄内平野の土地利用〉

・平野の中を川が流れている
　日向川, 最上川, 赤川
　(にっこう) (もがみ) (あか)

・畑も果樹園もある

・工場は少ししかない

・海岸沿いに高速道路

・大きな町は鉄道沿い

POINT　マップ機能を活用して, 本単元で取り扱う庄内平野と周辺の様子を大観することができ, 米の生産に関する疑問を引き出し

1 庄内平野の写真を見て気が付いたことを発表しよう。

資料プリント QR を配る。

T　プリントの写真は, 山形県にある庄内平野というところです。写真を見て, 気が付いたことを発表してください。

C　一面に田んぼが広がっています。

C　道路はあまり通っていません。

C　自然がいっぱいでホタルもいそうだね。

C　ところどころ緑色が濃い田んぼがあります。米の種類が違うのかな。

C　正面に高い山が見えます。

C　家があるところは固まっています。

C　田んぼは長方形になっている。

C　どの田んぼも同じ大きさになっている。

米づくりに直接関係のないことでもよい。自由に土地の特徴を発表させる。

2 庄内平野の土地利用図を見て気が付いたことを発表しよう。

T　今度は, 教科書の庄内平野の土地利用図を見て気が付いたことを発表しましょう。

C　ほとんど田んぼだ！

C　次に多いのは畑かな。

C　果樹園もあるね。

C　工場は少ししかない。

C　平野の周りは山になっているよ。

C　最上川に沿って鉄道が走っている。

C　海岸沿いに高速道路が通っているよ。

C　大きな町は, 鉄道沿いにあるみたいだ。

T　土地利用図を見ると, 写真だけではわからなかった地域の暮らしや産業の様子がわかりますね。

3 〈米づくりがさかんな理由〉

- ・平らで広い土地（平野）
- ・川に流れる豊かな水

4 〈庄内平野の気温と日照時間〉

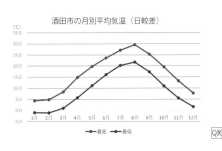

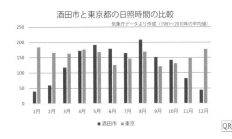

- ・冬と夏で気温の差が大きい
- ・春から夏にかけて日照時間が長い
- ・夏の季節風→あたたかく，かわいている

やすくなる。

---

3 庄内平野で米づくりが盛んな理由を予想しよう。

T　庄内平野では米づくりが広く行われています。庄内平野で米づくりが盛んな理由を考えてみましょう。

C　平野が広がっているから。

C　土地が平らだから。

C　日向川，最上川，赤川などの川もたくさんあるよ。

C　田んぼを作るには水がたくさん必要だから，川がたくさんあるのは米づくりに適しているね。

C　気温はどうだろう。東北だから寒そうだけどね。稲は育つのかなあ。

C　前の時間に，米は寒いところで多く生産されていたと学習したよ。

C　国土の学習で，土地の気候や特色を活かした農業を行っていると学習した。

4 庄内平野の気温や日照時間を確かめてみよう。

T　それでは，資料プリントを見てください。庄内平野の気温はどうですか。

C　冬と夏で気温の差が大きい。

T　じゃあ，日照時間はどうですか。

C　春から夏にかけての日照時間が長い。

T　夏になると，暖かく乾いた季節風が吹きます。夏の季節風は，雨でぬれた葉を乾かし，稲の病気を防ぎます。ゆらいだ葉に日光が当たり，丈夫な稲に育ちます。

T　庄内平野の気候は米づくりに適しているようですね。米づくりについて，調べてみたいことを話し合いましょう。

C　庄内平野では，どれくらいたくさんの米がつくられているのかな。

C　米の品種も気になるね。

C　農家の人は，どんな工夫をしているのかな。

庄内平野の米づくり

板書例

㊌ 庄内平野で米づくりをしている人びとの工夫や努力を考えよう

1 〈庄内平野の田んぼの割合〉

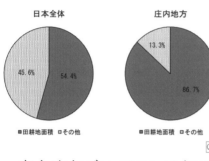

日本全体

庄内地方

45.6%　54.4%

13.3%　86.7%

■田耕地面積 ■その他　　　■田耕地面積 ■その他

QR

・庄内地方では 87% が水田

・耕地のほとんどが水田

2 〈10aあたりの米の生産量〉

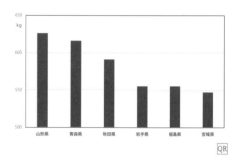

山形県　青森県　秋田県　岩手県　福島県　宮城県

QR

・全国1位の収穫量(10aあたり)

・10aあたり626kgもとれる

POINT　マップ機能を活用して米の生産地の様子を見たり，インターネットや書籍を活用したりして調査するのもよい。地図帳や資

---

1 庄内平野の田んぼと畑の割合を予想しよう。

T　庄内平野の写真や土地利用図から，田んぼの他に畑や果樹園，集落などがあることもわかりました。庄内平野全体で水田が占める割合はどれくらいだと思いますか。

C　写真を見ると，ほとんど田んぼだった。90% くらい？

C　でも土地利用図を見ると，畑や果樹園も結構あったよ。70% くらいじゃないかな。

　　資料プリント QR を配る。

T　では，資料プリントで確かめてみましょう。

C　やっぱりほとんどが水田なんだね。

C　日本全体だと田耕地とその他の割合が大体半分ずつくらいだね。

C　庄内平野は 87% が水田だ！

2 グラフから山形県の 10a あたりの米の生産量を読み取ろう。

T　実際に，どれくらいの米が生産されているのでしょうか。資料プリントで，10a あたりの米の収穫量が多い都道府県を見てみましょう。

C　2021 年のグラフでは，庄内平野のある山形県が全国 1 位で 626kg も生産しているよ。

C　教科書の 2020 年のグラフでは 2 位になっているけど，青森県を抜いたんだね。

C　スーパーで売っているお米の大きい袋が 10kg だから，60 個分以上！？

　　1a は縦 10m × 横 10m の面積。広さが実感できないときは，教室の広さがおよそ 9m × 7m になっている小学校が多いので基準にするとよい。

3 〈10aあたりの生産量が違う理由〉

〔気候の特徴〕

・夏の日照時間が長い

・昼と夜の気温差が大きい

〔地形〕

・最上川や赤川が運ぶ雪解け水で豊かな土地

4 〈お米が届くまでの工夫や努力は?〉

・農家の人の工夫や努力

・農家を支えるしくみ

・お米を運ぶ人や売る人の工夫　　　など

料集もぜひ活用したい。

3 どうして 10a あたりの生産量が違うのだろう。

T　グラフを見ると，<u>同じ面積の水田でも都道府県によって生産量に違いが出ていますね。なぜなのか理由を考えましょう。</u>

C　同じ面積の水田でもたくさん収穫できるということは，米が育ちやすいということじゃない。

C　品種によっても育ち方が違うのではないかな。たくさん収穫できる種類があるとか。

C　農家の人の工夫もあるかもしれない。

C　庄内平野の気候や地形は，米づくりに適していたね。

T　気温や日照時間はどうでしたか。

C　夏の日照時間が長く，昼と夜の気温差が大きい。

C　冬と夏でも気温の差が大きかったね。

C　夏になると，南東から暖かく乾いた季節風が吹いた。

4 お米が届くまで，どんな人たちの努力があるのだろう。

T　その他，最上川や赤川などの川が運んできた山からの雪解け水によって，豊かな土壌が広がっていることも米づくりに適しています。でも，地形や気候だけが，米づくりが盛んな理由なのでしょうか。

C　農家の人の努力もあると思います。品種改良をしたりとか。

T　私たちのもとに美味しいお米が届くまで，どんな人たちのどんな努力があるのでしょうか。

C　農家の人たちだけではなく，いろいろな人が関わっていると思う。

C　農家の人たちを支えている人もいるのでは。

C　作ったお米を運ぶ人もいるよ。売る人も。

C　きっといろいろな問題や苦労もあるはずだ。

T　次の時間から米づくりについて学びながら，みんなの疑問を解き明かしていきましょう。

米づくりの様子

板書例

⑯ 農家の人たちは，米づくりをどのように進めているのだろう

〈米づくりの作業（3月〜10月）〉　1,2,3

3月	4月	5月	6月	7月
種もみを選ぶ	代かき 種まき たい肥をまく なえを育てる 田おこし	水の管理 じょ草ざいをまく 田植え	みぞをほる	農薬をまく

- 種もみを選ぶ …… 塩水を使って選別する
- 種まき 田おこし …… 土の表面を平らにする作業
- 農薬をまく …… 排水をスムーズに行うための工夫

いろいろな工夫

POINT 「お米ができるまで」などの動画を視聴することで，農業について生活経験が少ない児童でも，一年間の仕事のイメージが

1 米づくりでは，どんな作業をしているのだろう。

T　米づくりでは，どんな作業をしているのでしょうか。

C　田植え。

C　稲刈り。

T　そうですね。では，田植えや稲刈り以外に何もしなくても，米は育つでしょうか。

C　虫が付かないように農薬をまいていると思う。

C　肥料もあげているのかな。田んぼに肥料をまくのかな。

C　田に植える苗は，最初から苗じゃないよね。種から育てているのかな。

C　田んぼは水の管理も重要なんじゃないかな。

T　実際にどんな作業をしているのか，庄内平野の米づくりの様子を調べてみましょう。

2 米づくりの作業について調べよう。

T　教科書を見て，米づくりの作業をワークシートQRにまとめましょう。

C　作業は3月から始まって，まず種もみを選ぶ。

C　塩水を使って種もみを選別するんだね。知らなかった。

C　4月はたくさん作業があって忙しいな。種まき，田おこし，苗を育てる…。

C　代かきって初めて聞いたよ。どんなことをするのかな。

T　代かきの映像QRを見てみましょう。

C　機械で田んぼの泥をかき混ぜている。

T　代かきは，田おこしの後に田んぼに水を張り，土をさらに細かく砕いてかき混ぜ，土の表面を平らにする作業です。田んぼの水漏れを防いだり，苗を植えやすくしたりします。

| 準備物 | ・米づくりのワークシート QR
・動画「代かきの様子」QR | | I C T | ワークシートのデータを配信し，動画を視聴しながら，気づいたことを記入する。児童が記入したものを共有すると，「米づくり」に迫ることができる。 |

4

8月	9月	10月
	稲かり　だっこく	もみをかんそうさせるカントリーエレベーターに運ぶ

・他にどんな工夫があるのか？

・作業は一人でやっているのか？

・今と昔の違いは？

しやすくなる。

3 米づくりの作業についてまとめよう。

T　溝は，排水口とつなげるために掘ります。排水をスムーズに行うための工夫です。米づくりには，いろいろな工夫があるようですね。

　　工夫については次時で扱うため，ここでは簡単な説明でよい。『クボタのたんぼ「お米ができるまで」』が参考になる。

T　5月からの作業もまとめましょう。いよいよ田植えが始まりますね。

C　こまめに田んぼの水の管理をしている。

C　除草剤をまいているよ。田んぼにも雑草が生えるんだね。

C　6月には溝を掘っている。どうして溝を掘るのかな。

C　7月に農薬をまいている。この時期は虫がいっぱいいるからかな。

4 米作りの作業で疑問に思ったことを話し合おう。

T　8月9月10月の作業もまとめていきましょう。

　　カントリーエレベーターへの保管や出荷までをまとめる。作業の内容については，教師から随時簡単な説明を入れるようにする。

T　1年間の米づくりをまとめて，わかったことや疑問に思ったこと，知りたいことなどを話し合いましょう。

C　田植えや稲刈り以外にも，たくさんの作業があることがわかった。

C　どの作業も一人でするのは大変そうだった。誰かと協力してやっているのかな。

C　溝堀り（溝切り）のように，米づくりには他にもいろいろな工夫があると思う。

C　昔と比べて作業は楽になっていると思うけれど，どんな工夫をしてきたのだろう。

米づくりの仕事のくふう

グラフや写真などの資料を読み取りながら，農作業が効率化してきた理由について考えることができる。

板書例

◎ 農家の人たちは，米づくりの仕事をどのように工夫してきたのだろう

1〈米づくりの労働時間〉

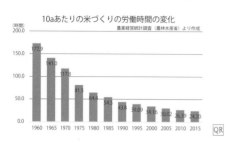

10aあたりの米づくりの労働時間の変化
農業経営統計調査（農林水産省）より作成

（時間）
172.9 / 141.0 / 117.8 / 81.5 / 64.4 / 54.5 / 43.4 / 39.09 / 34.16 / 30.92 / 26.39 / 24.20
1960 1965 1970 1975 1980 1985 1990 1995 2000 2005 2010 2015

● 労働時間が短くなった

● 2015年は1960年の1／7

__なぜ，労働時間は減ったのか？__

2〈水の管理〉

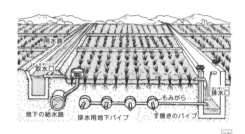

用水路／取水口／排水口／地下の給水路／排水用地下パイプ／もみがら／す焼きのパイプ

● 用水路と排水路を分ける

● 水の量をコンピュータで管理

| 機械で自動化 |

POINT NHK for School などの動画を視聴することで，農業の仕事の情報化・機械化により，効率よく生産できるようになって

1 米づくりの労働時間がどのように変化してきたかグラフから読み取ろう。

T　米づくりの農作業に使う時間は，昔と比べてどうなってきているでしょうか。

C　減っている。

T　どのくらい減っていると思いますか？

C　どのくらいって言われると難しいなぁ。3時間くらい？

　　資料プリント1 QR を配る。

T　比べるための基準がないと，どれくらいなのかわかりませんね。プリントには，10aあたりの米づくりの労働時間の変化を表したグラフがあります。見てみましょう。

C　1960年は172.9時間だ！

C　どんどん減ってきているね。

C　2015年には24.2時間になっているよ。

C　約7分の1だね。すごく短くなっている。

2 労働時間が短くなってきた理由を考え，話し合おう。

T　どうして労働時間が短くなったのか考えて，グループで話し合いましょう。

C　機械化が進んだから。

C　他に何かあるかなぁ。思いつかない。

C　農作業をする人が増えたのかもしれない。

C　農業をする人は減っているって聞いたことがあるけど…。

　　資料プリント2 QR を配る。

T　では，プリント（または教科書）の水田の断面図の資料を見てください。水田に欠かせない水の管理について，工夫がされています。

C　用水路と排水路を分けている。

C　写真の給水栓は水を入れるとき，排水栓は水を抜いたりするときに便利だね。

C　すべての水田に必要な量の水を入れられるように，コンピューターで管理しています。

3 〈耕地の変化〉

●形が長方形に

機械が使いやすい

作業の効率化
はやく・楽になる

4 〈作業の変化〉

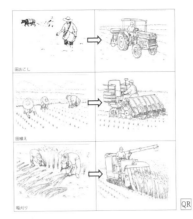

田おこし

田植え

稲刈り

●手作業や牛⇒機械

機械で効率よく作業

きていることを理解できる。

3 水の管理以外に，労働時間が短くなってきた理由をさらに調べよう。

T　水の管理以外に，どんな工夫をしてきたのでしょうか。教科書で調べましょう。

C　水田の形を整えて，区画を広げた（耕地整理）。

C　水路や農道を整備した。

C　水路や農道を整備すると，大型の農業機械が使えるようになって便利だ。

C　昔は，田の形や大きさが違っていた。今は 30m × 100m になっていたね。

T　農機具は値段が高く，燃料代や修理代もかかります。そのため，農家同士が共同で機械を買い入れることもあります。

C　農家の人たちが協力し合っているんだね。

C　農家以外には，どんな人たちが協力しているのだろう。

4 作業の効率化のための工夫を知って，思ったことをまとめよう。

T　作業の効率をよくするために，様々な工夫がありましたね。今日の学習でわかったことや思ったことなどをノートにまとめましょう。

C　田んぼの水をコンピューターで管理しているとは思わなかった。作業の効率化のために，様々な取り組みが行われている。

C　機械化や耕地整理で，農作業の時間がとても短くなっていることに驚いた。昔の手作業は大変だったのだろうなと思う。

C　効率を良くするために，田んぼの形まで変えているのはすごい。

C　機械化のために，地域や企業の人とたくさん協力をしたと思う。

T　農家以外の人たちの協力も欠かせないのですね。次の時間に調べてみましょう。

庄内平野の米づくりを支える人たち

<table>
<tr><td>本時の目標</td><td>庄内地方の米づくりにおける様々な人々の協力や努力，工夫を理解し，そのつながりの意味を考えることができる。</td></tr>
</table>

板書例

㋑ 庄内平野の米づくりには，どのような人たちがかかわっているのだろう

1 〈養とん場と米づくりの関係〉

たい肥づくり
もみがら＋ふん・おしっこ

養とん場

2 〈JAの人たちと米づくりの関係〉

JA
農業協同組合

米のせん伝・販売
なえの生育

POINT JAや地方公共団体の方々とオンライン上で話したり，出前授業を計画するのもよい。また，質問状などを送るのもよいだ

---

1 養豚場と米づくりにはどんな関係があるのだろう。

　　写真1を黒板に掲示する。

T　この写真QRは，何かわかりますか。
C　豚です。
C　豚を育てる所？
T　養豚場です。実は，米づくりとも関係があります。どんな関係があるか，わかりますか。
C　うーん，豚がお米を食べるのかな。
C　お米じゃなくて，ワラを食べるのかもしれないよ。
C　豚のふんを田んぼの肥料にしているのではないかな。
T　養豚場では，お米の殻（もみ殻）と豚のふんやおしっこを混ぜて肥料（たい肥）をつくっています。

　　資料プリントQRを配り，完熟たい肥の作り方と人々のつながりを説明する。

2 JAの人たちは，米づくりをどのように支えているのだろう。

　　写真2を黒板に掲示する。

T　ほかにも米づくりを支えている人々はたくさんいます。この写真は，米づくりとどのような関係があるか話し合いましょう。
C　JAって，農業協同組合のことだね。
C　「つや姫」「雪若丸」というのは山形のお米だ。
C　お祭りで山形のお米の宣伝をしているんだ。
C　販売もしているのではないかな。
T　JAは農家を中心とした集まりです。米の宣伝や販売以外にどんなことをしているのか，教科書で調べましょう。
C　地域全体の栽培計画を立てたり，技術の指導をしたりする。
C　農機具や肥料の販売もしている。
C　営農指導ということもしているよ。稲を病気から守れるように。

③〈水田農業試験場と米づくりの関係〉

水田農業試験場 ── 品種改良
有機農業の研究

④〈米づくりを支える人々〉

<u>米づくり農家</u>

安全でおいしいお米を消費者へ

営農指導員

そうだん
病気から守る

ろう。

---

3 水田農業試験場は，米づくりを
どのように支えているのか調べよう。

T　つや姫や雪若丸は，山形のお米の品種でした。で
は，この品種を作っているのは誰かわかりますか。

C　農家の人かな。

C　JAの人かもしれない。

T　つや姫や雪若丸は，水田農業試験場で開発されま
した。いろいろな品種のよいところを集めて，新
しい品種をつくる品種改良でつくられました。ど
のようにしてつくられたか，教科書や資料 QR を見
てみましょう

C　コシヒカリって知ってる！つや姫は，コシヒカリ
の孫みたいなものかな？

C　東北163号とか山形70号とかは聞いたことのな
いお米だ。

C　ずいぶんたくさんのお米の種類があるんだね。

4 農家のつながりについて話し合おう。

T　品種改良をすると，どんないいことがあると思い
ますか。

C　美味しいお米ができる。

C　美味しいお米は，食べる私たちもうれしいね。

C　病気に強く，育てやすいお米ができる。

C　育てやすいお米ができると，農家の人たちの負担
が軽くなるね。

T　米づくりは，様々な人々に支えられていることが
わかりました。人々のつながりについて，思った
ことを話し合いましょう。

C　地域のつながりがあるから，安心して米づくりが
できるのだと思った。

C　安くて美味しいお米をつくるために，たくさんの
人が努力しているのだとわかった。

C　養豚場も米づくりに関わっているのは意外だった。

おいしい米を全国に

米の輸送や価格について考え，どのようにして消費者のもとに米が届いているのか，その全体像を捉える。

板書例

⊗ 庄内平野の米は
　　どのように消費者に届けられるのだろう

1 〈カントリーエレベーター〉━━━▶ **2** （輸送）━━━━

・かんそう・保管

・おいしいままに保つ

・注文に応じて送る

・トラック

・鉄道

・フェリー

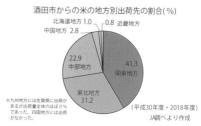

酒田市からの米の地方別出荷先の割合（%）

北海道地方 1.0 ／ 0.8 近畿地方
中国地方 2.8
22.9 中部地方
41.3 関東地方
東北地方 31.2

※九州地方には佐賀県に出荷があるが出荷量全体のほぼ0%であった。四国地方には出荷がなかった。

（平成30年度・2018年度）
JA調べより作成

POINT　カントリーエレベーターの役割についてはイメージしにくいため，インターネットを活用して，実際の様子を調べたり，動

---

1 収穫された米が保管されているカントリーエレベーターについて調べよう。

T　収穫された米は，どこに保管されていたでしょうか。

C　倉庫かな？

C　カントリーエレベーターだったよ。

T　庄内平野には29のカントリーエレベーターがあります。中はどうなっているのか見てみましょう。

　※「キッズ向けカントリーエレベーターの仕組み」を参考にする。

C　カントリーエレベーターは，米を乾燥して保管しておく施設なんだね。

C　たくさんの機械があるよ。

C　米を乾燥させたり寝かせたりして，美味しさを保っている。

C　良いお米と悪いお米の選別もしているね。

2 カントリーエレベーターの米は，どこに，どうやって運ばれるのだろう。

T　カントリーエレベーターに保管された米は，JAの計画に沿って出荷されます。庄内平野のお米は，日本のどこまで届いているでしょうか。

C　僕たちのところには届いているね。スーパーで山形県産の米を見たことがあるよ。

C　東京や大阪には届いていると思う。

　　資料プリント1 QR を配る。

T　庄内平野の米は，プリントにもあるように，北は北海道から南は沖縄にも届いています。では，遠くまでどうやって運んでいるでしょう。

C　関東までならトラックで運べると思う。

C　北海道は船かな。九州も船？

C　沖縄は遠いから，飛行機のほうが早いよ。

T　遠いところへ運ぶときは，フェリーを活用します。なぜ飛行機を使わないのか考えてみましょう。

---

3 ⟨販売店⟩ ──────→ **4** （消費者）

・スーパー

・米屋さん

米の値段に含まれているもの

・生産全体にかかる費用

・輸送代　・精米費　・ふくろ代

・人件費　・宣伝費

最近では，インターネットや
道の駅での販売も増えてきている

10aあたりにかかる米の生産（2021年度）

農産物生産費統計（農林水産省）より作成

画を視聴したりするとイメージしやすくなる。

3 カントリーエレベーターから出荷された米はどこに行くのだろう。

T　カントリーエレベーターから出荷された米は，直接私たちの手元に届いていますか。

C　お店で売られているよ。お店に届けられている。

C　スーパーマーケットやお米屋さんの前に，卸業者に運ばれていると聞いたことがある。

C　私の家では，インターネットショッピングで農家から直接お米を買っているよ。

C　いろいろな届け方があるんだね。

T　最近は，インターネットの発達や道の駅ができたりして，JA や卸業者を通さず直接わたしたち消費者に販売する農家も増えてきました。インターネットで買うとき，送料はわたしたち消費者が払うことがありますね。では，お店で買うとき，お店までの輸送費はどうなっているのでしょう。

4 米の価格には，どんな費用が含まれているのだろう。

　　　資料プリント 2 [QR] を配る。

T　米の輸送費は，店で買う米の価格に含まれています。米の価格には，他にどのようなものが含まれているか，プリントで調べましょう。

C　人件費が一番多いよ。

C　その他の中には，輸送や販売の費用も含まれているのかな。

C　宣伝のための費用や米袋の費用もいるね。

C　米が私たちのもとに届くまで，たくさんの費用がかかっている。

T　米づくりにかかる費用を調べて，思ったことを話し合いましょう。

C　価格が安いとうれしいけど，安くするためには農家の人が大変になりそうだ。

C　いろいろなことに費用がかかるのだと思った。

米づくり農家のかかえる課題と新しい取り組み

板書例

㊥ これからの米づくりは，どのように進めていけばよいのだろう

1 〈米の生産量と消費量の変化〉

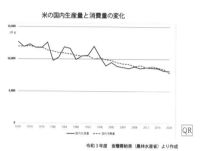

米の国内生産と消費量の変化

令和3年度 食糧需給表（農林水産省）より作成

1 〈農業人口の移り変わり〉

年齢別農業人口のうつり変わり
（自営農業に主として従事した世帯員数）
農林業センサス累年統計より作成

・収穫量，消費量の減少
・生産量　不安定
・生産調整

> 収入が不安定？
> （天候？　災害？）

・農家　減少
・若い人　減少
・半分以上60才以上

> 米づくりをする人がいなくなる？

POINT 現地の農業協同組合（JA）のHPを見てみるなどして，農家が抱える今日的課題の解決に向けた取り組みについて調べる

1 米の生産量と消費量のグラフを見て気付いたことを話し合おう。

資料プリント1 QR を配る。

T　米の国内生産量と消費量の変化を表したグラフを見て，気付いたことを話し合いましょう。

C　生産量も消費量もだんだん減ってきている。

C　生産量は増えたり減ったりしているけど，消費量は減り続けている。

T　これから先も減り続けるでしょうか。それとも増えていくでしょうか。

C　日本の人口が減ってきているから，消費量は減り続けると思う。

C　でも，前の時間に米農家の人は米づくりのためにいろいろな努力や工夫をしていると学習したよ。生産量は増えないのかな。

T　55年ほど前から，生産量が消費量を上回って米が余るようになり，生産調整をしていました。

2 農業人口の移り変わりのグラフを見て気付いたことを話し合おう。

資料プリント2 QR を配る。

T　今度は，年齢別農業人口の移り変わりのグラフを見てみましょう。気付いたことを発表してください。

C　2015年には16〜29歳の人がほとんどいない！

C　30〜59歳の人も少ないよ。

C　60歳以上の人が一番多いね。半分以上だ。

C　農業をする人の数がすごく減っているね。

T　このままだと，日本の米づくりはどうなっていくでしょうか。

C　米をつくる人はどんどん減っていく。

C　生産調整をするくらい消費量も減っているから，米をつくる人が減っても大丈夫じゃない。

C　でも，米づくりをする人が全然いなくなったら困るよ。

3,4 〈農家の人がかかえる課題と取り組み〉

・農業をする若い人を増やす⇒<u>作業を効率的に</u>

・米の消費を増やす⇒<u>消費者とのつながり</u>

・おいしくて安全な米
・ブランド米
・環境にやさしい肥料

※輸入の問題も

のもよい。

---

3 米づくり農家が抱える課題について、何ができるか考えよう。

T 米づくり農家には、様々な課題があるようです。皆さんならどのような取り組みで課題を解決していきますか。

C もっと農業をする若い人を増やす。

C 作業を効率化して、農業は大変というイメージをなくしていくのはどうかな。

C 米の消費量も増やさないと。品質の良い美味しいお米を安く売れるようにできないかな。

T 農家の人々の実際の取り組みを調べてみましょう。この写真 [QR] は何でしょうか。

C 種まきかな。みんなで作業をしている。

T 1枚目は複数の農家が共同で作業をして、効率化を図っています。

T 2枚目は種もみを直まきしているところです。苗を育てて田植えをするのは手間がかかるので、水田に直接種もみをまいています。

4 米づくり農家の課題と取り組みをまとめよう。

T 消費者との結びつきも大切です。この写真 [QR] は幼稚園や小学校を訪問している様子です。

C おにぎりの紙芝居だね。米のことについて話しているのかな。

C みんな熱心に見ている。これも宣伝になるね。

C 米を好きな子が増えるかもしれない。

T 他にも農家の人がどんな取り組みをしているか、教科書や資料集で調べてまとめましょう。

C 今は国の生産調整はなくなったみたいだ。自由に米を売れるようになったから、産地同士の競争が激しくなっている。

C 環境にやさしい肥料づくりをしている。

C ブランド米など、品質のよい米を開発しているみたいだね。

C 外国からの輸入の問題もあるよ。米を買うときは、産地の表示を確かめてみよう。

板書例

ⓜ 米づくり農家の工夫や努力についてまとめよう

❶ 〈米づくりの学習のふり返り〉

・庄内平野の田んぼの写真

・田植えや稲刈り以外の作業
　　種もみを運ぶ
　　田おこし
　　代かき

・養豚場と協力する

・農業をする人が減っている

POINT 単元のまとめ方として，スライド機能を使ったプレゼンテーションや文書作成機能を使った新聞づくり，現地の人たちとコ

1 米づくりについての学習をふり返ろう。

T これまでに庄内平野の米づくりについて学んできました。印象に残ったことは何ですか。

C 庄内平野の田んぼの写真が印象的でした。一面緑でとてもきれいでした。

C 米づくりには，田植えと稲刈り以外にいろいろな作業があり大変そうでした。

C 養豚場も米づくり農家と協力しているのが意外でした。

C 農業をする人が減っていることが気になりました。

C カントリーエレベーターを初めて知りました。見学に行ってみたいです。

C 昔と比べると，機械のおかげで農作業が楽になっていました。

　児童からの意見が少ない場合は，これまでに授業で使用した写真やイラストを掲示する。

2 学習したことを表にまとめよう。

米づくりまとめワークシート QR を配る。

T たくさんの意見が出ました。皆さんの意見を内容ごとに整理し，ワークシートにまとめてわかりやすくしましょう。

C 養豚場は米づくりを支える人たちだね。品種改良をしていた水田農業試験場も。

C 農業で働く人が減っているのは課題だった。農家の人たちは，農作業の共同化をしていた。

T 学んだことがまとまったら，それに関係する資料もワークシートに書き込みましょう。

C 庄内平野の気候は，平均気温のグラフがあるとよくわかる。

C 米づくりの様子は，季節ごとの水田の写真があった。

2 〈表にまとめる〉

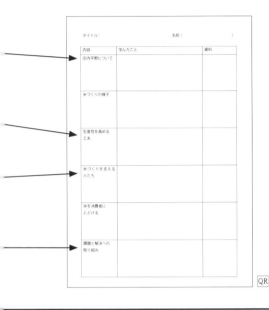

タイトル：　　　　　名前（　　　　）

内容	学んだこと	資料
庄内平野について		
米づくりの様子		
生産性を高める工夫		
米づくりを支える人たち		
米を消費者にとどける		
課題と解決への取り組み		

QR

3 〈新聞作り〉

・タイトルを決める

・資料は3つぐらいに

・小見出しをつける

4 〈新聞の交流〉

・良かったところをふせんに書いてはる

ラボした CM づくりなども考えられる。

3 学習したことを新聞にまとめよう。

T　では，整理したワークシートをもとにして教科書に載っているような新聞を書きます。まず，書きたい内容を選んでください。それに合わせて，みんなが読みたくなるような新聞のタイトルを決めて，ワークシートに書き込みましょう。

C　私は庄内平野についてまとめたいな。資料のグラフや写真を使うとわかりやすくなるよ。

C　養豚場のことが面白かったから，米づくりを支える人たちについてまとめよう。資料は何を使えばいいかな。

T　新聞には思ったことや疑問など，自分の意見も書きます。資料が多すぎてもわかりづらくなるので，3つぐらいに絞るといいですね。また，タイトルに合わせて，小見出しを付けたり，文字の大きさや色も工夫してみましょう。

4 新聞を紹介し合って，よかったところを伝えよう。

T　教科書や資料集以外に，図書館の本やインターネットを活用して資料を集めてみましょう。

T　それでは，新聞を紹介し合います。友だちの新聞を読んだら，付箋に良かったところを書いて相手に渡しましょう。

C　僕は，農家の人たちが抱える課題と解決への取り組みをまとめました。僕が考えた取り組みについても書いています。

C　どうしたら農業で働く人を増やせるか，いろいろなことを自分なりに考えていてよいと思いました。

C　課題について簡条書きになっていて，わかりやすい新聞だと思いました。

　　新聞は，JA や地域の農産物直売所などに送って意見をもらったり，掲示してもらったりしてもよい。

福井平野の新しい米づくり

本時の目標：庄内平野と福井平野の米づくりの違いや共通点をつかみ，これからの農業の在り方について考えることができる。

板書例

ⓜ 福井平野ではどのような米づくりが行われているのだろう

❶〈福井平野のようす〉

豊かな自然
九頭竜川（くずりゅう）

米づくりがさかん

〔課題〕

用水路が使えなくなった
塩水で作物が育たなくなった

❷〈課題解決の方法〉

（画像提供：九頭竜川鳴鹿土地改良区）

鳴鹿大堰（なるかおおぜき）パイプライン建設
（2016年～）
↓
きれいな水で，
おいしいお米を作れるように

POINT　書籍等では情報が少ないため，インターネットを使って JA 福井県の HP を調べたり，動画を視聴したりして情報を集め，

1 福井平野を庄内平野と比較してみよう。

T　日本では庄内平野以外でも米づくりが行われています。写真QRは福井平野です。地図帳で位置を確かめ，どんな特徴があるかを庄内平野と比べながら見てみましょう。

C　庄内平野と同じように水田が広がっている。

C　大きな川もある。九頭竜川（くずりゅう）という名前だよ。水が豊かな地域だね。

C　気温はどうかな。庄内平野のように夏と冬，昼と夜の温度差が大きいのかな。

T　福井平野でも，昔から米づくりが盛んでした。しかし，課題もありました。①用水路が古くなり，水が汚れたこと，②海に近い地域では塩水で作物が育たなくなったことなどです。

C　庄内平野の米づくりでは学習しなかった課題だね。

2 福井平野の課題を解決するための取り組みを考えよう。

T　皆さんなら，この課題を解決するためにどんな取り組みをしますか。

C　庄内平野では，水の管理をするために用水路と排水路を分けていたよ。福井平野でも，水の管理をするために何か工事をしたと思う。

C　海岸からの砂を防ぐ防砂林があった。塩水を防ぐために，何ができるのかな。

T　福井平野で行われた取り組みはこれです。写真を見てください。何かわかりますか。

C　なんだろう？土管？

C　トンネルかな。

T　これはパイプラインといいます。地下に大きな管を通して，九頭竜川上流の鳴鹿大堰（なるかおおぜき）からきれいな水を下流に送るようにしたのです。鳴鹿大堰の位置を地図帳で確かめましょう。

3 〈パイプラインの建設後〉

国土交通省による
鳴鹿大堰の紹介動
画が参考になる

4 〈これからの米づくり〉

● 米のブランド化

● 米以外の作物
転作（河内赤かぶら）

（画像提供：JA 福井）

庄内平野での米づくりと比較して考えるようにする。

3 パイプラインができて，福井平野の米づくりはどうなったのだろう。

T　パイプラインができたことで，きれいな水を自由に利用できるようになりました。庄内平野と同じようにコンピューターで管理しています。福井平野の米づくりはどうなったでしょうか。

C　コンピューターで水の管理ができるから，農作業が効率的にできるようになった。

C　生産量が上がって，ブランド米などもつくられるようになったと思う。

C　リモコン式の給水栓もあるみたい。スマートフォンで操作できるってすごい！便利だね。

C　下流でもきれいな水が使えるようになれば，塩水の問題も解決できる。

T　水の管理が楽になったため，米だけでなく野菜づくりも盛んになりました。複数の農家が集まって，協力して大規模な米づくりをする農業生産法人も増えています。

4 これからの米づくりや農業について話し合おう。

T　庄内平野と福井平野の米づくりを学習して，これからの米づくりや農業をよくしていくために，どのような取り組みをしていけばよいか話し合いましょう。

C　福井平野でも農業をする人は減っていると思う。もっと作業を効率化して，若い人が農業に魅力を感じるようにする必要があると思う。

C　米のブランド化や宣伝をもっとしていかないといけない。

C　私たち消費者や，他の農家とのつながりも大切だね。

C　もっと美味しくて育てやすい米をつくるために，品種改良の研究もしていく。

T　福井平野では，地産地消の取り組みも行われています。農家の人たちが私たちの食生活を支えていることを忘れないようにしたいですね。

水産業のさかんな地域

◉ 学習にあたって ◉

◇**何を教えるのか　- この単元の特徴 -**

　　日常生活には欠かせない水産物（水産加工食品）ですが，グラフなどを読み取っていくと，必ずしも漁獲量などが高い訳でもなく，消費量も減っていることに気が付くでしょう。「日本の水産業が危ない」という思いを大切にして，この単元を進めていきます。

　　最初に，水産業は日本列島周辺の海流や海底の地形などを利用して行われていることを学習します。そして，生産者である漁師の工夫や苦労，想いを考えながら，様々な漁業や漁法について調べていきます。水産物が消費者の手に届くまでにどれだけの人が関わっているかを考え，安く新鮮に水産物を届ける工夫について話し合います。「獲る」漁業だけでなく，「つくり，育てる」漁業を研究することで，生産者にはより安定した仕事を提供したり，消費者にはより安く美味しい魚を提供できます。米作りと同様，水産物もブランド化に力を入れるなど，研究者の活躍があることを学びます。水産業の課題を考える時間ではこの学習で得た知識を生かし，水産加工工場を造るとすればどこが良いのか，地理的状況などを考える活動を通して，「自分なら」どうするのかを考えます。

　　水産業の後のレタス生産や，果物作り，肉牛の飼育の学習を通して，食料生産者や研究者の想いは，つくるものが違っていても共通していることを理解させたいものです。

◉ 評　価 ◉

知識および技能
・我が国の食料生産は，自然条件を生かして営まれていることや，国民の生活を支える食料を確保する重要な役割を果たしていることが理解できる。
・食料生産に関わる人々は，生産性や品質を高めるよう努力したり，輸送方法や販売方法を工夫したりして，良質な食料を消費地に届けるなど，食料供給を支えていることが理解できる。

思考力，判断力，表現力等
・生産物の種類や分布，生産量の変化，輸入など外国との関わりなどに着目して，食料生産の概要を捉え，食料生産が国民の生活に果たす役割を考え，表現できる。
・生産の工程，人々の協力関係，技術の向上，輸送，価格や費用などに着目して，食料生産に関わる人々の工夫や努力を捉え，その働きを考え，表現できる。

主体的に学習に取り組む態度
・多角的な思考や理解を通して，我が国の国土に対する愛情，我が国の産業の発展を願い，我が国の将来を担う国民としての自覚を養う。

時数	授業名	学習のめあて	学習活動
1	魚を食べる日本	・日本の周りには複数の海流が流れ，大陸棚が広がるなど，良い漁場であることがわかる。	・売っている水産物を調べる。 ・水産物のとれる場所を調べる。 ・わかったことを話し合う。 ・2つのグラフから学習課題を立てる。
2	かつお漁の方法	・鹿児島県の枕崎漁港に水揚げされるかつおは，どこで，どのようにとられているのかがわかる。	・地図で枕崎漁港の位置を確かめる。 ・かつおの2種類のとり方について調べる。 ・水揚げされるかつおはどこでとられているかを調べる。 ・沿岸漁業，沖合漁業，遠洋漁業の違いを知る。
3	鹿児島の漁港から食卓へ	・枕崎漁港に水揚げされた魚は，魚市場のせりにかけられた後，トラックなどで日本各地に運ばれることがわかる。	・枕崎漁港で出荷される魚を調べる。 ・新鮮さを保つ工夫を調べる。 ・魚1匹に何人の人が関わったのかを考える。 ・価格の内訳から，それぞれの立場の人の想いを考える。
4	かつお節をつくる	・枕崎漁港の近くのかつお節工場では，水揚げされた急速冷凍のかつおをかつお節に加工していることがわかる。	・枕崎漁港のまわりの施設について調べる。 ・かつお節をつくる過程を調べる。 ・工場で働いている人の想いについて話し合う。 ・かつお節以外の加工品について調べる。
5	つくり育てる漁業	・養殖漁業や栽培漁業について，それぞれの工夫や苦労を話し合う。	・天然と養殖の違いを理解する。 ・養殖漁業の工夫や苦労を調べる。 ・発表し，栽培漁業にも触れる。 ・それぞれの立場での想いを話し合う。
6	日本の水産業がかかえる課題	・資料を総合的に見て，日本の漁業の現状を話し合い，これからの水産業について考える。	・資料から課題を発見する。 ・どうしてこのような課題が出たかを考える。 ・予想したことを他の資料をもとに確認する。 ・水産業の課題について考え，話し合う。
7	まとめる	・日本の水産業について，資料をもとにして自分の考えを発表する。	・課題についてまとめる。 ・一番伝えたいことを考える。 ・どの資料を使うのかを考える。 ・まとめたことを発表し，未来について考える。
ひろげる1	香川県の特色ある養しょく	・香川県では，水温の変化を生かして，オリーブハマチやオリーブサーモンを工夫して育てていることがわかる。	・香川県で行われている養殖業について調べる。 ・香川県のオリーブハマチ，オリーブサーモンの養殖を知る。 ・オリーブハマチとオリーブサーモンの養殖の工夫を調べる。 ・養殖をしている漁師さんの苦労について話し合う。
ひろげる2	関東平野のレタスづくり	・レタス農家の工夫や苦労を話し合い，理解する。	・資料からレタス農家の特徴を見つける。 ・レタス農家の工夫を話し合う。 ・インターネットなどで生産方法などを調べる。 ・レタス農家の想いを話し合う。
ひろげる3	福島盆地の果物づくり・宮崎県の肉牛の飼育	・食料生産者の想いを話し合い，共通点を発見する。	・日本各地の食料の名産品を調べる。 ・インターネットなどで，生産方法などを調べる。 ・調べたことを発表する。 ・日本の農作物の素晴らしさと従事する人々の想いを話し合う。

魚を食べる日本

ⓜ 日本で魚が多くとれるところはどこだろう

1 〈水産物調べ〉

海でとれる

たい，かに，いか，まぐろ
さけ，かつお，さんま，たら
かれい，ひらめ，いわし，ぶり
ほっけ，さば，あじ，こんぶ

川や池でとれる

うなぎ，あゆ

形を変えた水産物

かつおぶし，かまぼこ

2,3 〈水産物がとれるところ〉

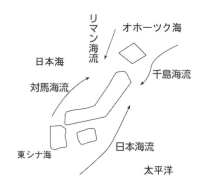

・暖流と寒流がぶつかるところ（潮目）
・大陸棚

板書例

POINT　インターネットを活用して，日本で獲れる魚の写真や動画を見ることで児童は水産業に対する興味関心を高め，新たな疑問

---

1 スーパーや飲食店で売っている水産物を調べよう。

　　学習に入る 1 週間前にワークシート 1 QR を配布し，事前に調べ学習を課題として出しておく。

T　スーパーや小売店，飲食店ではどのような水産物が売っているでしょうか。調べてワークシートに名前を書きましょう。

C　カニ・イカ・マグロのお刺身があった。

C　ヒラメとカレイがありました。どっちがヒラメかなぁ？

C　サーモンのお刺身もあったよ。

T　水産物には魚以外に，アサリ・ハマグリなどの貝もあります。鰹節やかまぼこなどの水産加工品も含まれます。

C　海苔もあったけどワークシートにはないね。

C　鮭茶漬けも水産物？

T　ワークシートにないものはノートに書きましょう。

2 水産物がとれるところはどこか調べよう。

T　これらの水産物はどこでとれたのでしょう。

C　日本に近い海でとれるのかな。

C　川でとれるものもあるよ。かまぼこの原料はどこかな？

T　まず，海でとれたものと川や池でとれるものに分けましょう。

　　ワークシート 2 QR を配る。

C　マグロやカツオは海だね。

C　タイやヒラメも海！海が多いよ。

C　ウナギは川だと思う。

　　①〜⑯は海。⑰・⑱は川や池でとれる。

T　ワークシート 2 の□の中に日本の周りの海の名前を，教科書で調べて書きましょう。また，日本列島の周りには四つの海流が流れています。【　】の中には四つの海流の名前を書きましょう。

4 〈学習課題を考えよう〉

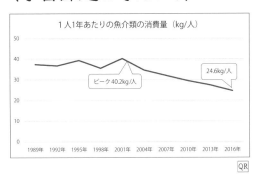

1人1年あたりの魚介類の消費量（kg/人）

ピーク 40.2kg/人

24.6kg/人

1989年 1992年 1995年 1998年 2001年 2004年 2007年 2010年 2013年 2016年

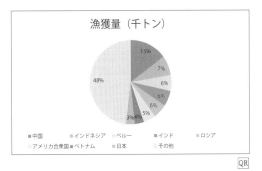

漁獲量（千トン）

■中国　■インドネシア　■ペルー　■インド　■ロシア
■アメリカ合衆国　■ベトナム　■日本　■その他

・魚のとり方は？

・魚をどのようにして届けるの？

・どうして消費量が減っているの？

・日本の近くの海だけでとるの？

を見出せる。その疑問から以降の学習計画を立てたい。

3 調べたことからわかることは何か話し合おう。

T　海流は，水温の高低により暖流・寒流と呼ばれています。海流のうち，暖流には赤色，寒流には青色を塗りましょう。

T　①〜⑯はどこでとれたでしょうか。<u>暖流でとれたものはどれでしょうか。では，寒流でとれたものはどれでしょう。</u>

C　サケは寒流かな？

C　マグロやカツオは暖流だね。

C　サンマは暖流？　寒流？

C　タイ，サバ，ブリも… 暖流が多いのかな。

T　陸地の周りにある灰色の部分は，大陸棚と呼ばれます。深さ200mまでの浅い海底です。大陸棚には，魚の餌となるプランクトンがたくさんいます。どんな水産物がとれるでしょうか。大陸棚（灰色の部分）を黄色で塗りましょう。

4 2つのグラフを比較して学習課題を立てよう。

T　漁によってとれる水産物の量を漁獲量と言います。資料プリント QR の1，2を見て，日本の水産業の特徴を話し合いましょう。

C　日本は漁獲量が世界1位ではないんだね。

C　消費量が減っているよ。何か問題あるのかな。

T　次に，調べたことからどんなことがわかったでしょうか。また，さらに調べてみたいことがないかを話し合いましょう。

C　魚によってとれる場所が違うね。どうやって魚をとっているのかな。

C　魚は日本の近くだけでとっているのかな。

C　お店にはたくさん魚が売られているのに，どうして消費量は減っているんだろう。

C　とった魚をどうやってお店に届けているのか知りたい。

かつお漁の方法

板書例

め 鹿児島県・枕崎漁港に水揚げされるかつおは，どこで，どのようにとられているのだろう

1 〈枕崎漁港の位置〉

鹿児島県

枕崎市

薩摩半島の南　QR

2 〈かつおのとり方〉

一本づりとまきあみ漁

　　…目的によって使い分ける

・つり針（ばり）

QR

・つりざお

擬餌針

QR

POINT　インターネットを活用して関連する動画を探したり，漁業組合の HP を調べてみたりすることで，児童が対象を掴みやすく

1 鹿児島県の枕崎漁港はどこにあるかを地図で探そう。

T　日本の南の海では，黒潮が東シナ海から太平洋に流れ込んでいます。黒潮にのって，南の海からさまざまな種類の魚が集まってきます。みんなは，どんな魚を知っていますか。

C　かつおとか，ハマチとか。

C　まぐろもそうかなぁ。

T　鹿児島県の薩摩半島の南にある枕崎漁港は，かつおの水揚げの多さで有名です。かつおを食べたことがありますか。

C　ある。かつおのたたきで食べた。

C　かつお節でよく食べている。

C　お母さんが料理でかつおだしをよく使っています。

T　では，枕崎漁港の位置を地図で確かめましょう。

2 かつおはどのようにとられるのだろう。

T　教科書のかつおの一本釣りの写真を見て下さい。かつおをどのようにして釣っていますか。

C　1 人ずつ並んで大きな釣り竿で釣っている。

C　釣り竿が大きく曲がっている。

T　写真はかつおを釣る針と釣り竿です。どれぐらいの大きさだと思いますか。

　　釣り針の写真と釣り竿を掲示する。

C　あまり大きくないように見えるけど…。

T　釣るかつおは 50 センチぐらいの大きさなので，一本釣りの針も竿も大きいですよ。

T　一本釣りのほかにも，かつおの群れを 2 隻の船で包囲して，網を絞って大量にとるやり方もあります。

C　教科書に載っているまきあみ漁だ。

T　そうです。枕崎だけでも 1 年で 7～8 トンもとるそうです。

3 〈かつおの回遊コース〉

カツオの回遊ルート

黒潮ルート

黒潮現流域

南方漁場
↑ カツオ北上ルート

QR

4 〈魚のとり方による漁業の分類〉

● 沿岸漁業
日帰りで，小型船に乗って大陸棚で魚を捕る

● 沖合漁業
日本の近くの2〜3日で帰れる海で魚を捕る

● 遠洋漁業
半年以上かけて，遠く日本から離れた海で魚をとる

なる。

3 かつおはどこでとられているのだろう。

T　かつおという魚は時速50㎞の速さで海を回遊し，季節によって移動します。

　　カツオの回遊ルートを掲示する。

T　図は，かつおが回遊する道筋です。では，かつおはどこでとられているのでしょうか。

C　日本の海に近づいてきたときにとる。

T　そうです。枕崎漁港はかつおの水揚げ港です。でも，外国まで出かけて魚をとる遠洋漁業もしています。

C　南の海でもとってるのか。

T　漁船は，魚群探知機でカツオの群れを探し，赤道付近まで動き回ります。1回40日程度の期間で年に5〜6回ほど出かけます。長い間漁に出るので，とったカツオはどうしていると思いますか。

C　冷凍して保存している。

4 魚をとる場所によってどのような漁業がされているのかを調べよう。

T　大陸棚や海流が流れているところは，魚がたくさんいるというわけですが，枕崎漁港に水揚げされる魚は，主にどの辺りでとっているのでしょうか。

C　近くの海で魚をとっているのではないの？

T　漁業は，魚をとる場所によって大きく3つに分かれます。教科書を見てみましょう。

C　沿岸漁業は，10トン未満の船を使う漁や，定置あみ，地引あみ漁業のことを言う。

C　沖合漁業は，10トン以上の船を使って，数日がかりで行われる漁業。

C　遠洋漁業は，遠くの海に出かけて，長い期間にわたって行われる漁業。

T　枕崎漁港は，主に遠洋漁業と沿岸漁業です。港には，かつおが最も多く水揚げされています。

鹿児島の漁港から食卓へ

ⓜ 漁港で水揚げされた魚は，どのように食卓に届くのだろう

1 〈枕崎漁港に水揚げされる魚〉

多い順にベスト5 （2023年7月）

1. ハガツオ　　2. きはだしび（キハダマグロ）

3. キビナゴ　　4. かつお　　　5. シイラ

2 〈漁港から食卓まで〉

値段を決める

①　　　　　　②　　　　　　③　　　　　　④

　　　　　　　　　　　　　市場（漁港）　　市場（漁港）

POINT インターネットを活用して枕崎市漁業協同組合の HP などを調べることで，写真や動画を通して流通の様子を調べることが

1 枕崎漁港でたくさん出荷されている魚は何だろう。

資料プリント QR を配る。

T プリントを見ましょう。枕崎漁港にたくさん水揚げされる魚は何ですか。月間数量のベスト5を選びましょう。

C 第1位はハガツオ。

C 第2位はきはだしび。

T きはだしびとは，キハダマグロのことです。

C 第3位はキビナゴです。

T キビナゴは，さしみや唐揚げにするとおいしいね。

C 第4位はかつおで，第5位はシイラという魚です。

T みんながよく食べる魚はどれですか。

C マグロやカツオをよく食べるよ。

T では，枕崎漁港からどのように魚が運ばれてくるのでしょうか。

2 漁港からスーパーまでのイラストを並び替え，新鮮さを保つ工夫を調べよう。

T プリントの2には，漁港で魚が水揚げされてから，お店に商品として並ぶまでのイラストがあります。順番はバラバラです。①〜⑧の番号を入れてみましょう。

C これはとったばかりの魚だ。①だね。

C とった魚を運んでいるのかな。これが②？

C 3回も市場があるみたいだけど。漁港にある市場はどれかなあ。

C これはスーパーに魚を並べているところだから最後の方だね。

C 値段はいつ決めるのかな。

C 漁港からはトラックで運ぶんだね。トラック以外でも運ぶ方法はないのかな。

T 魚がみんなのところに届くまでに，たくさんの行程がありますね。それぞれどんな仕事かを教科書や資料集で調べてみましょう。

3,4 〈1匹の魚に関わる人々と責任について考えよう〉

価格 ＝398 円

> 漁師さん　市場の人　運ぶ人　お店の人　トレイ代
> 関わった全ての人たちへの工夫や努力に支払う

冷とうトラック
水そうがついたトラックで運ぶ

⑤　⑥　⑦　⑧

市場（出荷先）

できる。資料集などの書籍も活用して調べたい。

3 魚1匹に何人の人が関わっているかを話し合い，考えを深めよう。

T　調べてわかったことを話し合いましょう。

C　市場は，漁港と出荷先の地域で2カ所あるよ。

C　漁港の市場では，せりで値段を決めている。

C　いろいろな市場で何度も売られた後，お店に並ぶんだね。

T　では，話し合ったことを発表しましょう。

　　友達から教えてもらったことを発表してもよい。

T　魚1匹がみんなの家に届くまでに，何人の人が関わっているでしょう。

C　魚の大きさを分ける所では，たくさんの人が働いていた。

C　せりにもたくさん人が来ていた。

C　トラックの積み込みも大勢の人でやる。

　　多くの人の工夫と努力によって，魚が食卓に届けられていることを押さえる。

4 価格の内訳から，魚に関わっている人々の責任について考えよう。

T　買った魚の値段は398円でした。この398円のお金は，売っているスーパーに全部支払われているのでしょうか。

C　スーパーで売っているのだから，スーパーに全部支払われていると思う。

C　パック代もかかるんじゃないかな。

C　漁師さんも，お金が必要だよ。

C　トラックの運転手さんの給料はどうなの？

T　どこで働いている人の分にまで，値段に含まれているのでしょうか。

C　それぞれの市場で働く人まで。

T　ものやサービスなどにつけられた金額のことを『価格』と言います。売り上げは，魚に関わる全ての仕事をする人たちに，それぞれの仕事の責任に対する報酬として分けられます。

かつお節をつくる

板書例

◉ 漁港の周辺では，どのようにして　かつお節がつくられているのだろう

1 〈枕崎漁港のかつお節工場〉

・枕崎市内に 47 のかつお節工場
（2016年）

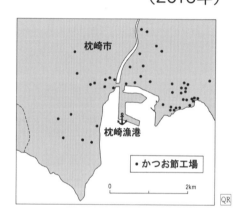

2 〈かつお節ができるまで〉

①水あげ
②解凍
③生切り
④かご立て
⑤しゃじゅく
⑥骨むき
⑦ばいかん
⑧あらぶしをけずり，
　かびをつける。
⑨本かれぶしの完成

POINT　インターネットを活用し，枕崎水産加工業協同組合の HP などを調べることで，現地の水産加工業の様子や加工業に携わる

1 枕崎漁港の近くにはどんな施設があるのだろう。

T　かつおが水揚げされる枕崎漁港の周りには，どんな施設があると思いますか。

C　かつおを料理している食堂がたくさんあると思う。

C　お土産物屋さんもあるんじゃない。

C　かつお節をつくっている工場もあると思う。

T　教科書の地図には，枕崎漁港の近くにあるかつお節工場の場所が載っています。いくつぐらいありますか。

C　けっこう多いと思う。50 ぐらいあるんじゃないかな。

T　かつお節工場は，枕崎市内に 47（2016 年 11 月 30 日現在）あります。工場の規模は，自分の家でかつお節をつくる小さな工場から，会社が経営している大きな工場までさまざまです。

2 水揚げされたかつおは，どのようにかつお節に加工されるのだろう。

資料プリント QR を配る。

T　では，かつお節はどのようにつくられるのでしょうか。プリントを見ましょう。どんな順番でかつお節がつくられていますか。

C　まず水揚げされた凍ったかつおをとかします。

C　次に，かつおをさばく。

C　さばいたかつおをセイロに並べて煮ます。

C　煮られたかつおの骨を抜く。

C　そして，くん製にする。

C　くん製ができたら荒節の完成。ここまでで，2 〜 3 週間かかる。

C　荒節を削って，カビをつける。

C　かつお節全体にカビがきれいについたら完成です。3 〜 5 か月かかります。

T　ずいぶん時間をかけてつくっていますね。

3 〈かつお節づくりの工夫と努力〉

年間生産量　16,500トン
（全国の約4割）

・かつおの骨をていねいに抜く

・人の手の作業が必要である

・手間と時間がかかる

4 〈水産加工品のいろいろ〉

・かまぼこ
・ちくわ
・ツナフレークの缶詰
・だしパック
・魚の干物
・さけのコーンフレーク
・のり
・明太子　　　　など

人たちのつながりを捉えやすくなる。

---

3 かつお節をつくる人たちの工夫や努力を知ろう。

T　枕崎のかつお節の生産量は，年間約16,500トンです。全国のかつお節の生産量の約4割を占めています。

C　多いんだなあ。

T　教科書には，かつお節工場で働く人の話が載っています。どんなところに気をつけてかつお節をつくっていますか。

C　かつお節の製造には，かつおの骨を抜くことが欠かせないので，丁寧に残さず抜いていると言っている。

C　機械化するのが難しいので，人の手による作業が必要です。

T　では，作り手はどんな想いをもって作っているでしょうか。

C　1本のかつお節を完成させるまでに，大変な手間と時間をかけてつくっているので，大切に食べてほしいそうです。

4 かつお節のほかに，どのような加工品があるのだろう。

T　工場では，魚などの水産物を原材料にした水産加工品を製造しています。かつお節の他にどのような加工品をつくっているのでしょう。プリントを見て調べましょう。

C　かまぼこ，ちくわ，缶詰があるよ。

C　だしパックや魚の干物もあります。

C　サケのフレークも作られている。

C　明太子とか，のりも加工品？

T　かつおは身近な加工品になっていますが，かつおの遠洋漁業や沖合漁業は現在，どんな状況でしょうか。

C　遠洋漁業も沖合漁業も減っている。

T　日本の海岸から200海里（約370km）の海で，外国の船が魚をとる量を制限しています。その影響で，日本は外国の沿岸でかつおをとる量を限られ，生産量は減っています。

つくり育てる漁業

本時の目標　つくり育てる漁業は，生産量を安定するよう計画的に行われ，自然に近いような工夫をして育てていることがわかる。

板書例

め つくり育てる漁業は，何を大切にして行われているのだろう

1 〈天然と養しょくのちがい〉

天然と養しょくのちがいは？

・自然にいる魚と水そうにいる魚？

・見た目のちがいは？

・味のちがいは？

ちがいを調べてみよう

QR

2 〈鹿児島県のかんぱちの養しょく〉

鹿児島県生産量　約1万7千トン
全国シェア約58.1%

トン
20,000
10,000
0
鹿児島県　愛媛県　宮崎県　大分県　香川県
■カンパチ養殖生産量の全国順位（2021年）　QR

・錦江湾…海水温が高い，
　　　　　波がおだやか

・ワクチン接種…病気にならない
　　　　　　　　ように

・ブランド化して売り出す

POINT 養殖の様子については動画を視聴したり，書籍を調べたりすることで，その仕事の目的や様子を捉えやすくなる。「なぜ養

1 魚の「天然」と「養殖」の違いについて話し合おう。

T　お店で売られている魚のパックに，「天然」や「養殖」と書かれているのを見たことがありますか

C　ブリとか，タイも養殖って見たことある。

T　どんな魚が養殖されているか，調べてみましょう。

全国海水養魚協会のHPでは養殖されている魚の種類を見ることができるので参考にするとよい。

T　養殖と天然との違いは何でしょうか。

C　天然は値段が高いとお母さんが言ってました。

C　天然は海に自然にいる魚で，養殖は水槽とかで育てている魚かな。

C　見た目も違うのかな。

C　味が違う？　天然のほうが美味しいってお父さんが言っていた。

2 鹿児島県のかんぱちの養殖について調べよう。

資料プリント QR を配る。

T　鹿児島県では，多くの魚の養殖が盛んに行われています。プリントを見てください。どんな魚が養殖されていますか。

C　かんぱちは，全国の生産量の半分以上を鹿児島で養殖しています。ダントツ1位です。

C　うなぎも多いよ。鹿児島で日本の生産量の半分近くを養殖しているなんて知らなかった。

T　では，かんぱちがどのように育てられているかを教科書で調べましょう。

C　年間を通して海水温が高く，波がおだやかな錦江湾で育てられている。

C　病気にならないようにワクチン接種をする。

C　台風や赤潮にも注意しているんだって。

C　垂水市では，養殖したかんぱちをブランド魚として売り出しているらしいよ。

3 〈養しょく業とさいばい漁業〉

養しょく業

いけす
たまご ————————→ 成魚

さいばい漁業

| 人の手でたまごからかえす | → | 川・海で成長 |

 安定してとれる

4 〈大切にしていること〉

台風，赤潮などの影響を受ける
時間がかかる

> 大変でも，
> 安くて，おいしい魚を
> とどけたい

殖をするのか」についても思考を向けていきたい。

---

3 養殖以外に，鹿児島県で行われている栽培漁業について調べよう。

T　また，鹿児島県垂水市では栽培漁業もしています。栽培漁業について調べましょう。

C　栽培漁業とは，人間の手で魚や貝の卵をかえした後，自然の中で育ててからとることです。

C　養殖は卵をかえした後もいけすで育てるから，そこが違うね。

T　垂水市では，養殖だけでなく，なぜ栽培漁業をしているのだと思いますか。

C　自然の中でも魚を増やすことをしていかないと，海で魚がとれなくなってしまうから。

T　そうです。そのために，垂水市では，きまりをつくっています。教科書で調べてみましょう。

C　あった！　魚をとりすぎないように，全長が13cm以下のマダイや，全長25cm以下のヒラメはとってはいけないことになっています。

4 つくり育てる漁業では，何を大切にしているかを考えよう。

T　養殖や栽培漁業について，いろいろなことがわかりました。考えたことや疑問に思ったことなどをグループで話し合いましょう。

C　品質の高いブランド化したかんぱちを育てるために，魚のビタミンを増やしたり，魚臭さをなくしたりするのって手間がかかるなあ。

C　時間もかかるよ。出荷するまで1年半も。

C　でも，安定して魚がとれるのは良いことだよ。

T　では，つくり育てる漁業をしている人たちは，何を大切にしているかを話し合いましょう。

C　「おいしい」と思って食べてもらえるように，愛着を持って魚を育てる。

C　大変だが，安定して魚がとれる養殖で，安全で安くて新鮮な魚を消費者に届けたい。

C　養殖や栽培漁業をうまく生かして，水資源を守り，安定して魚をとれるようにしたい。

第６時
日本の水産業がかかえる課題

本時の目標 資料を総合的に見て日本の漁業の現状を話し合い，これからの水産業について考える。

板書例

㋱ 日本の水産業にはどのような課題があるのだろう

1,2 〈日本の水産業の課題〉

漁業種別の漁獲量グラフ

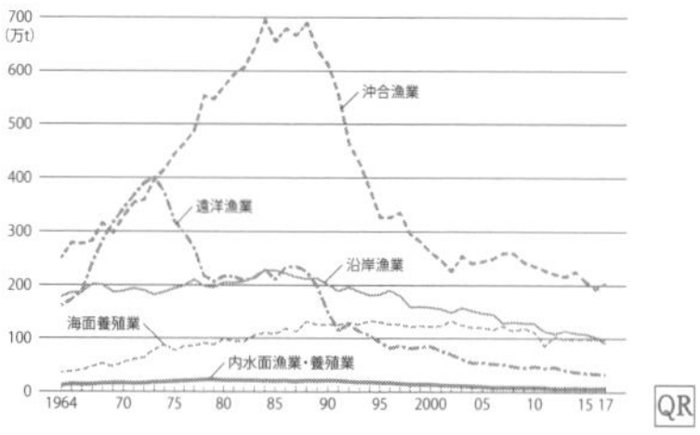

遠洋漁業
沖合漁業
養しょく
} へっている

安定しているが少ない

課題が出てきた原因を考えてみよう

3 〈課題の原因をさぐる〉

［原因１］　世界の動き

魚をとる範囲が決められた？

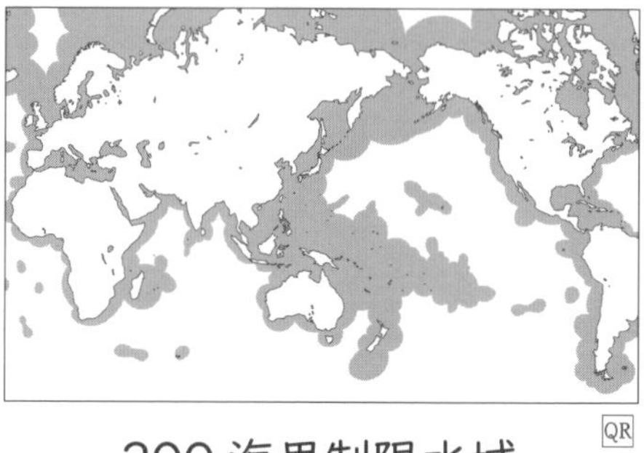

200 海里制限水域

・消費量がへった

(POINT) 地域のスーパーの様子や回転寿司のメニューなどに目を向けて実生活と結びつけながら，今日的課題をどう解決していくと

1 日本の水産業が抱えている課題について考えよう。

資料プリント①②③QRを配る。

T　プリント①のグラフは，漁業種別の漁獲量です。気付いたことを発表しましょう。

資料のグラフに気付いたことを直接書き込んだり，印を書かせてもよい。

C　沖合漁業がすごく減っている！
C　ほかの漁業も徐々に減ってきている。
C　1990 年ぐらいまでは増えていたのに。
C　海面養殖業は少しずつだけど増えているよ。
C　遠洋漁業は 1973 年くらいから減っているね。
C　沖合漁業は 1973 年より後も増えていたけど，1990 年くらいから減っているよ。
C　全体的に漁獲量は減ってきている。
T　どうやらこれが日本の水産業の課題のようですね。

2 どうしてこのような課題が出てきたかを予想し，話し合おう。

T　日本人はたくさん魚を食べているのに，どうしてこんな課題が出てきたのでしょうか。予想をしてみましょう。
C　魚をとる量が制限されてしまったと聞いたことがあるよ。
C　環境の変化とか関係がありそうだね。
C　魚をとる国同士で争っているのかもしれないなあ。
C　海は国境が分かりにくいから，遠洋漁業は難しいのかもしれないね。
C　外国から輸入されている魚をスーパーで見たよ。もしかしたら，今は輸入品が増えているのかな。
C　漁業で働く人の数はどうなのかな。

準備物 ・資料プリント①②③ QR

ICT 資料プリントのデータを配信し，グラフや地図を読み取って考えたことを記入し，共有していくことで，水産業の今日的課題を捉えやすくなる。

3 ［原因2］ 環境の変化

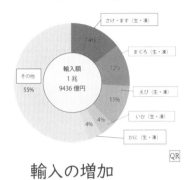

輸入の増加

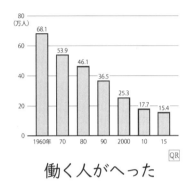

働く人がへった

4 〈解決するには?〉

・養しょく，さいばいに力を入れる

・漁場をつくる

・国同士の話し合い

・水産業が持つみ力を伝える

よいか考えていくようにしたい。

3 グラフから，日本の水産業の課題の原因を読み取り話し合おう。

T　プリント②の世界地図は，世界の200海里制限水域を表したものです。200海里制限水域について知っていますか?

C　各国の魚をとる範囲を決めた水域です。

C　世界で魚をとりすぎたので，各国が自分の国の魚を守るために決めました。

C　沿岸から200海里（約370km）の海は，外国の船がとる魚の量が厳しく制限されている。

C　その代わり，自国は水産資源の管理や水の汚れを防止する努力をしないといけない。

T　他に水産業の課題にはどんな原因があるか，プリント③で調べましょう。

C　外国から魚がたくさん輸入されている。

C　漁業で働く人が減っているね。働く人が減ると，水産業が盛り上がらないよ。

C　環境の変化で魚が住みにくくなっている。

4 これからの水産業について考え，話し合おう。

T　日本の水産業が抱える課題を解決するには，どのようなことが必要でしょうか。

C　危険や制限のある遠洋漁業や沖合漁業よりも，養殖業や栽培漁業に力を入れたらどうかなあ。

C　養殖業や栽培漁業で活躍している魚の研究者さん達の協力も必要だね。

C　国同士が，水産業についてもっと話し合ったらいい。200海里水域がいらないくらい仲良くしてほしい。

C　働く人が減っているので，漁師さんの魅力を伝えるなどの，水産業をアピールする工夫がいるよなあ。

C　研究者と協力して，新しい漁船を開発して，より速く安全に漁ができるようにしたらいいね。

まとめる

板書例

ⓜ 日本の水産業について伝えたいことをまとめよう

1,2 〈日本の水産業の良いところと課題〉

良いところ

・よい漁場，海流
・漁師さんの工夫と努力
・研究者の工夫と努力

課題

・漁獲量の低下
・魚の消費量の低下
・働く人がへっている
・輸入品が増えている

自分が一番
伝えたいことは？

POINT　様々な方法で単元学習のまとめを進めていくが，その際に調べ直すことがあるだろう。インターネットや書籍を活用して調

1 鹿児島で水産業に関わっている人たちの工夫や努力についてまとめよう。

T　これまでに学習した日本の水産業のよいところは，どんなものがあるでしょうか。

C　日本の周りには海流が4つあり，大陸棚もあって魚がたくさんとれる。

T　鹿児島で水産業に関わる人たちの工夫や努力はどんなことでしたか。

C　枕崎漁港には，かつおやまぐろなど，いろんな魚が多く水揚げされる。

C　枕崎漁港のそばに加工工場をつくって，新鮮な状態でかつお節ができるようにしている。

C　垂水市では，養殖や栽培漁業をして，安定して魚がとれるようにしている。

C　鹿児島県では，かんぱち・うなぎ・ブリが全国で一番多く養殖されています。

C　つくり育てる漁業では，台風や赤潮に注意し，魚を健康に育てる努力をしている。

2 日本の水産業が抱える課題についてまとめよう。

T　では，日本の水産業には，どのような課題がありましたか。

C　沖合漁業がすごく減っていた。ほかの漁業も徐々に減ってきている。

C　全体的に日本の漁獲量が減っている。

C　外国から魚がたくさん輸入されていることも原因のひとつだね。

C　働き手も少なくなってきていて，水産業全体の生産量も減っている。

C　働き手では，特に若い人が少なくなっている。

C　各国の魚を獲る範囲を決めた「200海里制限水域」がある。

C　世界で魚を獲りすぎたので，各国が自分の国の魚を守るために決めているんだ。

C　環境の変化で魚が住みにくくなっている。

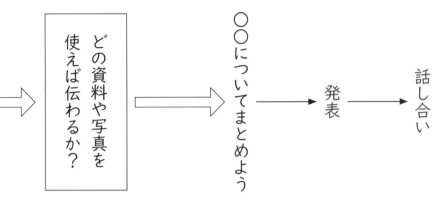

❸〈効果的に資料を使おう〉　❹〈発表と話し合い〉

どの資料や写真を使えば伝わるか？

○○についてまとめよう

発表 → 話し合い

※児童の発表を板書してもよい

べ直す際に，情報リテラシーを意識するようにしたい。

3 資料を効果的に使ってまとめよう。

T　自分の考えを伝えるために，どのような資料を使えば効果的かを考えましょう。

C　僕は，養殖業や栽培漁業をしている人が，いろいろな工夫や研究をしていることを伝えたいな。かんぱちの養殖についての資料を使おう。

C　私は，日本の水産業の生産量が減っている問題をまとめたい。漁獲量のグラフと漁業で働く人の数のグラフと…。

T　今日は，パソコンのプレゼンテーションソフトを使ってまとめます。気をつけた方がよいところはどこでしょう。教科書で調べましょう。

C　1枚ずつスライドのタイトルを決める。

C　スライドには最低限の資料や画像を選ぶ。

C　資料や写真とスライドの説明が合っているかどうかを確かめる。

4 まとめたことを発表し，これからの日本の水産業について考えよう。

T　まとめたことを発表しましょう。

C　枕崎漁港で水揚げされるかつおを，かつお節に加工していくところがすごいです。時間をかけておいしくしていることがわかりました。

C　私は，漁業で働く人の数が減っていることを一番伝えたいと思いました。1960年と比べると，4分の1になっているからです。

T　発表を聞いて考えたことを，グループで話し合いましょう。

C　日本の漁業の魅力をもっと伝えていかないといけません。そうでないと，漁業で働く人は減り続けると思う。

C　かんぱちのブランド魚をもっと宣伝するといいんじゃないかな。

C　漁業について研究している人の努力も忘れてはいけないと思います。

香川県の特色ある養しょく

板書例

ⓜ 香川県では，どのような養しょくが行われているのだろう

1 〈香川県の養しょく〉

オリーブハマチの養しょく地

ハマチ養しょく

2 〈オリーブハマチとオリーブサーモン〉

〔オリーブハマチ〕
・オリーブの葉を加えたえさで育てると変色しにくい，おいしいハマチが育つ

〔オリーブサーモン〕
・東日本大震災の時に，東北の生産者からサーモンの稚魚を買ったことから始まった
・オリーブ葉の粉末を配合したえさで育てる

※オリーブサーモンは2023年5月出荷分までは，讃岐さーもんという呼称

POINT　インターネットを活用して，香川県海水魚類養殖漁業協同組合のHPを調べると，魚の養殖の様子を捉えた上で，ブランド

1 香川県ではどのような養殖が行われているかを調べよう。

T　香川県の場所を日本地図で確かめましょう。
C　瀬戸内海がすぐ目の前だ。
T　香川県では，どのような水産物が養殖されていると思いますか。
C　タイやハマチなど。
T　ほかに，トラフグ，サーモン，スズキやメバル，のりやワカメ，カキ（貝）なども養殖されています。
T　教科書にある"オリーブハマチの養殖が行われている場所"を見ると，ハマチはどのあたりで育てられていますか。
C　香川県の東側の沿岸部で育てられています。

香川県農政水産部水産課の『香川の魚と漁業』（2021年3月発行）は参考になる。

2 香川県の「オリーブハマチ」「オリーブサーモン」の養殖について知ろう。

T　ハマチは，もともと世界で初めて香川県で養殖に成功しました。いつごろからでしょう。教科書で調べましょう。
C　1928（昭和3）年に，世界で初めて，野網和三郎がハマチの養殖に成功した。
T　では，ブランドのオリーブハマチはどのように育てられるのかを教科書で調べましょう。
C　オリーブの葉を加えたえさを与えると，変色しにくい，おいしいハマチが育つ。
T　次に，オリーブサーモンはどうですか。
C　東日本大震災の時に，東北の生産者からサーモンの稚魚を買ったことから始まった。
C　サーモンの養殖には，オリーブ葉の粉末を配合した専用のえさを使っている。

3 〈オリーブハマチとオリーブサーモンを育てる工夫〉

月	1	2	3	4	5	6	7	8	9	10	11	12
オリーブハマチ				入荷		生育			出荷			
オリーブサーモン	生育			出荷							入荷	

〔オリーブハマチ〕
・4～5月にいけすで育てる
・水温低下の時期に成長
・9～12月に出荷

〔オリーブサーモン〕
・ハマチの出荷が終わるころに育てる
・ハマチの出荷の開始時期には出荷を終える

4 〈漁師さんや試験場の人たちの努力〉

　・赤潮注意　・えさの与え方
　・データから養しょくに向いた魚を選ぶ
　・えさの種類

化の意味について思考することにつなげやすくなる。

3 「オリーブハマチ」「オリーブサーモン」を育てる工夫を調べよう。

資料プリント を配る。

T　プリントの瀬戸内海の海水の温度を見て，気がつくことはありませんか。
C　4月ごろから水温が上がって，9月には水温が下がっている。
T　水温の変化を利用してハマチの養殖が行われています。4～5月にいけすに入れて育てると，水温が低下する秋に成長が早まります。出荷する9～12月の時期には，ちょうどよい大きさになります。
T　では，オリーブサーモンの方はどうですか。
C　オリーブハマチの出荷が終わるころからサーモンを育てて，ハマチの出荷を始めるころにはサーモンの出荷が終わっている。
C　うまい具合に，ハマチとサーモンの生育と出荷が重ならないように工夫しているんだ。

4 漁師さんや香川県水産試験場の人たちがどのような努力しているかを探ろう。

T　プリントの，香川県の「魚のブランド化」について読みましょう。
C　名前を覚えてもらえるようにしてるんだ。
T　そのために，漁師さんはさまざまな努力をしています。どんな努力をしていると思いますか。
C　育てる時期の赤潮に気をつけている。
C　オリーブの葉は苦いので，ハマチが苦みに慣れるように工夫している。
T　では，教科書を見て，香川県水産試験場の人たちがしていることを調べましょう。
C　毎日いろんなデータをとって，養殖に向いている魚や育て方を調べている。
C　どんなえさを与えたらいいかも考えている。
C　だから，おいしい魚を育てることができるんだなあ。

関東平野のレタスづくり

板書例

㋫ レタスをつくる農家は，どのような工夫をしているのだろう

1 〈茨城のレタス農家の出荷量のグラフ〉

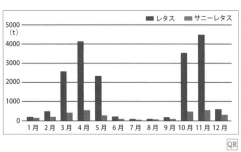

・夏は出荷量が少ない

・4月と11月の出荷量が多い

・ほぼ毎月出荷している

※グラフを見て児童が考えたことを板書してもよい

2 〈レタス農家の工夫〉

・毎月収穫できるように，毎月苗や種を植えている

・忙しい時期は早起き？

・年中収穫できる工夫

POINT　インターネットを活用して，茨城県営業戦略部販売流通課が出している情報やJAのHPなどを調べると，現地の農業の様

---

1 グラフからレタス農家の特徴を見つけよう。

資料プリント QR を配る。

T　プリントには，茨城県のレタス農家の出荷量のグラフと，レタス農家の様子が載っています。グラフからわかるレタス農家の特徴について考えましょう。

すぐに発表させるのではなく，じっくり資料と向き合わせたい。自分の考えをまとめる時間を確保する。

C　夏は出荷量が少ないね。

C　4月と11月が出荷量が多い。

C　春と秋の2回収穫しているのかな。

T　米と比べて違っているところはありますか。

C　米の出荷は秋の1回だけだったけど，レタスはほぼ毎月出荷しているよ。

C　2月から6月，9月から12月までずっと出荷している。

2 レタス農家は，どのような工夫をしているのか予想して話し合おう。

T　今までに学習した米づくりとは違うようですね。レタス農家の人たちは，どのような工夫をしているのでしょうか。

教科書やノート，資料集などを見直す時間を取りたい。今までに学習した米づくりと比較させると良い。

C　年中収穫できる工夫をしていると思う。

C　毎月収穫できるように，毎月苗や種を植えているのではないかな。

C　4月や11月は出荷のピークだから，すごく忙しそう。

C　出荷のほとんどない7月から9月は何をしているのかな。

C　たくさんの量を運ぶのに，とても大きなトラックを使うと思う。

C　忙しい時期は早起きしてるのかな。

3 〈レタスの育て方について〉

・季節によって育て方が違う

・収穫直後に5℃まで冷やして，鮮度を保つ工夫をしている

・出荷しない7月～9月は？
　→苗植え

・4月，11月　早起き
　大きなトラックで運ぶ

> インターネットで調べたことを発表してみよう

4 〈レタス農家の気持ち〉

・おいしいものを届ける

・安く，安全に，新鮮に

↓

米づくり農家と同じ

レタスの露地栽培

子を様々な角度から捉えることができる。

3 レタス農家の育て方について調べよう。

T　レタス農家の人たちがどのような工夫をしているかをインターネットで調べましょう。

　　「いばらき食と農のポータルサイト」には，資料が多く掲載されているので活用したい。

C　季節によって育て方が大きく違っているよ。

C　レタスの種類もいろいろあるから，種類によって育て方を変えている。

C　肥料にもこだわっている。

C　収穫直後に5℃まで冷やして，鮮度を保つ工夫をしているんだって。

C　害虫や長雨，台風，病気にも注意しないといけないんだ。大変だね。

C　東京や大阪にたくさん出荷されている。

C　スーパーで茨城県産のレタスを見たことがあるよ。

4 米づくり農家とレタス農家を比べて，農家の人たちの想いを話し合おう。

T　レタスづくりは，米づくりとは大きく違うことがわかりました。では，農家の人たちの気持ちはどうでしょうか。

C　同じだと思います。新鮮で美味しいものを食べてもらいたい。

C　安くて美味しいものをつくりたい。

C　品質や安全性など，厳しい基準をクリアした産地には「茨城県青果物銘柄産地」という名称が与えられるみたいだ。

C　米にブランド米があったように，レタスにもブランドがあるのかな。

C　土づくりにもこだわっているよ。種選びも。

C　大雨や台風に悩ませられるのは，米づくりもレタスづくりも同じだね。

T　つくるものが違っても，食料生産者の想いは同じなのですね。

福島盆地の果物づくり・宮崎県の肉牛の飼育

本時の目標　日本各地の農作物について，これまでに学習したことを生かして調べ，まとめ，発表し，農家の人々の想いを話し合う。

板書例

◎ 果物をつくる農家や肉牛を育てる農家は，どのような工夫をしているのだろう

1 〈日本各地の農畜産物〉

肉牛・乳牛

・北海道，鹿児島県，宮崎県

もも

・山梨県，福島県

さくらんぼ　メロン

・山形県　　・茨城県

日本各地の農畜産物 ⇒

2 〈調べる方法〉

・図書館

・インターネット

・生産者の方にメール

・電話インタビュー

など

---

1 日本各地の農畜産物を地図帳から見つけよう。

T　各都道府県で，農畜産物の生産量の多いものは何でしょうか。地図帳をもとに調べましょう。

　　地図帳のほか，資料集を使って調べても良い。

C　2021年の肉牛の飼育数は，第1位が北海道，第2位が鹿児島県，第3位が宮崎県だ。

C　さくらんぼは，山形県。

C　ももは，山梨県や福島県だね。

C　メロンは茨城県だよ。

C　ほうれん草は千葉県だ。

C　静岡県はお茶！

C　北海道は，牛乳用と肉用の牛，両方だね。

C　お米やレタスなどと，仕事の仕方は違うのかなあ。

2 インターネットや電話インタビューなどで各地の農産物について調べよう。

T　各都道府県の農産物について，調べたいものを決めましょう。

　　調べ方は個人，ペア，グループで，などいくつか方法がある。また，調べる農産物は2つ程度に絞るとよい。

C　牛をどうやって育てているのか気になるな。

C　ももが好きだから，ももについて調べたい。

T　調べる方法を話し合いましょう。これまでに学習した米づくりや水産業と，似たところや違うところはあるか，探してみると面白いかもしれませんね。

C　図書館に本がないかな。

C　インターネットで調べられるよ。

C　生産者の方にメールを出してもいいね。

　　各都道府県のJAや畜産協会のホームページを調べてもよい。

3 〈発表しよう〉

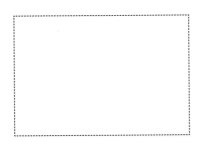

※児童の発表を板書してもよい

4 〈生産に関わる人たちの思い〉

・<u>安くておいしいもの</u>を届けたい

・<u>安定した生産</u>ができるように
　研究を続ける

・<u>働く人を増やす取り組み</u>

⬇

生産に関わる人たちが
共通して持つ想い

---

3 調べたことを発表しよう。

T　調べたことを発表しましょう。

　　発表の仕方も児童の実態に合わせる。児童の話し合いで発表の仕方を決めてもよい。ワークシートにまとめて一人ずつ発表する，グループで新聞を作る，ポスターセッション形式にするなど。

C　私たちは，宮崎県の肉牛の飼育について調べました。

C　宮崎県は一年を通して暖かく，豊かな自然を利用して肉牛を育てています。

C　メールで宮崎県の肉牛の農家の人に，どんな工夫をしているのかインタビューしました。

C　口蹄疫という病気から復興・再生し，病気を防ぐ努力を続けています。

　　余裕があれば，発表に対する質問や感想を言う時間を取るとよい。

4 日本の農産物について，生産に関わる人々の気持ちを話し合おう。

T　米や水産物，レタスや肉牛などこれまでに様々なことを学習しました。日本の水産物や農産物の良さはなんでしょうか。

C　安心・安全な農産物がつくられていることだと思う。

C　全国に新鮮で美味しいものを届けている。

C　日本の特産物は外国人にも人気です。

T　では，それぞれの農産物や水産物に携わっている人々の想いを話し合いましょう。

C　<u>安くておいしいもの</u>をみんなに届けたい。

C　<u>安定した生産</u>ができるように研究を続けている。

C　働く人が少なくなってきているので，<u>働く人を増やす取り組み</u>を行っていきたい。

T　生産者や研究者の人々の気持ちは，同じなのですね。

これからの食料生産とわたしたち

◉ 学習にあたって ◉

◇何を教えるのか　- この単元の特徴 -

　本単元は，これまでに農業や水産業，畜産業などについて学習してきたことを総合して，多面的・多角的に食料生産全体について見つめ直します。これからの食料生産のあり方について，持続可能性を含めて未来志向で考えていく単元です。

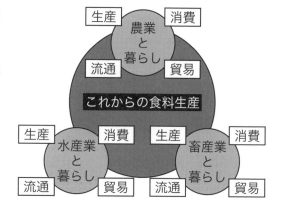

◉ 評　価 ◉

知識および技能
・食料生産に関わる課題や，現状の取り組みについて理解することができる。
・食料の生産・流通・国際関係と，消費者である私たちの暮らしの間には，深い関係があることを理解することができる。

思考力，判断力，表現力等
・統計資料や写真資料などの読み取りを通して，食料生産の抱えている課題についてつかみ，対話を通して，これからの食料生産のあり方について考えることができる。
・資料から読み取ったことや対話を通して，これからの食料生産のあり方について考えたことをレポートなどにまとめ，感想や意見を書いて表現することができる。

主体的に学習に取り組む態度
・資料から読み取ったことをもとに自分の意見や疑問をもち，進んで話し合いに参加し続けようとしている。

時数	授業名	学習のめあて	学習活動
1	日本の食料生産をめぐる課題	・「食料自給率」の視点から，わたしたちの食生活と食料生産（農業）の関係を見つめ，その課題について考えることができる。	・写真やグラフ資料から，普段の食生活や買い物の様子をふり返り，国産品と外国産品の価格などについて調べ，課題を見出す。 ・グラフ資料から，食料自給率の推移についてとらえ，そこから見えてくる課題について考える。
2	わたしたちの食生活の変化と食料自給	・自分の食生活と昔の食生活の比較を通して，食生活の変化について捉え，食料生産と食料確保の現状と課題について考えることができる。	・普段の食事でどのようなものを消費しているか振り返り，食の洋風化と食料品の輸入量の関係について，関連付けて考える。 ・食料をめぐる課題（食品ロスなど）と対策について考える。
3	食の安全・安心への取り組み	・自分の食生活と結びつけて資料を読み取り，安心・安全で安定した食料確保の現状を掴み，これからの食料確保のあり方について考えることができる。	・消費者のもつ食料をめぐる不安について考える。 ・新聞記事や写真・イラストなどから，食の安心・安全を守る取り組み（使用農薬に関する表示，トレーサビリティ，輸入品の検査など）についてとらえ，その必要性について考える。
4	食料を安定して確保する	・資料から日本の食料確保の現状についてつかみ，安心・安全で，安定した食料確保のあり方について，考えることができる。	・グラフ資料や既習内容から，農業や安定した食料確保の課題を考える。 ・課題解決に向けて，生産者と消費者（自分たち）にできることを考え，未来を見通す。
5	食料生産の新たな取り組み	・今日の食料生産の工夫を調べて紹介し合い，これからの食料生産について考えることができる。	・高知県馬路村，沖縄県南大東島の農業の様子について知る。 ・鹿児島県伊佐市の畜産，青森県五所川原市の漁業について知る。 ・インターネットを使って，各地の食料生産の新たな取り組みを調べる。

日本の食料生産をめぐる課題

「食料自給率」の視点から、私たちの食生活と食料生産（農業）の関係を見つめ、その課題を考えることができる。

ⓜ 日本の食料生産には どのような課題があるのだろう

1〈日本産と外国産の価格のちがい〉

●にんにく，牛肉…国産�

●にんじん…国産が少し�

●安く大量に輸入？

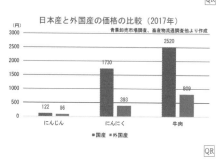

日本産と外国産の価格の比較（2017年）
青果卸売市場調査、畜産物流通調査他より作成

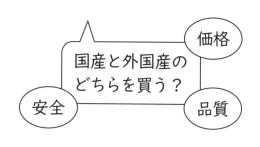

国産と外国産の
どちらを買う？
価格／安全／品質

POINT 地図帳や資料集に掲載されている資料も参考に，今日的課題に迫っていきたい。

板書例

---

1 いろいろな食料の，日本産と外国産の価格を比べてみよう。

T 写真は，スーパーマーケットで売っている牛肉です。比べて，気が付いたことを発表してください。

C 値段が違います。国産の方が高い。

T 他の食料はどうでしょう。プリントで調べましょう。

　　資料プリント[QR]を配る。事前の課題として、スーパーなどで国産・外国産の食料の値段を調べさせてもよい。

C 牛肉はダントツに国産の方が高いね。

C にんじんはあまり変わらないみたい。

C にんにくも国産は外国産の5倍以上するよ。

T <u>皆さんは，国産と外国産のどちらを選びますか。選んだ理由も一緒に発表しましょう。</u>

C おいしくて品質の良い国産を選ぶ。

C 国産の牛肉は高すぎるから，外国産かな。

2 日本の主な食料の自給率を調べよう。

T 私たちが食べている食料のうち，自分たちの国でつくっている食料の割合を食料自給率といいます。主な食料の自給率がどうなっているか，予想してみましょう。

C 米は国産が多いから，自給率が高いと思う。

C 牛肉はアメリカ産やオーストラリア産をよく見かけるよ。自給率は低そうだね。

C 国産の牛肉もある。半分くらいじゃないかな。

T 実際の自給率がどうなっているのか，プリントのグラフで確かめてみましょう。

C 米の自給率は98%だ！　すごいね。

C 大豆はとても少ないよ。10%もない。

C 野菜の自給率も高いね。

C 肉は半分くらいだ。

準備物
・資料プリント QR
・画像 QR

ICT　資料プリント等のデータを配信し, 資料を読み取って気付いたことを記入し, グループや全体で対話的に共有すると, 食料生産の今日的課題に迫りやすくなる。

2 〈主な食料の自給率〉

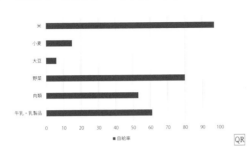

●米の自給率はほぼ100%

●小麦や大豆はほぼ輸入品

●肉はおよそ半分が輸入品

4 〈疑問に思うこと〉

3 〈各国の食料自給率〉

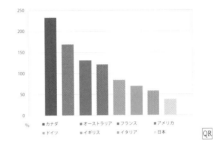

●カナダ高

●アメリカ, フランス
　（100%こえ）

●日本, イタリア, イギリス低

●日本は40%以下

※児童の話し合いを板書する

---

3 日本と主な国々の食料自給率を調べよう。

T　日本全体の食料の自給率はどうなっているか考えましょう。

C　お米は自給率が高かったけど, それ以外の食品は低かったから…30%くらいかな。

C　もう少し高くて, 50%くらいと思う。

T　日本以外の国々の食料自給率はどうかな。

C　全然予想がつかないよ。

C　アメリカは日本に食料を輸出しているくらいだから, 自給率も高いのではないかな。

T　それでは, 各国の食料自給率をプリントのグラフで調べてみましょう。

C　日本はすごく低くて, 約40%しかない。

C　カナダは200%を超えているよ。200%以上ってどういうこと？

C　輸出しているのではないかな。

C　アメリカやフランスも100%を超えている。

4 日本の食料生産について疑問に思ったことや調べたいことを話し合おう。

T　日本の食料生産について, 疑問に思ったことや調べたいことを話し合いましょう。

C　日本の食料自給率は約40%だった。あとの60%はどうしているのかな。輸入？

C　輸入ができなくなったら食料不足になって困るかもしれない。

C　外国産の食料がたくさんあるけど, 安全なのか調べたい。

C　米農家や水産業をする人は減っていた。食料自給率はますます減りそうだ。

T　これまでに学習した米づくりや水産業, 農畜産業などについてもふり返って考えてみるといいですね。どんな課題があり, どのような取り組みを行ってきたか思い出し, 新たな疑問や課題について考えていきましょう。

<table>
<tr><td>本時の目標</td><td>現在と昔の食生活とを比べて，食生活の変化をとらえ，食料生産の現状と課題について考えることができる。</td></tr>
</table>

板書例

㋭ 食生活の変化は，食料自給にどんな影響を与えているのだろう

1 〈約60年前の食事〉　　**2** 〈今の食事と比べる〉

〔1人1日あたりの食料の比較〕

●和食
（ごはん，みそしる，魚，つけもの）

・米のわり合減　・畜産物が約4倍
・油し類が約3倍

●和食
（ごはん，みそしる,魚,なっ豆,に物,おひたし）

●洋食
（ハンバーガー，パスタ，パン）

POINT　動画を視聴すると，食料自給と世界の国々との貿易のつながりをイメージしやすくなる。生活と関連付け，食品ロスの課題

1 おじいちゃん・おばあちゃんの子どもの頃の食事と今を比べよう。

事前に「祖父母の子どもの頃の食事について」のインタビューの課題を出しておく。できなければ，1960年代の食事の写真を用意するとよい。

T　みんなのおじいちゃん・おばあちゃんは子どもの頃，どんなものを食べていましたか。

C　ご飯と味噌汁，魚でした。

C　漬物が多かったそうです。

C　ハンバーグも食べていたみたい。

T　みんながいつも食べている食事と比べて，どうですか。

C　今は和食より洋食の方が増えていると思う。

C　ご飯と味噌汁は同じかな。魚も食べるよ。

C　魚より肉が多くなった。

C　中華も食べるよ。ラーメンとか…昔より，食べるものの種類が多くなっているね。

2 約60年前と今の，1人1日あたりの食料を比べてみよう。

資料プリントQRを配る。

T　プリントの1の，1960年と2020年の1人1日あたりの食料を比べて，どのように変わってきているか話し合いましょう。

C　米の割合が半分以上減っている！

C　米の消費量と生産量が減っていると習った。

C　そのかわり，1960年にはなかった肉類や牛乳・乳製品が2020年は増えている。

C　油脂類も増えているね。油脂類って何？

T　どうして，このように変わってきたのでしょうか。

C　洋食が多くなったからだと思う。

C　パンを食べるからバターやマーガリンも多くなった。

C　バターならお菓子にも使われているよね。クッキーとかケーキとか…。

3 〈食料はどこから〉

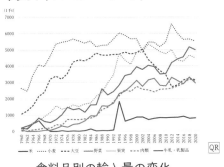

食料品別の輸入量の変化

小麦
肉   〉 輸入量㊡
乳製品

4 〈食品ロスの問題〉

・必要な分だけ輸入

・少しずつ減らす

・食料難の地域に渡す

・国際関係を考えると，

　輸入量は減らせない？

解決に向けて今の自分や家族にできることを考える。

3 毎日食べる食料はどのように手に入れているのかを考えよう。

T　毎日食べる食料はどこからやってきているのでしょうか。食料自給率のグラフもふり返って考えましょう。

C　米は自給率が高かったから，ほとんど国内で生産されたものが私たちのところにきているのかな。

C　肉の自給率は50%くらいだったから，半分は輸入かな？

T　<u>プリントの2のグラフは，食料品別の輸入量の変化を表したものです。どのようなことがわかるか，話し合いましょう。</u>

C　小麦や肉，乳製品が増えているのは，日本人が洋食を食べることが多くなったからかな。

C　米の輸入量も増えている！国内の米が余って生産調整もしていたのに，不思議だね。

C　大豆や果物は輸入が少し減ってきているよ。

4 食品ロス（＝食品の廃棄）について話し合おう。

T　食生活が変化し，普段食べているものにも輸入されたものがたくさんあることがわかりました。私たちの食生活は豊かになりましたが，一方で問題もあります。その1つが，食品ロスです。プリントの3を見てください。

T　日本では，2021年度に523万トンもの食品ロスを出しています。<u>これからの日本は，輸入する食品の量をどうしていけばよいでしょうか。</u>

C　必要な分だけ輸入したらいいよ。

C　一気に減らすと足りなくなるかもしれないから，少しずつ減らしていくのがいいと思う。

C　国際関係を考えると，減らすのは難しいのかもしれない。

T　普段の生活で，私たちにもできることはないか調べてみることも大切ですね。

食の安全・安心への取り組み

板書例

ⓜ 食の安心・安全に対して，どのような取り組みがされているのだろう

１ 〈食品の安全性について〉

身の回りの食品は絶対に
安全なのだろうか

中国産インゲンに農薬

ジクロルボス
基準3万4500倍

女性一時入院

（毎日新聞　2008年10月15日掲載）

２ 〈消費者から見ると〉

・外国産や国産食品の安全性
　は？

・農薬が使われてる？

・だれが生産しているの？

・安定して輸入できる？

身の回りの食を
めぐって不安なことも

POINT 児童自身が実際に使ってみて，どのように活用したらよいのか考えることは重要である。トレーサビリティを，実物・体験

１ お店で食品を買うときに，どんなことに気を付けているか話し合おう。

T　皆さんがお店で野菜や肉，魚などの食品を買う時，気を付けていることは何ですか。

C　新鮮なもの。賞味期限に気を付けている。

C　値段。安くて美味しいものがいい。

C　お母さんは，野菜を買うときに無農薬のものを選んでいるよ。

資料プリントQRを配る。

T　では，プリントの新聞記事を見てください。私たちの身の回りの食品は，本当に安全なのでしょうか。

C　無農薬の食品は値段が高い気がする。

C　農薬が使われていない食品を選びたい。

C　使われている農薬がわかると安心かな。どうやったらわかるのかな。

C　国産だと安心だと思う。産地なら表示されているからすぐにわかるよ。

２ 食の安全・安心のための取り組みを考えよう。

T　農薬や産地以外に，こんなことがわかると安全・安心だなと思うことはありますか。

C　つくっている人がわかると安心かな。

C　生産者の顔写真が貼られているなすびを買って食べたことがあるよ。

C　外国産でも，信頼できる農場や工場で作られた食品なら安心できるかも。

C　牛や豚などは，育てているときにどんな餌を食べさせたかわかると安全だと思う。

T　消費者の不安を取り除くため，生産者はどのような取り組みをしているのでしょうか。

C　農薬を使わないでつくる。

C　害虫を取り除くために，農薬を使うのは仕方ないんじゃないかな。

C　できるだけ農薬を使わないで育てる。

| 準備物 | ・資料プリント QR
・写真画像 QR | ICT | トレーサビリティについては，実際にQRコードを読み取ったり，個体識別情報検索サービスを活用したりすると，どんな情報を得られるのか掴むことができる。 | |

---

3 〈安全・安心のための取り組み〉

トレーサビリティ：製品がいつ，どこで，だれによって作られたのか分かるようにする仕組み

↓

安心・安全・信用につながる

4 〈輸入食品の問題〉

●必要な分だけ輸入

●食品ロスを減らす

●国内生産を増やす

●安定して食料を確保？

●これからの農家は？

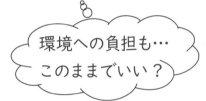
環境への負担も…
このままでいい？

を通して学べるように計画したい。

---

3 生産者は食の安全・安心のためにどのような取り組みをしているのか調べよう。

T　生産者がどのような取り組みをしているか，教科書やプリントを見て話し合いましょう。

C　プリントの写真のグレープフルーツは，使用している農薬を表示している。

C　食品衛生法の基準に従ってと書いてあるね。

C　プリントの肉の写真には「国内産」って書いてあるけど，誰が生産者かはわからないな。

T　肉には個体識別番号が表示されています。この番号を調べると，どのようにして育てられた牛かわかります（トレーサビリティ）。

　※インターネットを使って個体識別番号を調べて見せるとよい。「独立行政法人家畜改良センター牛の個体識別情報検索サービス」で調べられる。

T　次に，流通に関わる人たちがどのような取り組みをしているかも調べましょう。

4 輸入食品の問題について調べ，どのように解決すればよいか考えよう。

T　輸入食品にはどのような問題があるか，教科書で調べましょう。

C　かんばつでとうもろこしが枯れている。輸入しようと思っても，できないこともあるね。

C　日本で使用しない農薬を使用していることもあると思う。安全じゃないかもしれない。

T　外国から食料を運ぶために，たくさんの石油が使われています。また，農地を広げるために森林を伐採するなど，環境にも負担をかけています。これから，日本の食料の輸入はどのようにしていけばよいか考えましょう。

C　輸入を減らして，国内での生産を増やそう。

C　農業する人をどうやって増やせばいいかな。

C　突然輸入量を減らしたら，国際関係が悪くなるかも。

C　国内の食料が足りなくなる時がくるかも…。

食料を安定して確保する

目標 本時の　日本の食料確保の現状をつかみ，食料を安定して確保し続けるには何が大切なのかを考えることができる。

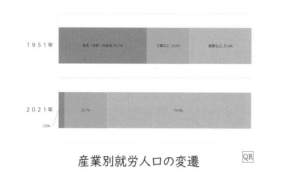

㋫ 安定した食料を確保するには何が大切なのだろう

1 〈農業・林業・水産業に関わる人〉　**2** 〈日本の農地はどれぐらい？〉

1951年　農産・林・水産業 45.1%　工業など 32.6%　商業など 37.4%

2021年　22.7%　74.3%　3.0%

産業別就労人口の変遷　QR

国土交通省「国土の利用区分別面積」より作成

土地利用の変せん　QR

農林水産業で働く人㊗

田や畑の面積㊡

宅地面積㊢

日本の人口は減っているのに？

POINT　地域にある地産地消に関わるお店などを撮影させてもらうなど，児童にとって身近な地域の様子を写真や動画で提示できる

1 農業・林業・水産業に携わっている人々はどれくらいの割合なのだろう。

T　前の授業で，安全・安心な食料を確保するために，国内での生産を増やそうという意見が出ましたね。では，実際に今，農林水産業で働く人はどれくらいいるか調べましょう。

　　資料プリントQRを配る。

C　資料の1を見ると，農業・林業・水産業で働く人は，70年で10分の1以上に減っている！

C　日本の人口の全体ではたったの3%しかいない。

C　こんなに少なくて，国内での食料の生産は大丈夫なのかな。

T　米づくりの授業で，機械化などによって仕事が効率的にできるようになったと学習したね。

C　それで農業で働く人が減っているのかな。

C　働く人が減っても，生産量はそんなに減らないのかな。

C　でも，食料自給率は下がっていたよ。

2 日本の農地はどれくらいあるのだろう。

T　では，日本にある農地はどれくらいなのか調べてみましょう。プリントの資料2を見てください。

C　農地は減ってきているね。

C　住宅地は増えているよ。人口は減っているのに，どうしてだろう。

C　工業用地は思っていたよりも少ないし，ほとんど変わっていないね。

T　これからの日本で，安定して食料を確保することはできると思いますか。

C　難しいと思う。

C　ますます輸入に頼ることになるのではないかなあ。

C　でも，輸入ばかりだと食料の安全が心配になってくる。

C　環境にもあまりよくないよね。

| 準備物 | ・資料プリント QR
・写真画像 QR | I
C
T | 資料データを配信し，グラフや写真から読み取って考えをシートに記入したものを共有すると，食料の安定確保に向けた取り組みと意味に迫りやすくなる。 | |

3️⃣ 〈食料を安定して確保するには〉

● 食料自給率の向上
● 地産地消
● 農家の連携
● 農家への支援

⟹

4️⃣ 〈私たちにできること〉

食品ロスをなくす
むだなく食べる

ようにする。実際に校外学習を計画するのもよい。

3️⃣ 食料を安定して確保するためにできることは何だろう。

T 食料を安定して確保するために，生産者である農家の人たちはどんな取り組みをしているでしょうか。教科書で調べて話し合いましょう。

C 農作業の効率化のために耕地整理をしたり，複数の農家で共同作業をしたりしていた。同じ耕地面積でも，生産量は上がったと思う。

C 国内の食料自給率を上げないといけない。

C 国産の食料をもっとたくさん買ってもらえるようにしないと。

C 国産の食料を買うことで，国内の生産者の応援ができそうだね。

C 地産地消の取り組みもあるよ。地元でとれた食料を地元で消費する取り組みなんだって。

C 地産地消なら，私たちも協力できるかな。

T そうですね。私たち消費者も何ができるか考えていくことが大切ですね。

4️⃣ 私たち消費者にできることは何か考えよう。

T では，私たち消費者にできることは，他に何かあるでしょうか。

C もっと和食を食べるようにすれば，国内の生産者を助けられるかな。

C 食品ロスを少しでもなくすために，食べ残しを減らそう。

T これからの食料生産について大切だと思うことを話し合い，意見文にまとめます。ノートに，意見文の題名をつけて書いていきましょう。

C 何気なく食べている食料に，様々な課題があることがわかった。中でも，「食品ロスをなくすために」を書いてみたいなあ。

C 国内の農業の活性化のために，地元の人と協力することが大切だと思った。題名は，「地産地消をすすめるために」にしよう。

食料生産の新たな取り組み

新しい食料生産の工夫を調べて紹介し合い, これからの食料生産について考えることができる。

板書例

ⓜ 新しい食料生産のくふうを調べ, しょうかいし合おう

1,2,3

〈各地の食料生産の取り組み〉

（画像提供：馬路村農業協同組合）

[高知県馬路村のゆず生産]

・地域の人たちの団結力

・村が豊かになる

（画像提供：沖縄セルラー）

[沖縄県南大東島のスマート農業]

・野菜の育て方にも色々ある

・最新の技術が生かされている

POINT インターネットを活用して, 各地域の JA や漁業協同組合の HP などを調べると情報を集めやすくなる。NHK for School

1 高知県馬路村, 沖縄県南大東島の農業について調べ, 紹介しよう。

資料プリントQRを配る。

T プリント1の高知県馬路村のゆずジュースは農協のホームページに載っていました。飲んだことがある人はいますか。

C スーパーで買って飲みました。おいしかった。

T 教科書には馬路村で新しい農業が始まっていると書かれています。何が新しいのですか。

C 農業協同組合と地域の人が協働して, ゆずの生産・加工・販売をしているところです。

T 次にプリント2を見てください。教科書の沖縄県南大東島のスマート農業とは何ですか。

C コンテナ型の植物工場で, レタスや水菜を育てることです。

T 工場で育てると何がいいのですか。

C 天候に左右されずに, 安定して育てられるところがいいと書かれています。

2 鹿児島県伊佐市の畜産, 青森県五所川原市の漁業について調べ, 紹介しよう。

T 畜産業はどうでしょう。プリント3の鹿児島県伊佐市のかごしま黒豚を見てください。やわらかくておいしい黒豚を育てるのに, どのような工夫をしているかを教科書で調べましょう。

C 黒豚のしゃぶしゃぶはおいしかったなあ。

C 豊かな自然の中で, 黒豚はさつまいもを含んだエサを食べて育てられています。

T 最後に, プリント4の青森県五所川原市の大和しじみを見ましょう。しじみを食べたことはありますか。

C お母さんのしじみ汁を飲みました。

T しじみは, 栄養豊かな十三湖が有名な産地です。漁師さんたちは, どのようにしじみの漁を行っていますか。教科書で調べましょう。

C 水産資源を守るために, しじみのとり方や量, 期間などを決めて漁をしています。

| 準備物 | ・資料プリント QR |

ICT　地域ごとに分かれて,スライド機能を活用して新しい食料生産の様子について調べてまとめ,グループや全体で共有すると,様々な地域の様子を網羅しやすくなる。

［鹿児島県伊佐市のかごしま黒豚飼育］

（画像提供：沖田黒豚牧場）

・質の良い商品
・海外輸出も可能だと思う

［青森県五所川原市の大和しじみ］

（画像提供：十三漁業協同組合）

・計画的なしじみ漁
・環境を守り続ける

4　〈新たな食料生産の動き〉
　　・宮崎県日南市のトビウオ
　　・神奈川県伊勢原市の小麦　　など

でも動画で紹介されている。

3　食料生産の新たな取り組みを聞いて思ったことを交流しよう。

T　馬路村・南大東島の農業,伊佐市の畜産業,五所川原市の漁業は,新しい食料生産の取り組みです。これらを聞いて,みなさんはどう思いましたか。

C　馬路村の農業は,地域の人たちが力を合わせて,ゆずの生産だけでなく,ジュースに加工したり,販売までするので,村が豊かになる気がします。

C　野菜が工場で育てられているなんて考えもしなかった。南大東島の農業は最新の技術が使われていてすごいと思った。

C　伊佐で育てられている「かごしま黒豚」は質の高い商品なので,海外にも輸出できると思う。

C　しじみ漁の期間を制限し,とりすぎないようにするなど,計画的な水産業を行うことで,環境を守り続けることができるのはすばらしい。

4　自分たちの住む都道府県での新たな食料生産の取り組みを調べてみよう。

T　消費者は,安さや安全だけでなく,質の良い農畜水産物を買い求めています。それに応えて生産者は工夫を重ねています。インターネットを使って,新しい農業や水産業の取り組みを調べて発表してください。

C　宮崎県日南市では,子どもたちが魚を食べない現状を変えようと,地元産のとびうおのすり身の郷土食「魚うどん」を給食で食べています。子どもたちの人気メニューになっています。

C　神奈川県伊勢原市では,パン職人が絶賛するほど質の良い「湘南小麦」を生産しています。育てた小麦を買い取る方式で,農家が継続して小麦が生産できるようにしています。

　＊新たな農業や水産業の取り組みは,NHK地域づくりアーカイブで紹介されている。

暮らしを支える工業生産

全授業時間導入 1 時間＋ 3 時間

◉ 学習にあたって ◉

◇何を教えるのか　- この単元の特徴 -

　工業学習の導入として，工業の基本的な概念と日本の工業の特色を概観し，次からの学習につなげていく単元です。学習内容は，工業と自分たちの暮らしとの関係に目を向け，工業とは何かを考え，日本の工業の歩みと特色，工業の盛んな地域を概観します。主にデータやグラフなどの資料を活用した学習となります。

　ここは，以後の産業学習の前提となるため，工場の立地条件や工業とは何かなどの基礎的な知識を習得させておきたい単元です。また，高度経済成長期には，日本経済が毎年 10％前後の高い経済成長率を続け，飛躍的な発展を遂げました。軽工業から電化製品，さらには自動車などの機械工業を主とする重化学工業へと転換していったのもこの時期であり，戦後日本の産業発展の画期となった時期です。日本の工業の歩みや特徴を学ぶ上で欠くことのできない出来事であり，ここでも最低限の知識は持たせておきたいところです。

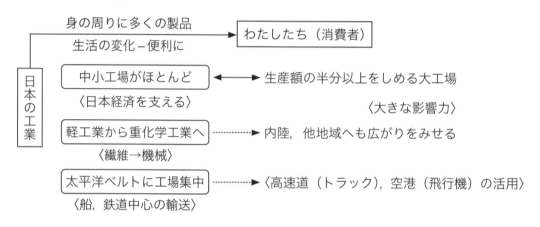

◉ 評　価 ◉

知識および技能	・日本の工業生産が，国民の暮らしを支える重要な役割を果たしていることがわかる。 ・工業生産の推移，工業生産品の種類，工場の規模，工業の盛んな地域など，日本の工業の特色がわかる。 ・地図資料やグラフなどを活用して，日本の工業生産と工業の盛んな地域の分布の特色について，調べたりまとめたりしている。
思考力，判断力，表現力等	・自分たちの生活と工業との関わりについて考え，まとめている。 ・生産額の割合，工場の規模，工場の分布などから日本の工業の特色をとらえ，まとめている。
主体的に学習に取り組む態度	・身の回りから工業製品を見つけ，自分たちの暮らしと工業の関わりや生産地などを調べ，発表している。 ・日本の工業の特色について，自分の意見を持って話し合っている。 ・日本の工業について，調べてみたい課題を持って学習に取り組もうとしている。

時数	授業名	学習のめあて	学習活動
導入	わたしたちの生活をとりまく工業製品	・工業（製品）とは何かを理解し，自分たちの暮らしとの関わりに関心を持つことができる。	・身の回りから工業製品を見つけ，工業の概念を確かめる。 ・洗濯を例にして，製品の進化と作業の変化を調べる。 ・工業製品の進化による暮らしの変化について考える。
1	わたしたちの生活に役立つ工業製品	・工業製品の分類ができ，各地で様々な工業製品が生産されていることに気付き，学習課題を持つ。	・生活に役立つ身の回りの工業製品を発表し，工業の種類別に分類する。 ・身の回りの工業製品の生産地を調べる。 ・詳しく調べたいことを発表し合う。
2	工業がさかんな地域の分布と特色	・工業の盛んな地域の特色について，輸送，労働力，消費者との関係などから考えることができる。	・工業地帯，工業地域の分布の特徴をつかみ，その理由を考える。 ・日本の工業と工業が盛んな地域の特色についてまとめる。
3	日本の工業生産の特色	・日本の工業生産の特色を，生産額，工場規模，工業地帯・地域別の生産額からとらえることができる。	・工業生産額と生産額の移り変わりのグラフから，日本の工業の特色をとらえる。 ・生産額から見た日本の工業生産の特色をとらえる。 ・主な工業地帯，工業地域の生産額やその割合を比較する。

板書例

⊗ わたしたちの生活をとりまく工業製品を調べて，工業製品の進化について話し合おう。

1,2 〈身の回りの工業製品〉

クイズ：工業製品を探そう
　缶詰，トウモロコシ，ちくわ，パン，お菓子…

<u>パン作りの流れ</u>

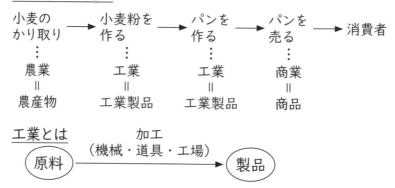

小麦の かり取り	→	小麦粉を 作る	→	パンを 作る	→	パンを 売る	→	消費者
⋮		⋮		⋮		⋮		
農業		工業		工業		商業		
＝		＝		＝		＝		
農産物		工業製品		工業製品		商品		

<u>工業とは</u>　　　加工
　　　　　　（機械・道具・工場）
　原料 —————————→ 製品

POINT 普段の生活を想起させ，身の回りの工業製品を探すようにすると，興味関心を高めることができます。教室内で探したり，

1 クイズの中から見つける。（工業製品はどれ？）

　　ワークシート1「クイズ 工業製品を探そう！」[QR]を配り，工業製品だと思うものに○をつけさせる。

T　<u>どれを選んだか理由も言って，隣同士で確かめ合いましょう。</u>

C　缶詰やトウモロコシやちくわは食べ物だから工業製品じゃないよね。

C　え〜，パン工場に見学に行ったよ。缶詰だって工場で作っていると思うけど。

T　工業製品だと思う理由もつけて発表して下さい。

C　菓子は菓子工場で作られるから工業製品です。

C　スマホは，機械だから工業製品です。

T　工業製品ではないと思ったものは，なぜですか。

C　大根は，畑で作る作物だから，農産物です。

C　魚も海でとるから。工場で作ったりしない。

　　最後に，答えを確認する。（とうもろこし，大根，米，魚以外は全て工業製品）

2 工業製品とは何なのか考える。

　　ワークシート1の（2）「パンをつくる」を見て答えさせる。パンや小麦粉の実物を持ち込むのもよい。

T　左の絵は何の絵ですか。これは工業でしょうか。

C　小麦を刈り取っているところだから農業です。

T　左から2番目は，何を作っているのですか。これは工業でしょうか。

C　小麦粉を作っているところで，工業です。

　　以下，パンを作る＝工業，パンを売る＝商業，最後が消費者と確認していく。

T　ここまでの学習を参考にして，“工業とは何か”説明しましょう。

C　小麦のような原料を使って工場で製品を作ることです。

C　機械を使って，別のものに作りかえることかな。

　　「原料」「製品」「加工」などの用語を説明しながら「工業」の概念を確認する（教科書も参照する）。

3,4 〈工業製品の進化〉

〔せんたくの仕方〕

たらい

↓

ローラーつきせんたく機

↓

水そうせんたく機

↓

全自動せんたく機

↓

ドラム式せんたく機
（かんそう）

便利
よりよい暮らし

たらいとせんたく板

ローラーつき
せんたく機

全自動
せんたく機

廊下に出てみたりする時間をとるのもよいでしょう。

3 洗濯は，どのように変わってきたのか調べる。

洗濯機の写真 QR かイラストを見せ，昔はどうやって洗濯をしていたのか質問をする。

C たらいと洗濯板で，ごしごしこすって洗濯するのだと，おばあちゃんに聞いたことがあります。

たらいのイラスト（または実物）を見せて説明する。

T 洗濯の仕方がどのように変わってきたか，3 枚の写真や教科書で調べましょう。

C 昔の洗濯機にはハンドルとロールがついているって，もしかしてあれで絞るのかな。

C 手から機械で洗うように変わってきた。

C 今は全自動で洗濯機が洗い，乾燥もできる。

T 調べて気付いたことも言いましょう。

C たらいで洗うより，洗濯機が絶対便利で楽です。

C ローラーで絞るのも，結構力がいりそうだな。

C 全自動だったら，すすぎから脱水まで全部やってくれる。乾燥までできたら干さなくてもいい。

4 工業製品の進化によって，暮らしはどう変わってきたのか話し合う。

T 洗濯機で，暮らしはどう変わってきましたか。

C 機械が自動でやってくれるので楽になりました。

T 工業製品の進化でわたしたちの生活が変わってきた他の例はないか，グループで話し合いましょう。

C 炊飯器には，おいしいご飯が炊ける工夫がいっぱいある。

C 赤飯もスイッチを押すだけで上手に炊けるよ。

C クーラーがあるから，夏の暑さも平気だね。

C クーラーは空気清浄などいろいろな機能がついて1 年中快適に生活できるよ。

T 話し合ったことを発表しましょう。

各グループから発表させ，暮らしの変化を確かめ合う。

C 電化製品の進化で便利で楽な生活になった。

C 鉄道も新幹線ができて，早く目的地に行けます。

C 工業の進化で，便利・よりよい暮らしになる！

次の課題でさらに回りの工業製品に気付くよう促す。

板書例

め わたしたちの生活に役立つ
工業製品について調べてみよう

1,2 〈身の回りの工業製品〉

※○の中は始めは埋めない

機械工業			
金属工業			
化学工業			

（重化学工業）

せんい工業		
食料品工業		
その他		

（軽工業）

QR

POINT 児童が作った工業製品カードを印刷し，日本地図と紐付けて教室掲示をしておくと，休み時間にも見に行く児童の姿が見ら

1 暮らしに役立っている身の回りの工業製品を発表し合う。

前時の課題ができていないときは，時間を取る。

T カードに書いてきた，身の回りの工業製品を発表してください。どのように生活に役立っているかも簡単に言いましょう。

C 炊飯器です。おかゆや赤飯などいろいろなコースで簡単に炊けます。スチーム保温でごはんを長い間おいしく保存できます。

T では，次の人，発表してください。

C 自動車です。どこへでも手軽に行けます。カーナビがついているので，道案内もしてくれます。

C えんぴつです。毎日の勉強に役立っています。

C コードレス掃除機です。持ち運びが楽で掃除がしやすいです。

発表したカードは，黒板に貼らせる。同じものは最初の1枚だけ貼る。工業の分類に該当するものがそれぞれ1つ掲示するようにする。（児童から出なければ教師が補充する。）

2 工業製品を仲間分けして分類する。

黒板に「○○工業」5枚と「その他の工業」と書いた札を貼る。（1枚ずつ例示のイラストQRを貼っておく。）

T 発表した工業製品カードを6種類の仲間に分けます。

C カップ麺，牛乳，お菓子は，食べる物だから，パンの仲間です。

C シャツやズボンは着るものだからセーターの仲間です。

児童にカードを並べさせたいが，時間がなければ教師が貼ってもよい。

T 大体分けられましたね。○○工業の○○に名前をつけましょう。

C シャツやズボンは，衣類工業！

T これはせんい工業といいます。

教科書でも確認する。重化学工業と軽工業の分類も説明しておく。具体物（針金，くつした，カップ麺など）も準備しておき，見せてから教室に展示しておくとよい。

〔工業製品カード例〕

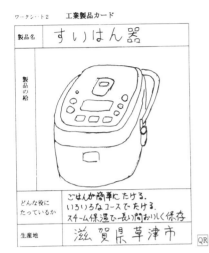

③ 〈生産地調べ〉

 ・どんな工業製品が多く作られているのか

・どこでつくられているのか

れる。工業に対する興味関心も高まる。

3 身の回りの工業製品の生産地を調べる。

T 工業製品の生産地が分かるものは言いましょう。

発表させて，黒板の地図に記入していく。

C バターは，北海道産でした。

C 自動車は，愛知県の豊田市です。

C タオルは，愛媛県の今治市でした。

C お椀は，石川県の輪島市でした。

製品に記載してある製造所を調べさせる。（本社の住所の場合もあるので注意）。

T 地図を見て思ったことをグループで話し合いましょう。

C 何か，生産地の特徴はないのかな？

C 全国で作られているけど，北海道や東北よりも西日本の方が多そうだね。

T 話し合ったことを発表しましょう。

C 日本全国で工業製品は作られています。

C 生産地の特徴がありそうだが，よく分からない。

4 詳しく調べてみたいことを発表し合い，課題を持つ。

T 前の時間や今日の勉強をしてみて，どんなことを，もっと調べてみたいですか。

C 機械工業とか金属工業とか，工業の種類についてもっと詳しく知りたいです。

C 日本では，特にどんな工業が盛んなのか，昔からずっとそうだったのか，など…。

C 日本全国で工業製品は作られているようだけど，特に盛んな地域はないのか，知りたいです。

T どんな工業製品が多く作られているのか，どこで作られているのか，調べていきましょう。

【重化学工業】
重さが比較的重く，主として金属が原料になっている製品を生産するのが「重工業」。石油や石炭などを原料として生産するのが「化学工業」。合わせて「重化学工業」。

【軽工業】
生産物の重さが比較的軽く，繊維・食品・皮・木材などを原料にしているのが「軽工業」。

※最近は，精密機械工業やICなどの電子部品の生産も盛んになり，重化学工業と軽工業という主として製品の重さでの分類が難しくなっている。

工業がさかんな
地域の分布と特色

板書例

㋑ 工業がさかんな地域の分布と特色を知ろう

1,2 〈日本の工業地帯・工業地域〉

〔生産額〕
・中京工業地帯が生産額１位（機械工業が多い）
・阪神，瀬戸内は金属，化学が多い
・京葉は化学が多い

〔四大工業地帯〕
京浜，中京，阪神，北九州

↓

今は三大工業地帯
京浜，中京，阪神
その他は，「工業地域」とよぶ

QR

POINT　配信した資料に児童が書き込んで共有したりしていくようにすると，各工業地帯の特色に迫りやすくなる。データを保存し

1 工業地帯・工業地域を調べて，地図に書き込む。

T　身の回りの工業製品がどこで作られていたか，前の学習を思い出し，工業地帯や工業地域の場所を確かめましょう。

　　白地図QRを配り，教科書の分布地図や生産額資料で確かめる。

C　日本全国にあるけど盛んなところは…
　京浜工業地帯，中京工業地帯，阪神工業地帯。

C　関東内陸工業地域，瀬戸内工業地域…。

C　北九州は四大工業地帯の一つだったが，今は生産額が減って，工業地域と呼ばれることもある。

T　工業地帯と地域を白地図QRに書き込みましょう。

C　一つの県と，いくつかの県にまたがっているところとがあるね。

C　京葉工業地域は，もっと千葉県の東京湾側に書いた方がいいんじゃないの。

　　教科書を参考にして書き込ませる。範囲はおよその範囲が書けていればよい。隣同士で確かめ合わせる。

2 主な工業地帯・工業地域の生産額や生産の割合を比べる。

T　教科書の工業地帯・工業地域別生産額と割合グラフを比べてみて分かったことを発表しましょう。

C　中京工業地帯の生産額が全国で一番で，特に機械工業の割合が多い。

C　阪神と瀬戸内は，金属と化学の割合が多いです。

　　工業地域と工業地帯の違いを説明しておく（下記）。

多くの工場が集まり，工業生産が盛んな地域を工業地域と呼び，その中でも特に帯のように工場が多く集まっているところを工業地帯と呼びます。
日本では，古くから工業が盛んだった京浜，中京，阪神，北九州を（四大）工業地帯と呼び，新しくできたその他のところを工業地域と呼んできました。今では，生産額が少なくなった北九州も工業地域と呼ばれることがあります。

❸ 〈工業がさかんな地域の特色〉

〔どんな場所〕
- 海に面している
- 太平洋側 ⟹ 太平洋ベルト
- 瀬戸内海

> ・工業地帯・地域の
> ほとんどをふくむ
> ・日本の工業生産額の
> 半分以上

内陸にも工場
（水・空気きれい）⟶ 電子部品など

❹ 〈工場の分布〉

①交通の便（船など）
- 原料，製品を運ぶ
- 貿易

②大都市─人口多い
- 働く人
- 消費者

③うめたて
- 広い工場用地

ておくと，以降の学習でも活かすことができる。

③ 工業地帯・工業地域はどんな場所に多くあるのか考える。

工業地帯・工業地域を書き込んだ地図を黒板に貼る。

T　工業地帯・地域はどんな場所に多くあるか，気付いたことを言いましょう。

C　太平洋側や瀬戸内海沿いに多いと思います。

C　わりとつながっている感じがする。東北や北海道にはないね。

C　北陸工業地域は，日本海の海沿いです。

C　内陸にも工業地域はあります。

黒板の地図の太平洋ベルトのところに線をひいて問いかける。

T　この線の中で気付いたことはありませんか。

C　ほとんどの工業地帯と工業地域が含まれます。

T　ここを何と呼び，どんな特色がありますか。

C　「太平洋ベルト」です。

C　日本の工業生産の半分以上を生産しています。

④ 工場は，なぜこのように分布しているのか考える。

T　工場の多くが太平洋ベルトに集中しているのはなぜか考えて話し合いましょう。

C　原料や製品を船で運びやすいから，海沿いに多い。

C　大都市が近いから，働く人も集めやすいね。

C　製品を買う人も多いから都合がいいと思う。

C　海を埋め立てたら，広い土地に工場が建てられる。

T　どんなところに工場ができるか分かってきましたね。でも，内陸にも工場があるのはなぜでしょう。

C　高速道路が全国にあるからトラックで運べる。

C　空港も全国にいっぱいあるね。

C　内陸の工場は，空港や高速道路の近くにある！

C　トラックや飛行機で運べる小さな製品もあるよ。

T　カビやほこりを嫌う電子部品などは，空気や水のきれいな高原などが工場に向いているのです。

日本の工業生産の特色

㉔ 日本の工業生産の特色について学ぼう

板書例

1　〈工業生産額の割合の特ちょう〉

［1935年］
せんい工業（軽工業）中心 ⟶ ［1965年頃～］
機械工業が増える

2　〈工業生産額のうつり変わり〉

［2020年］
機械工業が約半分

<u>グラフを見て気づいたこと</u>

・生産が急に増えている時期
　（1985年ごろまで）
　高度経済成長＝約20年間

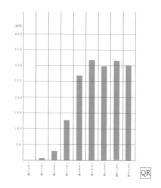

一方で，
公害などの問題も発生

POINT　「高度経済成長」や「公害」といった難しい用語については，動画などの補助資料を見せることで，児童がイメージしやす

---

1 工業生産額の割合の特徴を
グラフで調べて話し合う。

「工業生産額の割合の変化」のグラフ（教科書または資料QR）から読み取らせる。

T　グラフを見て分かったことを言いましょう。

C　1935年は，繊維工業の割合が一番大きいです。

C　繊維工業の割合は，大きく減って今は少しです。

C　1965年からは機械工業の割合が増えています。

C　今は機械工業が半分近くの割合を占めています。

C　金属，化学，食料品工業の割合はあまり変わっていません。

T　日本の工業のどのような変化が分かりますか。

C　繊維工業から機械工業中心に変わってきました。

C　軽工業から重化学工業中心になってきたともいえるよ。

2 工業生産額の移り変わりについて
気付いたことを発表し合う。

T　次は，同じ資料で工業生産額の変化を棒グラフで表してみましょう。

ワークシートQRを配って，グラフを書かせる。隣同士やグループで協働させると時間短縮にもなる。

T　書けたら棒グラフで気付いた点を発表しましょう。

C　日本の工業生産が急に増えた時期があります。

C　1985年頃までね。それ以後は増えたり減ったりで，あまり変わらない。

T　1950年代の中頃から約20年間は生産が急激に増えていきました。この時期を○○経済成長期といいます。○○にはどんな言葉が入るでしょう。

C　急速！　巨大かな…。

T　高度経済成長期といいます。でも，工業の急速な発展にともなって，問題も起こりました。

C　公害や環境問題です！

3 〈日本の工業生産の特色〉

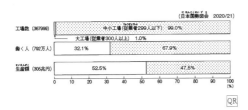

・中小工場が大部分

・1%の大工場が生産額の半分以上

・大工場と中小工場の生産額の差が大きい

4 〈ノートにまとめて発表〉

・身の回りに多くの工業製品→便利

・中小工場がほとんど

・生産額の半分以上は大工場

・太平洋ベルトに工場が集中（内陸や日本海側にも）

くなる。文字だけでの理解は難しい。

---

3 生産額から見た日本の工業生産の特色を話し合う。

　　大工場と中小工場の割合のグラフ（工場数・働く人の数・生産額＝教科書）QR から読み取らせる。

T　各グラフから分かることを発表しましょう。

C　日本の工場のほとんどは, 中小工場です。

C　働く人も３分の２以上が中小工場で働いています。

C　大工場が生産額の半分以上を占めています。

T　この３つのグラフからわかる日本の工業の特色について話し合いましょう。

C　大工場は少しで, ほとんどが中小工場だね。

C　1％の大工場が工業生産額の半分以上を占めるなんて。

C　７割ぐらいの人が働く中小工場の役割も大きい。

T　話し合った日本の工業の特色を発表しましょう。

C　ほとんどが中小工場で, 大工場との生産額の差が大きい。

C　1％の大工場が, 中小工場より少ない人数で, たくさん生産している。

4 日本の工業生産と工業の盛んな地域の特色についてまとめる。

T　日本の工業生産の特色について分かったことを, 絵や図なども入れてノートにまとめましょう。

　　教科書, ノート, 資料などを見直してまとめさせる。

C　身の回りに工業製品がいっぱいある。

C　工業製品で生活が便利になってきた。

C　機械工業が生産額の半分近くを生産している。

C　生産額１位の中京工業地帯では, 機械工業が多い。

C　中小工場がほとんどだけど, 1％ほどの大工場が生産額の半分以上を占めている。

T　グループの中で, 全員で発表し合いましょう。

C　太平洋ベルトにたくさんの工場が集まっていることが分かりました。

C　内陸部の工場からはトラックや飛行機でも製品を運べるから, 太平洋ベルトだけでなく他の地域にも工場があると勉強しました。

自動車をつくる工業

全授業時間７時間＋ひろげる６時間

◉ 学習にあたって ◉

◇何を教えるのか　-この単元の特徴-

　　自動車を組み立てる大工場から部品製造の関連工場まで，さまざまな規模の工場がつながって一台の自動車が生産されます。また，自動車の生産は機械工業ですが，ボディーの鉄板は金属工業，ガラスは窯業，内装の布は繊維工業，塗料は化学工業なので，多種類の産業が関わっています。このように他の工業や工場間のつながり，生産システム等が多様で工業学習の典型として位置づけることができます。

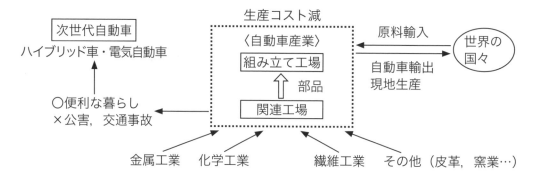

◉ 評 価 ◉

知識および技能	・自動車生産の仕組みや様子，働く人の様子や工夫がわかる。 ・自動車生産は，人々の暮らしや世界の国々と深く結びついていることがわかる。 ・グラフや図などの資料から，学習に必要な事項を読み取っている。
思考力，判断力，表現力等	・自動車と自分たちの暮らしとの関係を考え，自動車生産に対する自分なりの意見が持てている。 ・生産の工夫や海外との関係などについて自分の意見を発表し，まとめの新聞を作ることができる。
主体的に学習に取り組む態度	・学習課題や自動車工業に関心を持ち，進んで調べたり友だちと対話や交流をしようとしている。 ・グループや全体での討議の中で，友達の意見をしっかりと聞き，自分の意見を積極的に発表している。

時数	授業名	学習のめあて	学習活動
1	日本の自動車工業	・日本の工業の中で最も盛んで，私たちの暮らしを支える自動車工業について関心を持つ。	・日本の工業生産の状況を調べ，自動車工業が一番盛んなことを確かめる。 ・自動車の生産の多い所を調べる。
2	自動車工業のさかんな地域	・自動車生産の盛んな地域がわかり，盛んな理由を考えて，学習計画を立てることができる。	・自動車工業の多い地域を探し，盛んな地域の条件を考える。 ・自動車工業の学習問題をつくり，学習計画を立てる。
3	自動車を組み立てる工場 －ロボットか人か－	・同じ生産ラインで多種類の自動車が生産され，内容に応じてロボットや機械，人の手で作業が行われていることがわかる。	・自動車生産の工程を調べる。 ・それぞれの工程の特色を考える。 ・自動車は，多品種少量生産が行われていることを知る。
ひろげる1	一度取りつけたドアを外すのはなぜ？	・塗装の後でドアを外して組み立てる工法から，ムダを省く生産が具体的に理解できる。	・塗装で取り付けられていたドアが，組み立てでは外されていることを知る。 ・なぜドアを外して組み立てるのか考える。 ・ドアも別ラインで同時に組み立てられていることを理解する。
4	自動車づくりの工夫 －ムダを省くしかけ－	・働く人が提案するしくみで，生産効率を高める工夫がされていることが分かる。	・クイズで自動車組み立ての基本を知る。 ・自動車組み立ての様々な工夫を確かめる。 ・生産の工夫は，働く人たちが考え提案していることがわかる。
5	部品はどこから －自動車部品をつくる工場－	・自動車の部品がどこでどのようにつくられ，組み立て工場に運ばれているかがわかる。	・自動車の部品は，どこでどのようにつくられるのか，シートを例にして調べる。 ・組み立て工場と関連工場の関係をまとめる。
6	世界とつながる自動車	・自動車がどのように消費者に届けられるか調べ，輸送方法や現地生産について理解することができる。	・自動車の輸送，輸出入について調べる。 ・自動車が現地（海外）生産されていることを知り，その理由や長所短所を考える。
7	人々の願いに合わせた自動車開発	・人々の願いに合わせて，様々な自動車の開発が進められていることがわかる。	・人や環境に優しい自動車の開発や生産について調べる。 ・近未来にできたらよい未来カーを考え，交流する。
ひろげる2	CMにまとめる	・学習してきたことを，CMにまとめることができる。	・学習を振り返り，キャッチコピーを決めて，自分の意見や考えも入れてCMをつくる。 ・友達のCMのコメントを書く。
ひろげる3	暮らしを支える製鉄業	・鉄の生産について調べ，その鉄が様々な産業の材料として使われていることがわかる。	・鉄が使われている製品を見つけ，鉄の生産過程を調べる。 ・鉄の生産と貿易について調べる。 ・製鉄所の立地を確かめ，まとめをする。
ひろげる4	わたしたちの暮らしと石油工業	・石油製品がどのようにつくられ，私たちの生活の中でどのように使われているかがわかる。	・石油はどこから手に入れ，どのような製品がつくられているか調べる。 ・石油化学コンビナートについて知る。
ひろげる5	石油の生産と暮らしや環境の問題	・石油と私たちの暮らしや環境の問題を考えることができる。	・原油の産出地域や採掘可能年数を知り，原油貿易について話し合う。 ・石油のない生活や，石油使用に伴う環境問題を考える。
ひろげる6	食料品をつくる工業	・食料品工業の製品や生産の工夫がわかり，ソースの活用について考えることができる。	・食料品工業の製品を調べる。 ・ソースづくりの工夫や缶詰の活用について考える。

日本の自動車工業

板書例

㊙ 日本の工業生産について学び，自動車生産について調べよう

1〈日本の工業生産〉　　　　　**2**〈日本の機械工業〉

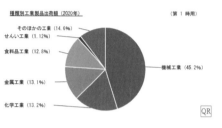

種類別工業製品出荷額（2020年）　（第1時用）

そのほかの工業（14.6%）
せんい工業（1.12%）
食料品工業（12.8%）
金属工業（13.1%）
化学工業（13.2%）
機械工業（45.2%）

機械工業製品出荷額（2020年）　（第1時用）

その他の機械（17.9%）
電子部品など（10.7%）
電気機械（13.0%）
生産用機械（14.4%）
輸送用機械（44.0%）

・機械工業が多い ──────→ 輸送用機械

（半分近い生産額）　　　　　　　（半分近い生産額）

・化学，金属，食料品工業がさかん　　　　↓

　　　　　　　　　　　　　自動車をつくる工業

POINT 資料の読み取り方を，丁寧に確認するようにする。表題や単位などその資料が何を表しているものなのかを，自分で読んで

1 日本の工業生産で，最も盛んな工業生産はなんだろう

「工業種類別の工業生産額の割合」のグラフ QR （教科書または第1時参考資料）を配る。

T　これは，日本の工業の種類別の生産額を表したグラフです。どんなことがわかりますか。

C　機械工業の生産額がとても多い。

C　日本の工業生産額の45%，半分近くになる。

C　化学工業は石油製品や薬品関係の工業で17%近くを占めている。

C　昔，日本の工業の中心だった服などをつくる繊維工業は，1%だよ。

C　金属工業と食料品工業は，12%から13%ぐらいだ。

T　機械工業では，いろいろな製品が作られていますが，どんな製品が多いのか調べてみましょう。

「機械工業の生産額に占める輸送用機械の割合」のグラフ QR を配る。

2 機械工業では，どんなものが作られているのだろう。

T　次に生産額が多かった機械工業の割合のグラフです。どんなことがわかりますか。

C　機械でもいろいろな機械があるのだね。

C　機械工業の中でも，特に輸送用機械が多い。出荷額の半分近くを占めているよ

C　パソコンやスマホも電子部品だと思うけど，輸送用の機械の方がずっと多いようだ。

C　洗濯機などの電気機械は，11%ぐらいで意外に少ないね。

C　輸送用機械って，自動車のことだよね。

C　生産用機械って何だろう。

T　生産用機械は，クレーンなどの建設機械，工作機械や産業用ロボットなどです。また田植え機やトラクターなど農業機械も含まれています。

T　それでは，自動車はどれくらい生産されているのか見てみましょう。

| 準備物 | ・参考資料「種類別工業生産額など」QR・「四輪車の生産台数の変化」グラフ拡大版（板書用）QR・「種類別工業生産額」グラフ拡大版（板書用）QR・「機械工業の生産額に占める輸送用機械の割合」QR・「自動車工場分布図」QR | ICT | グラフ等の資料を配信し，モニターに投影して，対話的に丁寧に読み取ることで，対象に迫りやすくなる。 | |

❸〈生産台数のうつり変わり〉

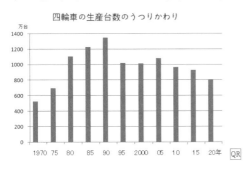

四輪車の生産台数のうつりかわり

1970 年　500 万台

↓　3 倍近い

1990 年　1400 万台近く

今でも 800 万台を生産する

❹〈生産額の多い地域〉

・愛知県（全国の1／3）
豊田市に工場が集中

調べてみよう

考えられるようにしていくことが大切である。

3　自動車の生産台数の変化を調べよう。

T　日本では，どれくらいの自動車を生産しているのか教科書や資料QRから調べましょう。

　教科書にない場合は資料QR「自動車の生産台数のグラフ」を配布する。

C　1990 年頃まで生産台数がどんどん伸びている。

C　1970 年の 500 万台と 1990 年の 1400 万台を比べると，およそ 3 倍近くになっている。

C　1995 年頃から 1000 万台に落ち着いているけど，すごい台数だよ。今は 800 万台だね。

C　単純に一年 365 日で割っても，一日約 2 万から 2 万 5 千台つくられていることになる。

C　確かに多くの家に車があるし，仕事で使っている人も多いね。

T　1970 年頃ってどんな時代でしたか。

C　高度経済成長期だから，車もどんどん売れて増えていった時代なんだな。

4　自動車生産の多い地域を調べてみよう。

　資料「自動車工場分布図」QRを配ります。

T　この資料からどんなことが分かりますか？

C　自動車工場は，北海道から九州まで，いろいろな地域にあります。

C　都道府県別で，同じ会社の工場が集中しているところが多いね。たとえば群馬県はスバルとか。

C　特に多いのは，愛知県と静岡県です。

C　静岡県は 4 つの会社の工場がそろっている。

C　愛知県はほとんどがトヨタの工場です。

　自動車の生産額の多い地域を教科書で調べさせます。

T　それでは，自動車の生産額が多いのはどこでしょう。

C　愛知県が全国の 1/3 で，断トツに多いわ。

C　豊田市やその周りに自動車工場や関連工場が集まっている！

C　豊田市の自動車工場をもっと調べてみたい。

自動車工業のさかんな地域

板書例

ⓜ 自動車工業のさかんな地域について調べて，学習問題を作ろう

1 〈自動車工場の多い地域〉

● 組立を中心とする工場
● 部品等の工場

（日本自動車工業会ホームページより）　QR

日本の工業 ＝ 自動車の生産が多い
全国に工場（愛知，静岡，神奈川…）

2 〈愛知県の自動車生産〉

豊田市（以前は挙母市）

愛知県

名古屋港

QR

【自動車生産】

〔愛知県〕
・全国の1／3
・県内工業の1／2

〔豊田市〕
・市内工業の
　90％以上

POINT 地図帳も活用し，対話的に特徴を捉えていくようにしましょう。「工場を見学したい」といった思いがすぐに湧いてきます。

1 自動車工場の多い地域を探そう。

前時に配布した資料「自動車工場分布図」QRを開きます。

T この資料からどんなことが分かりましたか？

C 自動車工場は，北海道から九州まで，いろいろな地域にありました。

C 特に多いのは，愛知県と静岡県です。

C 愛知県はほとんどがトヨタの工場です。

T 豊田市の自動車工場を詳しく調べましょう。

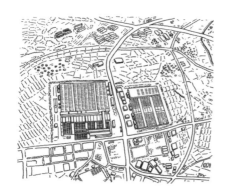

2 豊田市と自動車生産の関係を調べよう。

前時の学習のグラフや地図も思い出させます。

C 愛知県は全国の自動車生産量のうち1/3を占める。

C 豊田市には自動車工場が多かった。

T 愛知県と豊田市の自動車工業について，詳しく調べます。資料2QRのグラフから分かることを話し合いましょう。

C 愛知県の自動車生産は，県内の工業出荷額の半分を占めている。

C 豊田市はもっとすごい。工業出荷額のほとんどが自動車だ！

T 豊田市はもともと挙母市という名前でした。トヨタ自動車本社工場の住所は豊田市トヨタ町1番地です。

C トヨタ自動車の工場が町の中心みたいだね。

C 会社の名前が市の名前になったのかな？

C 市民の中にはトヨタに勤める人が多そうだね。

準備物	・資料1，資料2 QR ・愛知県略図拡大版（板書用）QR ・地図帳	ICT	地図等の資料を配信し，活用することで，拡大・縮小して見ることができ，児童が工業の特徴を掴む助けになる。

3 〈自動車工場がある地域の条件〉

〔立地条件〕

・高速道路とインターチェンジが近い

・港ともつながる

・名古屋市（大都市）の近く

　　自動車工場，

　　部品工場が集中
　　↓
　　部品がすぐ運べる

　　工場間の協力がしやすい

4 〈学習問題を作ろう〉

どんなことを中心に
学習したらよいだろう

・生産の仕方

・工夫や努力

・工場間の協力

〔確認すること〕

１ 調べ方

２ まとめ方

単元学習が始まる前からの準備が必要になります。

3 どんな条件のところに自動車工場があるのだろう。

T　地図帳で，豊田市を探しましょう。
C　ありました。愛知県のちょうど真ん中の辺りです。
C　海に面しているわけではないね。
T　豊田市も工業が盛んな地域の条件に当てはまるか，調べてみましょう。
C　近くを高速道路が通っていて，インターチェンジもある。
C　高速道路で港ともつながっていると思う。
C　大都市の名古屋市が近くにあるね。
T　工場の立地条件もよく，豊田市とその周辺に工場が集まっていますが，集中しているとどんなことで有利でしょう。
C　部品が，すぐに運べて便利です。
C　部品を運ぶ費用も時間も少なくてすみます。
C　工場同士の協力もしやすいと思います。

4 自動車工業の学習問題を作り，計画を立てよう。

T　自動車工業でどんなことを中心に学習したらよいと思いますか。
C　自動車がどのようにしてできるのか。
C　工場同士がどのように協力して部品や自動車を造っているのか。
C　働く人の様子も大事だね。どんな工夫や努力をしているのかも知りたい。
T　どのようにして１台の自動車が造られていくのか，働く人はどんな工夫や努力をしているのか，ということでまとめられそうですね。
　　　教科書も参考にして学習計画を立てます。
C　自動車工場で，どのようにして自動車を造っているのか，働いている人の様子も調べる。
C　工場同士の関係や協力も確かめたいね。
C　お客さんとの関係，客のニーズや届け方など。
　　　教科書で調べ方やまとめ方などを確かめておきます。

自動車を組み立てる工場
ーロボットか人かー

板書例

㋑ 自動車がどのようにつくられるのか，工場のようすから学ぼう

1 〈組み立て工場のようす〉

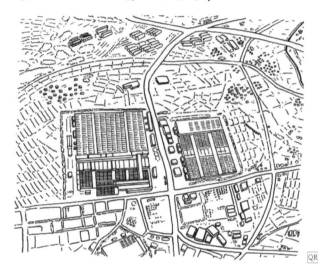

自動車組み立て工場

- とても広い

- 大きな建物
  ———
  学校の（　）倍

POINT　自動車関連企業各社の HP にオンライン工場見学がアップされている。工場見学が困難な場合は，これらを活用することで，

---

1 自動車組み立て工場を空から見てみよう。

　　自動車組み立て工場の全体が分かるイラストを見せます。（教科書やインターネットの写真）QR

T　工場の写真を見て，分かったことや感想を言いましょう。

C　とても広くて，大きな建物があります。

C　この中で，部品もつくって組み立てているのかな？

T　自分たちの学校の広さと比べてみましょう。

C　大きな工場なら学校を 200 校以上集めた広さ！

C　すごい！　広いね。

　　学校のおよその広さを確かめ，資料の工場の広さと比べさせる。

T　この工場の中でどのように自動車が作られているか確かめていきましょう。

2 自動車が完成するまでに，どのような工程があるのだろう。

T　教科書の写真を見て，自動車が完成するまでの工程を順番に言いましょう。

C　プレス→溶接→塗装→組み立て→検査です。

　　教科書の写真のコピー，または QR コード収録のイラスト QR を順に黒板に貼っていく。

T　それぞれどんなことをしているのか，教科書の説明をそのまま読まないで，自分の言葉で分かりやすく説明しましょう。

C　プレスは，鉄の板を機械で折り曲げたり，打ち抜いたりして，車体の部分をつくります。

C　塗装は，さび止めをして様々な色に塗り分けます。

C　溶接は，プレスされた部分をつないで車体にします。

　　以下，順次説明させます。その後で，自動車会社のホームページや NHK for school の動画で再確認させるとよい。

2,3 〈自動車が完成するまでの工程〉

プレス　　　ようせつ　　　とそう　　　　組み立て　　　　検査

主にロボット・機械の作業　　　　　　　　主に人の作業

[きけんな作業, 大きな力が必要な作業]　　[細かい, 人でないとできない]

どちらが安く生産できるか

4 〈多品種少量生産〉

消費者の注文…1台ずつちがう（車種, 部品, 色など）

ID タグの情報で部品を選ぶ(共通の部品もある)

よりリアルに作業の様子を見ることができる。

---

3 それぞれの工程の作業の特色を考えよう。

T　それぞれの工程をよく見てみましょう。

C　プレスは, 機械でないとできないだろう。人が最後の点検をするのかな。

C　重い物を持ち上げるのは機械で, 検査は人が機械を使ってしているね。

C　溶接と塗装は, ロボットが自動的にしています。何千か所も短時間にやってしまいます。

C　組み立てと検査は人が作業の中心だね。

T　どのような作業は人がして, どのような作業は機械やロボットで自動的にするのだと思いますか。

C　危険な作業や大きな力のいる作業は機械やロボットだね。作業の速さも関係しているのかな…。

C　人でないとできない細かい作業は人の手するのだと思います。

C　どちらの方が安く生産できるかも考えられて決められているんじゃないかしら。

4 多品種少量生産ってなに？

T　資料の（2）QR を読んで, どんな自動車組み立ての様子が分かりますか。

C　同じ組み立てラインでも何種類かまざっているね。

C　車についている ID タグの情報で, どの部品を取り付ければよいか分かるようになっている。

C　同じ種類の自動車でも, 色やシートや装備など, 1台1台どこかが違っている。

C　消費者の注文に合わせてつくっているなんて知らなかったな。

T　組み立て工場の勉強をした感想をノートに書きましょう。書けたら発表してください。

C　ロボットや機械と人の手とを, うまく組み合わせて生産していると思いました。

C　違う自動車や違う部品を間違えずに組み立てていていてすごいと思いました

板書例

㋲ 一度取りつけたドアを，組み立てる時に外す理由について理解しよう

1 〈2つの絵を比べよう〉　**2,3,4** 〈ドアを外す理由〉

㋐
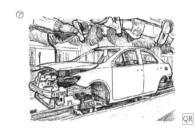

㋑

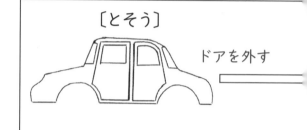

〔とそう〕

ドアを外す

・車内の部品取り付けが多い

・よごれやキズをつけない

・働く人の動きが少ない

・ドアの組み立ても同時進行

(POINT) 各自動車会社の HP を見て，調べ学習をするのもよいでしょう。

1 「変だな」と思うところを見つけて話し合おう。

資料 QR を配付する。

T　資料の(1) QR の二つの絵を見て"変だな"と思うところはありませんか？

C　え～，何かわからない。

T　2つは，何の作業をしている絵ですか。順番はどちらが先でどちらが後ですか。

C　㋐は塗装で，㋑は組み立てです。

C　作業順は，㋐が先で㋑が後です。

C　まだわからない。変なところがあるかな？

T　ドアに注目してください。変なことはありませんか？

C　㋐はドアが付いているけど，㋑はありません。

C　塗装では取り付けてあったドアが，組み立てでは，外してある！？

C　せっかく取り付けたドアを，なぜ外すのかな？

2 なぜ，ドアを外して組み立てるのだろう。

T　取り付けたドアをわざわざ外すということは，何か理由があるはずですね。

C　ドアがあると組み立ての邪魔になるからかな。

C　そうか，車の中につける部品が多いからね。

C　ドアがない方が，作業がしやすいんだよ。

T　他にも理由はないでしょうか？　組み立ての時に気をつけなければならないことはありませんか。

C　ドアがあると，すれて傷がつくこともありそう。

C　ドアに他の部品や働く人の体がすれて傷がついたり汚れたりしたら，商品にできないね。

T　傷や汚れがつかないで生産出来たら，どんな良いことがあるのですか。

C　つくり直さなくてよい。

C　ムダなく作れるから，ムダなお金もかからない。

T　不良品が減って生産費が安く抑えられますね。

| 準備物 | ・資料「絵を見て考えよう」QR
・板書用イラスト3枚（拡大版）
※簡単な手書きでもよいQR
・自動車ドアの画像QR |

| ICT | インターネットを活用して，生産の様子を動画などで見ることで，生産の具体像に迫ることができる。 |

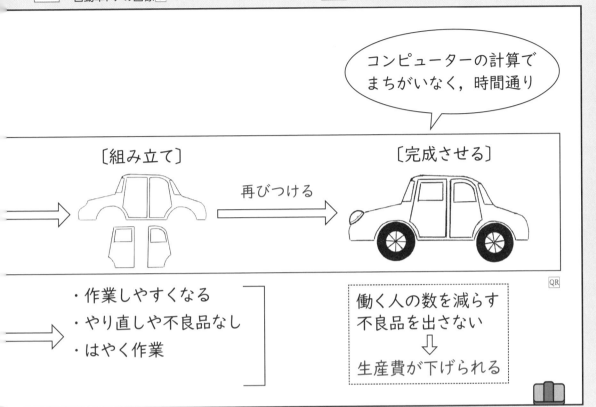

3 資料をヒントにして考えよう。

　資料の(2)QRの絵は何を表しているのでしょう。

C　ドアがある場合とない場合が比べてあります。

C　働く人の動きを足跡で表しています。

T　働く人の動きは，ドアがある場合とない場合とでは，どう違いますか。

C　ドアなしの方が，足跡が少ない。

C　ということは…ドアがない方が，人の動きが少なくて済むね。

C　ドアがない方が，作業が速くできるんだ！

C　台車や部品棚もドアがない方が近くに置けて取りやすいね。

T　作業が速いと，働く人の数はどうなりますか。

C　より少ない人数でつくれます。

4 外したドアはどうするのだろう。

T　組み立ての最後の方に，またドアを取り付けますが，それまで，ドアはどうしておくのでしょう。

C　ドアを取り付ける場所に運んでおく？

C　ドアにもいろいろな部品があるから，その部品を別のラインで取り付けるのだと思います。

C　ドアの組み立ても同時にできて一石二鳥だ！

　　　自動車ドアの画像を見せ，部品を確認させてもよい。

T　外したドアを，もう一度取り付けるときに，困ることは何でしょう。

C　他の車のドアを付けてしまったら困ります。

C　どちらかの組み立てが遅れたときも困ります。

T　同じ車の車体とドアが，ぴったり一緒になるようにコンピューターで計算して組み立てられているのです。

C　すごい！そんなことができるんだ！

自動車づくりの工夫　ムダを省くしかけ

板書例

㋯ 自動車づくりの㋲㋡を省くしかけを調べよう

1 〈自動車組み立てクイズ〉

※クイズの答えを板書してもよい

2 〈組み立て作業のようす〉

車体をつりあげているのはなぜ？
・作業が楽・能率（のうりつ）がよい

QR

POINT 動画を見てクイズに答えていく際は，教員から答えを言わず，動画を止めて考えを聞き合う時間をとるようにする。その対

1 「自動車組み立てクイズ」に答えよう。

ワークシート1「自動車組み立てクイズ」QR を配る。

T　自動車の組み立てについて，もう少し基本的なことを知るために，クイズをしましょう。

C　やったあ，クイズ大好き！

5分で書きこませ，グループで答えを交流させる。

C　(1) の答えは，知っている。30000個だ。

C　(3) は，よく分からないから，勘で答えよう。

C　わりと簡単だったよ。

最後に教師が正解を教えて，簡単に説明する。

【クイズの正解】
(1) 部品の数 → ㋒ 30000個
(2) 生産方式 → ㋑流れ作業
(3) 1人が受け持つラインの長さ → ㋐ 5m
(4) 何分に1台生産 → ㋐ 1〜2分
(5) 1台の車が完成するまで → ㋒ 20時間
(6) 部品はどれくらい置いてある
　→ ㋑余らないように必要な分だけ
(7) 部品は主にどこでつくられる
　→ ㋒ほとんど関連工場でつくられる

2 写真から「なぜ」の答えを見つけよう。

板書のタイトルを〇〇のところを空けて書く。

T　〇〇の中にどんな字が入るか後で考えましょう。

T　教科書に，車体がつり上げてある写真がないか探しましょう。

C　ありました。何をしているところかな？

C　何か部品を取り付けているみたいです。

教科書に写真がない場合は，インターネットで見つけるか，または第2時の「組み立て」の絵QRを使う。

T　なぜ，車体が吊り上げてあるのでしょうか。

C　部品を下から取り付けたり，下の方に取り付ける時は，この方が作業がしやすくて楽だよ。

C　腰を曲げて，作業しなくて済むから，能率も上がるね。

意見を出し合い，工夫の一つであることを確認する。

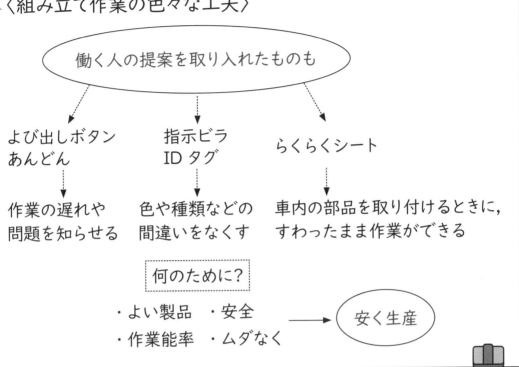

3,4 〈組み立て作業の色々な工夫〉

働く人の提案を取り入れたものも

よび出しボタン
あんどん

指示ビラ
ID タグ

らくらくシート

作業の遅れや
問題を知らせる

色や種類などの
間違いをなくす

車内の部品を取り付けるときに，
すわったまま作業ができる

何のために？

・よい製品　・安全
・作業能率　・ムダなく

→ 安く生産

話を通して，疑問に迫っていくようにする。

3 他にも，どんな工夫があるだろう。

T 今まで学習した中にも，組み立て作業の工夫はありましたね。

C ドアを外す方法も，工夫の一つです。

C 重たいものは，ロボットの手で持ち上げさせる！

T もっとどんな工夫があるのか，教科書でも調べましょう。

C 車に指示ビラがつけてあって，間違えないようになっています。

C 作業が遅れたり，問題が起きたら，よび出しボタンで知らせます。「あんどん」で問題が起った場所も分かります。

C らくらくシートを使えば，車内の部品を取り付けるときに，座ったまま作業ができるんだ。

T 今は，指示ビラの代わりに，ID タグが車につけてあって，コンピュータで部品を指示しているところもあります。

4 組み立て作業の様々な工夫は，誰が何のために考えるのだろう。

T このような工夫は，誰が考えるのでしょう。

C プロの人が考えるか，みんなで考えている！

予想したことを自由に話し合わせる。

T これらの工夫の多くは，働く人の提案なのです。

C 仕事のことを一番よく知っているからだね。

T 何のためにこんな工夫をするのか，目的を考えましょう。

C 不良品をなくし，よい製品をつくるためだよ。

C 不良品をつくらないのも，作業の能率を上げるのも，みんな車を安く作るためだと思うわ。

C 働く人の安全や作業の能率をあげるためじゃないかな。

T 最後に，タイトルの○○に入る字はなに？

C "ムダ" だと思います。

T そうですね。時間のムダ，人数のムダ，不良品のムダ…色々なムダを省いて安く生産されます。

第5時
部品はどこから
ー自動車部品をつくる工場ー

本時の目標　自動車の部品がどこでどのようにつくられ，組み立て工場に運ばれているかがわかる。

板書例

㋱ 自動車の部品はどこからくるのか，シート工場を例に理解しよう

1 〈ジャスト・イン・タイム〉

ジャスト・イン・タイム方式とは?

①10時とか11時とか、切りのよい時間に納める。

②必要な部品を、必要な数だけ、必要な時間に納める。

③部品は前日までに必ず納める。

部品を置く
倉庫・土地がいらない

コンビニやドラッグストアでも
同じシステムを使用

2 〈シート工場の例〉

組み立てる自動車に
合わせてシートを生産

・種類
・色
・つくる順番など

ジャスト・イン・タイムで納品

（トラック積み込み｜組み立て順に合わせて）

↓

組み立てラインへ直接下ろす

POINT　画像だけでは工場の繋がりが見えにくいです。動画を視聴して理解できるようにする。その上で「なぜ自動車工場は組み立

1 自動車部品は，どこでつくられ，どのように届けられるのだろうか。

T　自動車の主部品にはどんなものがありますか。
C　エンジン，ハンドル，シート，タイヤ…。
T　これらの部品は，どこでつくられますか。
C　関連工場でつくられます。
T　関連工場は，どのような部品をつくるのですか。
C　組み立て工場から注文があったものを作ります。
T　組み立て工場への部品の納め方はジャスト・イン・タイム方式と呼ばれています。どんな方式か3択クイズに答えましょう。

〈3択問題〉QR　T　正解は②です。
① 10時や11時といった，切りの良い時間に納める。
②必要な部品を，必要な数だけ必要な時間に納める。
③部品は前日までに必ず納める。

コンビニやドラッグストアでも，コンピューターで商品の流通販売・在庫を管理することで同様のシステムをとっている。

2 シートは，どのようにつくられるのだろう。

シート工場を例にして，部品がどのようにつくられるのか考えさせる。

T　組み立てられる自動車は，1台1台違いましたね。シートは，どのようにつくられるのでしょう？
C　シートも，組み立てる自動車に合わせて作るから，1つ1つ違うものをつくるのね。
C　取り付ける時間に合わせてつくるから，組み立てる自動車と同じ順番でつくられるんだよ。
C　今はきっとコンピューターでつくるシートの指示をしてくると思うよ。
T　シートを運ぶトラックに積み込むときにも，ある工夫がされています。それは何でしょう。
C　組み立てる車種の順番通りにシートが下ろせるように積み込むんじゃないかな。
C　トラックから直接組み立てラインにシートを下ろせる。これもジャスト・イン・タイムだね。

| 準備物 | ・3択クイズ「ジャスト・イン・タイムとは?」(画像, 印刷物, プリント等)[QR] ・シートの画像[QR] | I C T | 画像を配信し, 画像からどれだけの部品で自動車ができているか予想しながら学習を進めていくようにする。 |

3 〈シートの部品はどこから?〉 **4** 〈組み立て工場と 関連工場のつながり〉

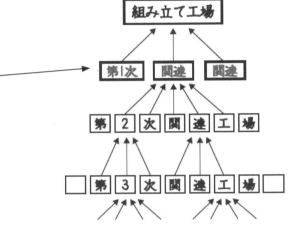

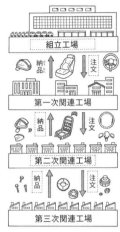

てだけを行うのか」を問うとよい。

3 シートの部品は, どこでどのように つくられるのだろう。

T シートには, どんな部品があるでしょう。

C シートの骨組み, 鉄パイプ, クッションかな。

C リクライニング, シートの外装の布や皮。

> シートの画像[QR]を見せて答えさせてもよい。

T この部品はどこでつくられているのでしょう。

C シート工場にも関連工場があるのだと思います。

> シートの部品もシート工場の関連工場でつくっていることを確認しておく。

T シートの部品は, 関連工場でどのようにつくられていると思いますか?

C シートの部品もいろいろあるから, シート工場の関連工場もたくさんあると思う。

C シート工場と同じように, 指示されたシートの部品をジャスト・イン・タイムでつくっているのよ。

C シート工場の関連工場のそのまた関連工場もあるんじゃないかな。

4 組み立て工場と関連工場のつながりを まとめよう。

T 組み立て工場と関連工場の関係を図にまとめましょう。

C 工場の絵の大きさも, 下に行くほどだんだん小さくしていこう。

C 下に行くほど工場の数は多くなるだろうな。全部で, いくつぐらいの関連工場があるのかな?

> 教科書の図も参考にしながら, 絵も入れて自分なりにできるだけ具体的な図にまとめさせる。

T 書けたら, グループの中で発表し合いましょう。

C 下の方は, ネジや歯車などの小さな部品をつくると思うのでその絵を入れました。

C 関連工場は, 部品を納める工場の近くにある方が便利です。

> 第1次関連工場, 第2次関連工場…といった用語を押さえておく。

世界とつながる自動車

板書例

㉲ 自動車はどのようにはん売され，どのように生産されているのだろう

1 〈自動車が届くまで〉

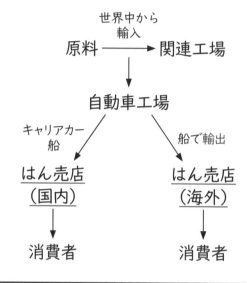

世界中から
輸入
原料 ——→ 関連工場
　　　　　↓
　　　　自動車工場
キャリアカー　　　　　船で輸出
船　↙　　　　　↘
はん売店　　　　　はん売店
（国内）　　　　　（海外）
　↓　　　　　　　　↓
消費者　　　　　　消費者

2 〈自動車の輸出・輸入〉

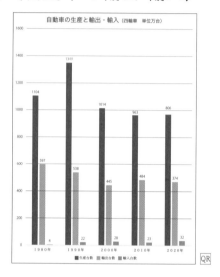

自動車の生産と輸出・輸入 (四輪車　単位万台)

QR

POINT　グラフや動画等の資料を読み取って具体的知識を掴んだ上で，「なぜ輸出するのか」「なぜ現地生産するのか」と，「なぜ」

1 原料や完成した自動車は，どのように運ばれるのだろう

T　自動車の部品をつくる原料は何ですか。

C　鉄，アルミニウム，プラスチック，ゴム…。

T　プラスチックやゴムは石油からつくられます。これらの原料は主にどこから手に入れるのですか。

C　世界中から輸入しています。船に積んできます。

T　完成した自動車は，どのようにして，どこへ運ばれるのですか。

C　大きなトラックに2段に載せて走っているのを見たことがある。

C　トラックに載せて，販売店に届けるんだね。

C　外国や遠くの販売店へは，船で運ぶ。たくさん運べるから。

　　　教科書を読んで確かめさせる。

C　キャリアカーと言うのか。たくさん載せて，落ちないのかなあ。

C　すごい！港に車がギッシリだ。

2 自動車の輸出・輸入について調べよう。

T　自動車は，最近およそ何台ぐらい輸出しているでしょう。3択問題です。

　　① 80万台　② 260万台　③ 470万台

C　②の260万台ぐらいかな…？

　　　資料1のグラフ QR を見て確かめ，話し合わせる。

T　グラフを見て分かったことを言いましょう。

C　毎年，生産台数の約半分は輸出しているんだ。

C　大体1000万台ぐらいを生産して，500万台ぐらいを輸出している。

C　生産も輸出も，少し減ってきているよ…なぜ？

T　輸出と輸入を比べてみましょう。

C　輸出と比べたら，輸入はすごく少ない。

C　それでも，30万台ぐらいは輸入している。

C　外国からの輸入車って高級車って感じだね。

T　自動車工業にとって，輸出は大事なのですね。

❸ 〈現地（海外）生産する理由〉

［理由］

国内生産の2倍

・安い給料

・輸送費・時間がかからない

・現地の好みに合った車

その他にも…

・その国の仕事を増やす

・日本の技術を伝えて，産業の発展にこうけん

⟷

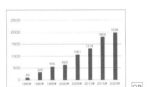

（日本自動車工業会資料より作成）

❹ 〈現地生産の現状と課題〉

現地生産した車はどこへ？

・現地で売る　・他国へ輸出

・日本へ逆輸入

〔課題〕

・国内の仕事が減る

・関連会社が困る

・景気へのえいきょう

日本車を現地（海外）生産している国・地域と生産台数
（2022年 日本自動車産業 資料より）

を追究していくことで学びを深めていく。

3 なぜ自動車の現地（海外）生産をするのだろう。

資料2のグラフ「日本車の現地生産台数」QR を見て話し合う。

T 外国に工場をつくり，現地の人を雇って生産をすることです。グラフから何が分かりますか。

C 海外での生産が，すごく増えています。

C 今では，国内生産量（台数）の2倍を超えているよ！

T なぜ，現地生産が増えたのか考えましょう。

T 日本か海外か，どちらが安く生産できるかで，先ず考えてみましょう。

C アジアやアフリカなら，安い給料で働く人が雇えると思う。

C 日本より海外でつくる方が生産費が安くなるね。

T 他にも理由がないか，相手の国にとって良いことはないのか，教科書も見て考えましょう。

C その国の仕事を増やしたり，産業を発展させる。

C 暮らしや好みに合った自動車が外国の人に早く届けられる。

4 現地（海外）生産の現状と課題について考えよう。

T 資料2の（2）の地図QR からも，現地生産について分かることを確かめましょう。

C 世界中の多くの国で現地生産をしている！

C アジアが特に多くて，北米が次に多い。

T 現地生産をした自動車はどこへ売るのでしょう。

C 生産している現地の国内で売る。

C 近くの国などへ売ることもあるだろうな。

T 実は，逆輸入といって，日本車を外国で造って日本へ輸入していることもあります。

T 現地生産の良い点は出ましたが，日本の産業や働く人にとっての問題点はないのでしょうか？

C 日本の関連会社も困る。外国まで部品を運べないよ。どうするのかな？つぶれるかも…。

C 日本国内の工場が減ったら，日本人の働くところが減るから困るよ。

C 自動車の産業も多いから，景気に影響が出るかもしれない。

板書例

㋯ 人々の願いに合わせた自動車開発について
　学び，未来の車について考えてみよう

1 〈自動車のふきゅうがもたらす問題〉

〔環境〕・大気おせん
　　　　・そう音
　　　　・石油不足

〔人〕・交通事故
　　　・体が不自由な人，高齢
　　　　者は乗れない，乗りに
　　　　くい

2 〈環境にやさしい自動車〉

・ハイブリッド車
・電気自動車
・燃料電池車
・部品のリサイクル

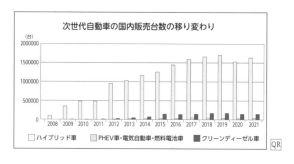

次世代自動車の国内販売台数の移り変わり

（台）

□ハイブリッド車　▨PHEV車・電気自動車・燃料電池車　■クリーンディーゼル車

POINT　自動車開発については，自動車関係各社のHPにアップされている。インターネットを利用した調べ学習を通して，新車の

1 自動車の普及は，環境や人に
　どのように影響しているだろう。

T　自動車が増えたことで，環境に何か影響があると
　思いますか。
C　空気の汚れや騒音などの問題があると思う。
C　ガソリンを使いすぎたら石油が足りなくなる。
C　古くて使われなくなった車はどうなるのかな？
T　次は，乗っている人や歩行者への影響や問題を考
　えましょう。
C　車内がすごく熱くなって，熱中症で子どもやペッ
　トが亡くなることもあったね。
C　運転したくてもできなかったり，乗り降りが不自
　由な体の人もいる。
C　交通事故が一番大きな問題だと思います。けがを
　する人や亡くなる人が多いから。
T　2018年の国内の交通事故件数は約43万件，死
　者約3千5百人，負傷者約52万人です。年々減
　る傾向ではありますが，まだまだ多いですね。

2 環境問題を考えて，どのような
　自動車が開発されているだろう。

T　それでは，どんな車があるとよいでしょう？
C　空気を汚す排出ガスを出さない車がいい！
C　騒音や振動を出さないで静かに走れる車。
C　車もリサイクルができたらいいんじゃないかな。
T　みんなの願いに合った自動車がないか，教科書や
　資料QRで調べてみましょう。
C　家にハイブリッド車があるけど，環境に優しい自
　動車だよ。
C　ソーラーカーもテレビで見たことがある。
C　燃料電池車や電気自動車，クリーンディーゼル車
　もつくられている。
T　調べた感想や意見も言いましょう。
C　ハイブリッド車がすごく増えているのは，環境の
　ことを考えて買う人も増えたってことかな。
C　電気自動車などは，これから増えていくだろう。
C　自動車のほとんどがリサイクルされているよ。

3〈人にやさしい自動車〉

・車いすでのれる

→・足の悪い人が手だけで運転できる

・前に人がいたら，自動停止，警告音

・自動運転

他にも，いろいろな自動車が開発されている

4〈未来カーを考えよう〉

☆太陽光でどこまでも

☆衝突しない自動運転

☆誰でも楽に乗りおり

☆安くて簡単に運転

☆燃料電池車

開発とよりよい未来を繋げて考えていくとよい。

3 人への優しさを考えて，どのような自動車が開発されているだろう。

T　今のどの車にもついている，人に優しい工夫は？
C　シートベルト，エアバック…。
T　どんな人に優しい車があるとよいでしょう？
C　高齢者や体の不自由な人でも安全に乗れる車。
C　乗り心地が良い車…かな。
C　事故が起こりそうなときに自動的に止まる車。
T　人に優しい車がないか，教科書で調べましょう。テレビのCMなどを思い出してもいいね。
C　自動運転ができる自動車も開発されているみたいだね。
C　車いすのまま乗り降りできたり，足の悪い人が手だけで運転できる車もあるんだ。
C　前方に人などを感知したら，警告音を出したり，自動でブレーキがかかる車があるよ。
T　空気を汚さない車，安全な車，誰でも乗りやすい車…色々な自動車が開発されていますね。

4 ぼくが，私が，考えた未来の自動車。

T　今はまだ開発されていないけど，近未来にできたらいいなと思う自動車を考えて，発表し合いましょう。
C　太陽光で充電しながらどこまでも走れる車ができたらいいな。
C　自動運転で絶対に衝突しないように走れる車ができればいいな。
C　それなら，燃料もいらないし，空気も汚さないから温暖化の心配もなくなるね。
C　やっぱり，安く買えて，簡単に運転ができる車がいいな。燃料電池車がもっと普及したらいい。
C　リフトが付いていて，寝たきりの人とか，体の不自由な人でも，もっと楽に乗り降りできる車もあったらいいね。
　　グループで話し合った中からいくつか発表させる。

CMにまとめる

板書例

◎ 自動車工業の学習をふり返りながら，学んだ内容を CM にまとめよう

1 〈学習したこと〉

- ・変わってきた自動車と暮らし
- ・自動車工業のさかんな地域
- ・自動車を組み立てる工場
  （一度取り付けたドアを外すのはなぜ？）
- ・自動車づくりの工夫－ムダを省くしかけ
- ・部品はどこから－自動車部品をつくる工場
- ・世界とつながる自動車
- ・人々の願いに合わせた自動車開発

POINT　スライド機能の使い方については確認しておくようにする。自動車会社の CM など，動画を視聴することで，CM づくり

---

1 学習を振り返り，タイトルをつけて，CM づくりの目標を定めよう。

T　自動車工業で学習したことを振り返りましょう。

　　第 1 〜 7 時までの教材名を黒板にはり，印象的なことや大切だと思ったことなどを出し合わせる。

C　ジャスト・イン・タイムで生産されていた。

C　ロボットと人の手を使い分けていた。

T　今日は，学習のまとめとして CM をつくります。まず，印象的なことや大切だと思ったことをもとに，消費者に伝えることを想定した CM を考えましょう。

C　ジャスト・イン・タイムで自動車が造られるのがすごいと思ったので「ジャスト・イン・タイムの自動車づくり」にしよう！

C　「人と環境にやさしい自動車づくり」がいいな。使う人だけでなく，働く人のための工夫もあるから…。

　　グループ内の対話を通して，違う視点にも気付かせ，自分の考えをまとめていかせる。

2 学んだことの中から，CM づくりに必要なことを選び出そう。

T　教科書の CM の例を見ましょう。参考になることがありますか。

　　教科書の例を音読させ，どんな CM をつくればよいかイメージをもたせる。

C　まず，消費者に伝わりやすくするためにキャッチコピーをつけています。

C　CM の流れを，画面の絵コンテにしてわかりやすくしています。

C　画面の内容を簡単に説明しています。

T　画面にあったナレーションを入れています。

C　自分が伝えたいことを，キャッチコピーとして学習した中から考えましょう。本やインターネットから調べたことを付け足してもいいですよ。

C　「安全で事故の少ない自動車づくり」というキャッチコピーはどうかな。

C　燃料電池車のことをもっと調べてみよう。

C　キャッチコピーは「世界に広がる自動車工場」にしよう。

2,3,4 〈CMづくりの流れ〉

    1.キャッチコピーを決める
    （例：人と環境にやさしい自動車づくり）

    2.CMの各画面の大まかな絵コンテを考えて決める

    3.ナレーションなどを付け加える

→   4.CMをつくる

    5.完成したCMをはり出す

    6.読んだらコメントを書いてはる

のイメージがしやすくなる。

---

3 自分の意見や考えも入れてCMを作ろう。

T　では，CMづくりを始めましょう。はじめに，大体いくつの画面で展開するか流れを決めましょう。

C　4つの内容で書くけど，流れは始まり→説明→付け加え→結論としていこうかな。

C　まず，キャッチコピーの流れに沿って，画面の内容を簡単に書いていこう。

C　ナレーションはなかなか難しいなあ。

T　では，絵コンテを書いていきましょう。隣同士で，アドバイスをし合ったり，困ったら相談してもいいですよ。

C　組み立て工場と部品工場の関係を書きたいけど，いいキャッチコピーを思いつかないなあ…。

C　「自動運転の技術の進歩」を，CMのキャッチコピーにしていこう。

    記事が完成したら，最後に隣同士で交換して，誤字脱字も含めて，点検させ合う。

4 CMを読み合って，コメントを書こう。

    完成したCMから，順次教室の内外に掲示していく。

T　貼ってあるCMを読んで，付箋にコメントを書いて貼っていきましょう。

    自由に立ち歩き，コメントをCMに貼っていかせる。

C　「チームワークでつくる自動車」というキャッチコピーが内容にぴったりでいい。

C　電気自動車のよさを箇条書きにまとめて，わかりやすい内容になっている。

C　ナレーションが少ないけど，わかりやすいように思う。

C　燃料として，電気や水素を補給するところが少ないという問題点があることがわかった。

C　ジャスト・イン・タイムって難しい内容だと思ったけど，とてもわかりやすくまとめているわ。

C　このCMは，ナレーションが多く，内容がぎっしりだ。

暮らしを支える製鉄業

㊙ 製鉄業が私たちの暮らしに欠かせないことを理解する

1 〈鉄が使われている製品〉

- 身の回り：台所用品，文房具，学校の建物など
- 他の産業：車体，船体，機械→さまざまな産業で使われる

　鉄がないと産業も生活も成り立たない

2 〈鉄ができるまで〉

おもな原料は輸入　　　　　　　　　　　　　　　　　　製品は輸出

鉄鉱石
石炭
（コークス）
石灰石
→ 高炉で熱する → 溶けた鉄 → 余分な成分を取りのぞく → 鋼（はがね） → 圧延機で加工する（あつえんき） → 鉄鋼

板書例

POINT グラフと地図帳を活用し，製鉄の輸出入先を確認していく。鉄の原料や製造方法は児童にとって馴染みがないので，動画等

---

1 鉄が使われている製品を見つけよう。

T　身の回りで，鉄が使われている製品を見つけましょう。

C　缶詰の缶，包丁，フライパン…台所にいっぱいある。

C　机やいすの足，はさみ，ナイフ，押しピン…教室のものや文房具にもたくさん使われている。

C　校舎や体育館やプールにも鉄が使われているよ。サッカーゴールやバックネットにもね。

T　製鉄業以外の産業では，どのように使われているでしょうか。

C　自動車の車体も船の船体も農業機械も全部，鉄でできている。

C　いろいろなものをつくる機械も鉄でできているんだよね。

　　産業活動や私たちの生活にとって，鉄は欠かすことのできないものであることに気づかせる。

2 鉄はどのようにしてつくられるのだろう。

T　鉄は，どのようにしてつくられるのか，教科書の絵を見て調べましょう。まず，原料は何でしょう。

C　石炭と鉄鉱石，石灰石，コークスも使う。

T　石灰は，鉄鉱石に含まれる余分な成分を取り除くために使われます。コークスは石炭を蒸し焼きにして穴がいっぱいある状態にしたものです。燃やすと石炭より高温になり，鉄鉱石の酸素を取り除いたり高炉内の通気性も高めます。それでは，鉄ができるまでの流れを見てみましょう。

　　原料の画像 QR を見せる。

（Wikipediaより）鉄鉱石　（Wikipediaより）コークス　石炭　（Wikipediaより）石灰石

　鉄鉱石，コークス，石灰石を高炉に入れて，高温で溶けた鉄を取り出し，余分な成分を取り除いて鋼にして，様々な形に伸ばして加工する。

準備物
・資料 QR　・画像 QR
・鉄製品の具体物をいくつか（はさみ，缶詰缶，押しピン，釘，鉄板など）
・地図帳

ICT
画像や動画の資料を配信し，細かく見ることで，鉄の原料や製造方法などの具体像を掴むことができる。

---

3 〈製品の主な原料と製品の輸出〉

(1) 石炭の輸入と国内産の割合 2018 (年)

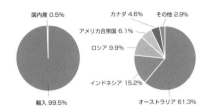

国内産 0.5%
輸入 99.5%

(2) 石炭の輸入先 2018 (年)

カナダ 4.6%　その他 2.9%
アメリカ合衆国 6.1%
ロシア 9.9%
インドネシア 15.2%
オーストラリア 61.3%

(3) 鉄鉱石の輸入先 (2018年)

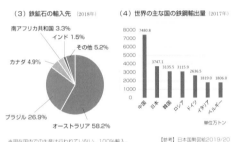

南アフリカ共和国 3.3%
インド 1.5%
その他 5.2%
カナダ 4.9%
ブラジル 26.9%
オーストラリア 58.2%

※現在国内での生産は行われていない。100%輸入。

(4) 世界の主な国の鉄鋼輸出量 (2017年)

中国 7480.8　日本 3747.1　韓国 3135.5　ロシア 3115.9　ドイツ 2636.5　イタリア 1819.0　ベルギー 1806.0

単位万トン

【参考】日本国勢図絵2019/20　QR

4 〈製鉄所がある地域〉

・ほとんど太平洋ベルト
・海沿い

なぜ？

・原料の輸入　┐ 船で
・製品の輸出　┘ 運ぶ

・工場に広い　┐ 埋立地
　土地が必要　┘

を見せることで，イメージをもたせる。

3 鉄をつくる原料や製品と貿易について調べ，話し合おう。

資料「製鉄の主な原料と製品の輸出」QR を配る。

T　資料を見て分かったことや思ったことを話し合いましょう。
C　鉄鉱石も石炭もほとんど全部輸入に頼っている。
C　どちらもオーストラリアが半分以上占めている。
C　日本の製鉄は，オーストラリアと関係が深い。
C　輸入が止まったら，製鉄ができなくなる。
C　日本の産業や暮らしをささえる鉄が，全部輸入頼りだなんて…。
T　製鉄所でつくられた鉄は，どこへ出荷されるのでしょう。

教科書や資料で調べる。

C　1年間に約1億トン生産して，その4割近くを輸出している。
C　日本は，中国に次いで世界第2位の鉄鋼輸出国なんだ。
C　でも，中国がとびぬけて多いね。

4 製鉄所はどんなところにあるのか確かめ，まとめをする。

T　日本の製鉄所は，どんなところにありますか。

教科書の地図を見てどこにあるか確かめる。

T　教科書の地図を見て分かったことを話し合いましょう。
C　北海道以外は，全部太平洋ベルトにある。
C　鉄鉱石も石炭もほとんど輸入だから，船で運ぶのに都合がいい場所に工場がある。
C　どこも全部海沿いにあるね。埋立地かな？　工場に広い土地が必要だからなのだろうね。
C　教科書の写真を見ても，海岸の埋立地のようなところに広い工場があるね。
C　船から直接工場に鉄や石炭を下ろしている。
C　製品を輸出するときも，すぐに船に積めるから都合がいいね。

鉄の生産過程の動画（NHK や製鉄会社）を最後に見せてまとめとする。

わたしたちの暮らしと石油工業

板書例

> ⓜ 身の回りの製品を調べて，わたしたちの暮らしと石油工業のつながりを理解しよう

1 〈石油からつくられるもの〉

服　輪ゴム　合成洗剤

化学肥料　ペットボトル

プラコップ　化しょう品

スーパー袋　　　　　　　など

↓

原料の全部，あるいは一部が石油

2 〈原油の生産と輸入〉

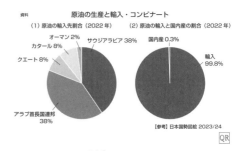

資料　原油の生産と輸入・コンビナート
(1) 原油の輸入先割合（2022年）
オーマン2%　カタール8%　クエート8%　サウジアラビア38%　アラブ首長国連邦38%
(2) 原油の輸入と国内産の割合（2022年）
国内産0.3%　輸入99.8%
【参考】日本国勢図絵 2023/24

・ほとんど輸入

・サウジアラビア，アラブ首長国連邦など

POINT　石油タンクとパイプが繋がっている石油化学コンビナートの様子等を，インターネットを使って調べるのもよい。マップ機

1 石油からつくられている製品は，どれだろう。

　ポリエステルやアクリル混紡の衣類，スーパーのポリ袋，輪ゴム，ペットボトル，プラスチックコップ，化粧品，合成洗剤（衣類または食器洗い）。化成肥料（できれば実物，なければ写真QRでも可）を見せる。

T　この中で，全部または一部が石油から作られているのはどれでしょう。

C　え〜っと，ポリ袋やペットボトルは，多分そうだ。コップもプラスチックだから…。

C　服は教科書に載っているからそうだね。輪ゴムはどうかな？

T　正解は，全部石油からできています。

C　えー，これ全部石油からできているの？

C　服がどうやって石油からできるの？

T　石油から作った糸で織るのです。綿や麻100%以外は全部石油から作った材料が使われています。

　自分の着ている服の品質表示を確かめさせる。

2 石油はどこから手に入れ，何に使われるのだろう。

　資料1 QR を配り，「原油の輸入先」「原油の輸入と国内産」のグラフから読み取らせる。

T　原料の原油は，どこから手に入れていますか。グラフを見て分かることを言いましょう。

C　ほとんど輸入しています。国内産はたったの0.3%しかない。

C　輸入の相手はサウジアラビアとアラブ首長国連邦の2国で半分以上を占めている。

　地図帳でグラフの8つの国の位置を確かめる。

C　サウジアラビアの近くの国が多いね。

T　輸入した原油は，何に使われるのか，使われ方の内訳のグラフ（教科書）で調べましょう。

C　ガソリンとか，物を動かす燃料が一番多い。

C　2番目は，灯油のように熱を生み出す燃料。火力発電や温室の暖房などいろいろ。

C　先に出てきたような工業製品の原料にもなる。

3 〈石油からできる工業製品〉

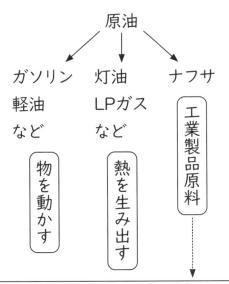

原油

ガソリン　灯油　ナフサ
軽油　LPガス
など　など

工業製品原料

物を動かす　熱を生み出す

プラスチック，せんい，ゴム，
せんざい，薬，とりょう，肥料　など

4 〈石油化学コンビナート〉

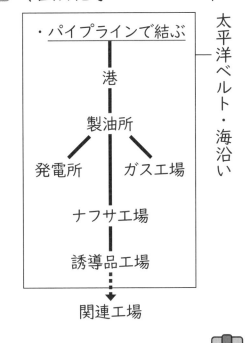

・パイプラインで結ぶ

港

製油所

発電所　ガス工場

ナフサ工場

誘導品工場

関連工場

太平洋ベルト・海沿い

能を使うと，航空写真も見ることができる。

3 石油からつくられる工業製品を調べ，わたしたちの暮らしとの関係を考えよう。

T　原油からまず何がつくられるのでしょう。

　　教科書「石油製品ができるまで」の絵を見て話し合う。

C　原油を熱して，いろいろな製品に分けていく。

C　LPガスが1番低温，重油が一番高温でとり出される。

T　工業製品は，この中のナフサから作られます。このナフサから，どんな工業製品がつくられるのか，資料2<img QR>の右の方を見て思ったことを言いましょう。

C　すごくたくさんの種類の製品が石油から作られている。

C　薬や肥料も石油から作るのか。日用品って，ほかにどんなものがあるかなあ。

　　具体的に何が石油から作られるのか，教室にあるものや身近にあるものなどを挙げ，時間をかけて話し合う。

C　筆箱，消しゴム，プラものさし，鉛筆も？

T　消しゴムや鉛筆に塗ってある色はそうですね。

C　スマホや自動車にもプラスチックが使ってある。

4 石油化学コンビナートとは何か，どんなところにあるのだろう。

T　石油に関係する工場はどのようにつながっているのか，先ず資料1の（3）を見ましょう。

C　石油化学コンビナートだね。

　　石油化学コンビナートの簡単な説明をする。

C　近くに工場が集まっていたら，原料や製品を運ぶのが便利だね。

C　パイプラインで石油などを送るから，トラックに積むこともない。

C　発電所やガス工場まであるとは思わなかった。

C　石油を送って発電して，その電気で近くの工場の機械が動かせる。

T　どこに石油化学コンビナートがあるのか，資料3<img QR>で確かめて分かったことを話し合いましょう。

C　みんな太平洋ベルトで，海沿いにある。

C　タンカーから原油をすぐに製油所に運べる！

C　コンビナートを作る広い土地もあるからね。

石油の生産と暮らしや環境の問題

本時の目標　石油に関連して，私たちの暮らしや環境の問題を考えることができる。

板書例

㋞ 石油の生産と，暮らしや環境にあたえる問題点について考えよう

❶ 〈石油の生産〉

［生産量が多い国］
　ロシア，アメリカ，サウジアラビア

［資料からわかること］
　・たくさん生産できる国は限られている
　・10〜100年ぐらいでなくなる可能性

❷ 〈世界の原油貿易〉

［輸入が多い国］
　アメリカ，中国（日本は 4 位）

［輸出が多い国］
　サウジアラビア，ロシア
　・アメリカ，中国の消費が特に多い

世界の原油産出量と
可能採掘年数（2020 年）

世界の主な国の
原油の輸出と輸入量

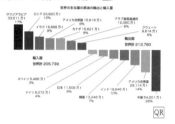

POINT　生産と消費について，よりよい未来像に繋げていくために，社会や自分自身がどうあるべきかを考えていくのもよい。これ

---

1 原油は世界のどの地域でどれくらい生産され，後何年ぐらい生産ができるのだろう。

　　　資料「世界の原油産量と採掘可能な年数」QR を見せる。

T　世界には今（2019 年），196 の国があります。世界の原油産地の資料を見て，思ったことや気付いたことを話し合いましょう。

C　ロシア，アメリカ，サウジアラビアなどが多く生産している。

C　中東に多く生産している国が集まっている。

C　石油がたくさん採れる国は限られている。

T　資料の（ ）の数字は，今のまま採掘を続けたら，後何年で掘りつくされるかという年数です。これを見て思ったことを話しましょう。

C　あと 10 年か 20 年で石油がなくなってしまう国がいくつもある。

C　長くても 100 年ぐらいで，世界中の石油はほとんどなくなってしまうよ。

　　　グループで話し合ったことを発表し合って共有する。

2 世界の原油貿易について調べ，話し合おう。

T　この原油の貿易はどうなっているのでしょう。まず，資料から分かることを言いましょう。

C　石油をすごくたくさん輸出している国と，すごくたくさん輸入している国がある。

C　輸出が多い国は，サウジアラビア，ロシア，イラクがあるよ。

C　輸入国だとアメリカと中国が特に多い。

C　日本も世界で 4 位の輸入国だよ。

T　この資料をみて，どんなことを思いましたか。意見を出し合いましょう。

C　アメリカや中国はたくさん生産している一方で，大量に輸入している。なぜ，そんなに必要なんだろう。

C　2 つの国が特に多く燃料や工業製品に使っていることになる。

C　日本も，こんなに多く使っているとは思わなかった。たくさん使っていたら，どんな影響があるんだろう。

3 〈石油のない生活〉

・トラック，自動車　×
　輸送にこまる

・火力発電　×
　テレビ，クーラーが使えない

・石油からつくられる製品　×
　プラスチック，薬，化しょう品，
　ボールもなくなる

※児童の発表があれば，板書する

4 〈石油と環境問題〉

・地球の温暖化
異常気象
植物，その他の生物にも影響
など

世界の子どもたちも立ち上がる

・プラスチックごみ
　分解されずに残る
　世界中の海をおせん

わたしたちは
どんな取り組みができる？

からの生活を見直す機会になる。

3 石油のない生活を考えてみよう。

T　石油がなくなったら，私たちの生活はどうなるか想像して，話し合いましょう。

C　今のバス，トラック，自動車，みんな使えなくなるね。輸送が困る。代わりに電気自動車やソーラーカーを使うのは，難しいのかな。

C　石油から作られているものをたくさん使っているから困るね。

C　火力発電ができなくなるよ。電気が足りなくなったら大変だ。テレビもクーラーも冷蔵庫も何も使えなくなる。

C　プラスチックやビニールで作られているものはなくなる。木の筆箱，竹の歯ブラシになるかも…。

C　薬も石油から作られているから，どうなるんだろう。

T　みんな，毎日石油からつくられたものを使っているから，もし石油がなくなったら，今のような生活はできなくなるでしょうね。

4 石油の使用と環境への影響を考えよう。

T　石油と環境の問題も考えましょう。今，一番問題になっているのは何でしょう。

C　地球温暖化。

C　石油や石炭を使って出る二酸化炭素が原因だ。

T　最近の異常気象の原因は地球の温暖化が原因だと言われています。夏の酷暑，異常な大雨などよく聞きますよね。

C　植物や生き物にも影響が出る。

C　世界中の子どもが立ち上がって訴えているね。

C　太陽光や風力発電にも取り組んでいる。

C　ガソリンを使わない自動車も考えられていた。

T　資料2「海の環境とプラスチックごみ」を読んで，みんなも考えてください。

C　海の生き物が，お腹にプラスチックが詰まって死んだニュースを見たよ。

C　ぼくたちは，これからどうすればいいのかな。

食料品をつくる工業

板書例

ⓜ 食料品をつくる工業を調べて，ソースづくりの活用について考えよう

1 〈クイズ〉

工業製品はどれ？

ソーセージ	○
だいこん	×
きゅうりのつけもの	△
さとう	○
さんま	×
キャラメル	○
パン	△
とろろこんぶ	○

2 〈食料品工業の出荷額〉

1 肉類・乳製品
2 飲料・酒類
3 パン・菓子
4 水産加工品

⇨ 原料
農産物（農業）
水産物（漁業）

食料品工業の出荷額のうちわけ（2020年）

肉類・乳製品 18.0%
飲料・酒類 14.0%
パン・菓子類 13.7%
水産加工品 8.4%
そのほか 45.9%

〔日本国勢図会　2023/24〕

POINT 各産業の違いについて画像や動画を見て確認する。工業生産の活用の方法や未来の在り方など，よりよい未来の実現に繋げ

1 どれが食料品工業の製品だろう。

T　○×クイズをします。今から出す食品が食料品工業の製品かどうか答えましょう。

T　第1問はソーセージです。

C　これは簡単。食料品工業の製品です。

T　第2問，大根。

C　違います。大根は畑で作る農作物です。

T　第3問。きゅうりの漬物。これはどうでしょう。

C　漬物は工場で加工して作るから工業製品です。

C　スーパーで売ってる漬物は，工場で機械で作っているから，やっぱり工業製品だよ。

C　家で漬けて作ったら，工業製品とは言えないんじゃないの。

C　でも，ぼくのおばあちゃんは，家で漬けて作るよ。

C　う～ん，同じ漬物でも工場で作ったら工業製品だけど，家で作ったものは工業製品とは言えないね。

2 食料品工業では，どのような製品が多く作られ，原料は何が多いだろう。

T　食料品工業では，どのような製品が多く作られているでしょう。

　　資料QRのグラフ「食料品工業の出荷額の内訳」から読み取る。

C　肉類や乳製品が一番出荷額が多い。

C　2番が飲料や酒類，次がパンや菓子類，次が水産加工品です。

T　これらの食品は，何でつくられているのでしょう。農産物，水産物，それとも他のなにか…。

C　加工肉は牛や豚などで，乳製品は牛乳から作るから，畜産物が原料だね。

C　パンやお菓子も，小麦や砂糖やチョコなどだからこれも農産物。

C　水産加工品は水産物だね。お菓子の中でもするめなどは水産物が原料だ。

T　食料品工業の製品は，原料との関係から言うと農業や水産業との関わりが深いですね。

---

3 〈ソースづくりの工夫〉

　　お好み焼き用をはじめとしたいろいろなソース

　　（独特の甘みとこく）

　〔工夫〕

　　　・安心・安全に注意している

　　　・お客さんの声を聞く

　　　・使う人のことを考えている

　　　・機械や人を使って品質検査をしている

　日本だけでなく，世界中へ輸出

　　　世界の国の好み・文化に合う

　　　原料やつくり方を工夫

4 ロボットの活用例

　ロボットを使って
　製品を運ぶ，動かす

　↓

　効率のよい
　生産につながる

られるように考えていくとよい。

3　ソースづくりの工夫について考えよう。

T　ソースがどのようにしてつくられるのか，教科書で調べてみましょう。

C　まず原料の野菜やくだものなどを調合します。調合したものを加熱して，菌をなくします。

C　続いて検査をして，製品の品質について確認します。

C　加熱後のソースは製品の容器に詰められます。

T　ソースづくりでどんな工夫がされていますか。それについて意見も言いましょう。

C　甘みとこくをもたらすデーツ（ナツメヤシの実）は，調合しながら特別に工場で加工しているそうだ。

C　食べ物を作っているから，安心や安全には特に注意して作っているのだね。

C　消費者の声を生かしたり，使う人のことを考えた製品を作っている。今度お店に行ったら，料理別に使い分けられたソースに注目して探してみよう。

4　ロボットの活用について話し合おう。

　　教科書の「工場で活用されるロボット」の部分を読む。

T　ロボットは，どんなことに活用されていますか？

C　包装された製品が，ダンボールに詰められてロボットに運ばれている。

C　人の作業とロボットがする作業に分けられて，うまく生産できるようになっているんだね。

C　計画的に生産ができるから，1時間に約12000本もの家庭用ソースができるそうだ。

T　こうしたロボットの活用や工場の工夫について，自分の意見を出して話し合いましょう。

C　料理に合わせていろいろなソースが作られると，料理の味も美味しくなると思う。

C　ロボットの活用で，働いている人達が楽になるのかな。

　　時間があれば全体でも意見交流する。

工業生産を支える運輸と貿易

全授業時間 5 時間

● 学習にあたって ●

◇**何を教えるのか　- この単元の特徴 -**

　　部品や原材料，製品を運ぶ「輸送」は，工業生産を支える重要な要素の一つです。現在では，道路網の整備によって，国内の輸送の中心になっているのは，トラック輸送です。また，IC 関連の製品のように，小型軽量で高価な製品の輸送などでは航空機も利用されています。こうした運輸の姿や特徴を学習します。

　　日本の工業は，原料・エネルギーの多くを輸入に頼ってきました。一方で，欧米諸国に比べて低い賃金や徹底した合理化と技術力で，多くの工業製品を輸出してきました。しかし近年はアジア諸国でも工業生産が発展し，日本企業のグローバル化による海外での現地生産も増加しています。これらによって，国内産業の空洞化などの新たな問題も生じています。

　　こうした工業生産の変化は，日本の貿易にも影響しています。その貿易の変遷や特色を調べ，工業との関わりをまとめていきます。

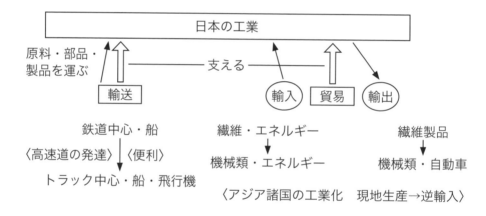

● 評　価 ●

知識および技能	・日本の運輸，貿易の特色や変遷について資料から読み取っている。 ・日本の工業を支えている運輸や貿易の役割が理解でき，輸出入のバランスやエネルギー供給の問題が課題であることが分かる。
思考力，判断力，表現力等	・日本の工業を支える運輸・貿易の特色や働きについて考え，適切に表現している。 ・これからの貿易やエネルギー供給の問題について考え，話し合っている。
主体的に学習に取り組む態度	・日本の運輸，貿易と工業との関係に関心を持ち，現状や課題などについて意欲的に調べたり話し合おうとしている。

時数	授業名	学習のめあて	学習活動
1	工業製品の輸送と日本の貿易	・輸送や貿易と日本の工業生産との関係を考え，学習課題を持つことができる。	・工業生産を持続させるためには輸送や貿易が必要なことをつかむ。 ・国内の貨物輸送の推移や主な貿易港を調べる。 ・工業と輸送や貿易の関係について調べたいことを話し合う。
2	全国へ運ばれる工業製品	・全国に広がる様々な交通機関の特徴を生かして，工業製品を運んでいる運輸の役割がわかる。	・国内輸送はトラック中心であることをつかむ。 ・トラックターミナルのしくみと役割を知る。 ・主な輸送機関に適している荷物についてまとめる。
3	日本の輸入の特色	・主な輸入品や相手国，輸入品の割合などを調べ，日本の輸入の特色を考えることができる。	・身の回りの輸入品を調べる。 ・主な輸入品の輸入先，輸入品の割合や輸入額の変遷を調べる。
4	日本の輸出の特色	・日本の輸出は機械類の割合が多いが，近年は貿易赤字になっているなどの特色がわかる。	・日本の輸出の特色について話し合う。 ・日本の輸出額や主な輸出品を調べる。 ・日本の輸出額や輸出品の変遷を調べ，話し合う。 ・日本の輸出の特色をまとめ，話し合う。
5	これからの社会に向けて	・日本の運輸や貿易の学習をもとにして，これからの日本の工業のあり方について考えることができる。	・世界の貿易相手国を調べ工業との関係を振り返る。 ・運輸や貿易が止まると工業はどうなるか想像する。 ・エネルギー供給の問題を考える。 ・「工業を支える運輸・貿易」についてキャッチフレーズにまとめる。

工業製品の輸送と日本の貿易

板書例

ⓜ 工業製品の輸送と貿易について調べ，学習課題を持とう

1〈工業生産に必要な運輸と貿易〉

工業生産を続けるために必要なもの

・原料や部品・製品を売る・働く人・中小工場…

2〈輸送（運輸）〉

・原料，部品，製品を運ぶ

・トラック，船，鉄道，飛行機

・2000年頃まで大きく増える
　　→工業生産の発展と似ている

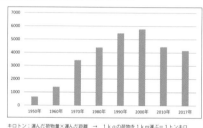

資料　　　国内の貨物輸送と貿易

（1）国内貨物輸送量のうつり変わり（単位：億トンキロ）

キロトン：運んだ荷物量×運んだ距離　→　1kgの荷物を1km運ぶ＝1トンキロ
（国土交通省資料・日本国勢図絵 2019/20）
QR

POINT　地図帳を活用して，位置関係や各地域のつながりが見えるようにしたい。その上で，輸送方法などについて対話的に考えて

1 日本の工業が生産活動を続けていくためには，何が必要か考えよう。

T　日本の工場で工業製品をつくり続けていくために，どうしても必要なことは何だと思いますか。

C　部品と部品になる鉄などの原料は絶対必要。

C　部品があっても，働く人がいないと生産は続けられないよ。

C　どれだけつくっても，製品が売れなかったら，生産は続けられないよ。

C　自動車はたくさん輸出しているから，輸出は大事。原料は輸入しているから輸入も絶対必要だ。

T　原料の産地や部品工場から自動車組み立て工場へは，どうやって運んでいるのですか。

C　原料は船で運んで輸入している。

C　トラックで部品を運んでいる。

T　製品を消費者や輸出先に届けるときには，何を使いますか。

C　トラックに積んだり船に積んだりして運ぶ。

T　輸送がなければ，生産は続けられないですね。

2 貨物輸送について調べよう。

T　様々な物や人を運ぶことを運輸と言います。

C　じゃあ，輸送がなかったら工業生産は続けられないから，輸送が工業を支えていると言えるね。

T　品物を運ぶのは，トラックと船だけですか？

C　鉄道でも運びます。貨物列車があります。

C　飛行機でも，運んでいるよ。

　　資料「国内の貨物輸送と貿易」QR を配る。

T　（1）のグラフから分かることを話し合いましょう。

　　※単位の「トンキロ」や「貨物輸送」の説明をしておく。

C　2000年までは，輸送量がすごく増えて，その後は少し減っている。

C　貨物の中には工業製品や部品なども含まれているのね。

C　前に勉強した工業製品の生産量と似たようなグラフになっている気がする。

③ 〈貿易（輸出・輸入）〉

・貿易額の多い港，空港

　成田国際空港，関西国際空港

　名古屋港，東京港，横浜港など

　→工業地帯・地域にある

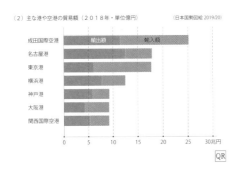

(2) 主な港や空港の貿易額（2018年・単位億円）　　（日本国勢図絵 2019/20）

QR

④ 〈もっと調べたい〉

・どのようにして運ぶのか

・どの手段で運ぶことが多いのか

・飛行機では何を運ぶのか

・輸送のうつり変わり

・何をどこへ輸出・輸入

・貿易のうつり変わり

QR

いくことで，深い学びに繋がっていく。

③ 貿易について調べよう。

「貿易」の意味を教科書や資料集で確認させる。

T　今度は資料の（2）QR もグラフを見ましょう。これは何を表しているグラフですか。

C　主な港や空港の貿易額です。

C　輸出が輸入より多いところや，その逆もあるね。

T　地図帳で場所を調べましょう。何か特徴は？

C　どこも，前に習った太平洋ベルトの中で工業の盛んなところばかりだ。

C　京浜・中京・阪神工業地帯の近く。成田や千葉は京葉工業地域に近い。

C　工業地帯や地域にある港や空港で，輸出や輸入をしている。その方が便利だよね。

工業の盛んな地域の地図（教科書など）も参照する。

C　工業と貿易の関係は，貿易額の多い港や空港が工業地帯などにあることからも分かるね。

教科書記載の輸送や貿易場面の写真も見させておく。

④ 日本の工業と輸送や貿易について，もっと調べたいことを話し合おう。

T　日本の工業を支えている運輸や貿易について，どんなことを詳しく調べてみたいと思いますか。

C　自動車はキャリアカーで運ぶけど，他はどのようにして原料や製品を運んでいるのか，もっと調べてみたい。

C　どんな物を輸出や輸入しているのか，どこの国と貿易をしているのか，もっといろいろ知りたい。

C　空港での貿易額がすごく大きかったけど，どんな物を飛行機で運ぶのかな？

C　品物を運ぶのはトラックや船などいろいろあったけど，どれで運ぶのが多いのかな？

T　いろいろ意見が出ましたね。では，次の時間から原料・部品・工業製品が何でどのように運ばれているか調べましょう。貿易についても，どことどんなものを輸出入しているのか調べましょう。

C　輸送も貿易も，その移り変わりも知りたいです。

全国へ運ばれる工業製品

板書例

㋫ 全国に荷物を運ぶために必要な 運輸のはたらきと特色を理解しよう

1 〈貨物輸送のうつり変わり〉　　**2,3** 〈トラックターミナルの働き〉

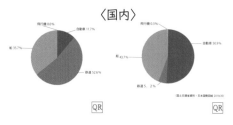

〈国内〉

飛行機 0.0%　自動車 11.7%　船 35.7%　鉄道 52.6%

QR

飛行機 0.3%　自動車 50.9%　船 43.7%　鉄道 5．2%

〔国土交通省資料・日本国勢図会 2019/20〕

QR

・鉄道中心 ⟶ <u>トラック中心</u>

・船の割合は少し増えている

・飛行機も少し利用

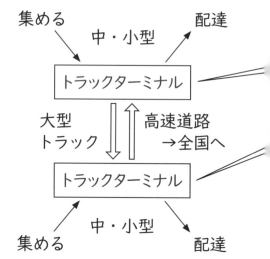

集める　　　　　　　　配達

中・小型

┌─────────────┐
│ トラックターミナル │
└─────────────┘

大型トラック　⇕　高速道路 →全国へ

┌─────────────┐
│ トラックターミナル │
└─────────────┘

集める　　中・小型　　配達

POINT 地図帳やマップ機能も活用するとよい。距離や地形などの地理的要因を掴んだ上で，輸送方法やその方法がとられる理由に

1 国内への工業製品などの輸送は，何を利用しているのだろう。

T　原料・部品・工業製品などは，何で輸送されるのでしたか。

C　トラック，船，鉄道，飛行機です。

T　国内でのこうした貨物輸送は昔からどのように変わってきたか，グラフで調べてみましょう。

　　　資料「輸送割合のうつり変わり」QR を配る。

T　<u>グラフから分かることを話し合いましょう。</u>

C　全体の貨物輸送量はすごく増えている。飛行機も 0% から少し増えた。

C　反対に鉄道輸送はものすごく減っている。なぜかな？

C　自動車の割合がすごく増えている。半分を超えている。

C　船で運ぶ割合は，少し増えているけど，あまり変わらないね。

T　自動車というのはほとんどがトラックと考えます。今はトラック輸送が中心ですね。

2 トラックで製品を運ぶ様子を調べよう。

　　　トラックターミナルの写真を見せる（教科書など）。

T　ここは，何でしょう。何をするところですか。

C　トラックターミナル。荷物を積み込むところ。

C　ここから全国に送っています。

T　トラックでどのように運んでいるのか，資料の（1）から分かることを話し合いましょう。

　　※資料「トラック輸送とトラックターミナル」QR を配り，(1) トラックターミナルの働きから読み取らせる。

C　トラックターミナルから全国のトラックターミナルへは，大型トラックに積み替えて運んでいるね。

C　小型や中型トラックで荷物を集めてきたり，トラックターミナルから届け先に配達したりしている。

C　トラックターミナルは，荷物の積み替え駅みたいだね。

C　大型トラックは高速道路で全国に運ぶんだ。

4 〈交通機関と運ぶ荷物〉

☆トラック
　運びやすい，全国どこへでも

☆船
　大きな荷物，大量に運ぶ

☆飛行機
　高価なもの，早く運ぶ

☆鉄道
　陸上で多くの荷物，コンテナ

↓

特色を生かした輸送

・荷物を集める
・積みかえる
・保管する

荷物に合わせたトラック
・積みかえやすい
・まとめて運べる
　↓
ムダなく運べる

（2）各地のおもなトラックターミナル

も目を向けていくようにする。

---

3 トラックターミナルはなぜ必要とされるのだろう。

T　資料の（2）QRで，トラックターミナルがどこにあるか見てください。

C　全国各地にトラックターミナルがあるんだ。

C　これなら全国どこへでもトラックで運べるね。

C　でもやっぱり，太平洋ベルトに多いね。

T　なぜ，トラックターミナルに荷物を集めて積み替えるのか考えましょう。

C　荷物を一カ所に集めた方が，積み替えやすく，まとめて運べるのでムダがないです。

C　同じ方向に送る荷物をまとめて積める。トラックの数を減らしたり，小型にしたりできる。

C　お金も少なくて済むと思う。

C　遠くへたくさん運ぶときは大型，荷物を集めて回ったり配達するときは小型と，目的によってトラックの大きさを変えられる。

4 輸送機関と運ぶ荷物（製品）との関係を考えよう。

T　トラック輸送が増えてきたのはなぜでしょう。

C　運びやすい。全国どこへでも届けられる。

C　鉄道，船，飛行機は線路や港や空港がないと運べない。自動車は道があればどこでも行ける。

C　今は，全国に高速道路がつながっているからね。

T　トラック以外の，船・飛行機・鉄道は，どんなものを運ぶのに適しているか考えてみましょう。

C　飛行機は，小さくて高価な製品を運ぶときや早く届けるのに適している。

C　鉄道は，陸上で多くの荷物を運べる。コンテナに積むと便利だよ。

C　船は，大きなものや大量の荷物が運べる。海外へ運ぶときも利用される。

　　資料「主な高速道路・空港・港」QRの分布図を見せる。

C　高速道が網の目のように日本中に広がってる。

C　空港や港も，すごくたくさんある。

日本の輸入の特色

板書例

㋲ 日本の輸入の特色を理解しよう

2〈主な輸入品と輸入先〉

〔輸入割合が多い〕

石油，石炭，天然ガス，鉄

〔輸入額が多い〕

原油

天然ガス

石炭

衣類

通信機

コンピューター

ワークシート　主な輸入品と相手国　名前（　　）

QR

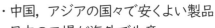

〔うつり変わり〕

・せんい原料，原油→機械，原油

・輸入額が大きく増えた

・中国，アジアの国々で安くよい製品

・日本の工場が海外で生産

POINT　端末を持ち帰り，発見した海外製品を撮影して残しておき，授業で共有すると，生きた資料となる。様々な海外製品が日本

1 身の回りから輸入品を見つけよう。

T　身の回りにある物や，みんなが知っている物で，どんなものが輸入されていますか。

C　魚，小麦，大豆などの輸入が多いと勉強したよ。

C　肉。アメリカ産やオーストラリア産があります。

C　服も中国製をよく見かけます。

C　石油や100円ショップの品物も輸入されている。

具体物や写真などをたくさん用意しておいて，確かめさせるとよい。

C　ずいぶん，いろんなものを輸入しているね。

C　国内産より輸入品の方が多いかもしれないね。

T　身の回りで使う物や食料品から，石油や工業製品までいろいろな物を輸入していますね。ここでは，主に工業との関係で輸入を見ていきましょう。

2 日本の主な輸入品と輸入先を調べよう。

T　輸入の割合が特に多いのはどんなものでしょう。

教科書のグラフで確かめましょう。

C　石油，石炭，天然ガス，鉄鉱石はほとんど輸入に頼っています。

資料「日本の主な輸入品と輸入先」QR を配る。

T　主な輸入品は，どこの国から多く輸入しているか調べましょう。

C　最近は石油を，サウジアラビアやアラブ首長国連邦から多く輸入している。

C　オーストラリアからも天然ガスや石炭の輸入が多い。

C　中国からの輸入が多い。通信機はスマホなどのことかな。

資料の（1）をもとに，ワークシート1 QR の地図に書き込み，答えさせる（国は地図帳で調べさせる）。

3 〈輸入品の割合，輸入額のうつり変わり〉

（2）主な輸入品の割合を比べる（%）

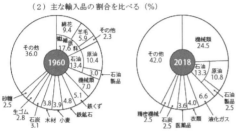

（3）輸入額のうつりかわり （日本国勢図会 2019/20）

1960年	1兆6168億円
1970年	6兆7972億円
1980年	31兆9953億円
1990年	33兆8552億円
2000年	40兆9384億円
2010年	60兆7650億円
2018年	82兆7033億円

4 〈まとめ〉

〔特色〕

・原料→工業製品にして
　　　輸出（1960）
　機械などの工業製品も輸入（2018）

・つながりの強い国
　中国，オーストラリアなど（2018）

〔考え〕

・日本の工業や貿易が変わった

・外国とのつき合いが深く

・輸入増
　→よいことも困ることも

に輸入されていることに気付くことができる。

---

3 日本の輸入品の割合や輸入額は，どのように変わってきたのだろう。

　資料の（2）から，1960年と2018年の輸入品割合を比べ，輸入品がどのように変わって来たか調べる。

C　石油の輸入割合は，あまり変わっていない。今も大事な輸入品だ。

C　せんい工業の原料の輸入が，とても減っている。

C　2018年は，機械類の輸入がすごく多くなった。

T　機械類の輸入はなぜ増えたのでしょう。どこからどんな物を輸入しているのかな？

C　自動車のように海外で生産して輸入していると思う。

C　中国やアジアの国々で機械類の生産が盛んになってきたから輸入も増えた。

C　日本より安く生産できるから，輸入が増えたんだよ。

　資料の（3）から輸入額の変遷についても考える。

C　すごく輸入額が増えている。桁が違うね。

T　物価が違うので単純に比較はできないけど，2000年と比べても，輸入額は約2倍ですね。

4 日本の輸入の特色をまとめ，そこから考えたことを話し合おう。

T　では，日本の輸入の特色について，資料や教科書をもう一回見直して各自でまとめてみましょう。

C　1960年頃は，原料や燃料を輸入して，工業生産に使っていたと思う。

C　今は機械など多くの工業製品も輸入している。

C　輸入で特につながりが強い国がいくつかある。

C　中国とのつながりが強そう。オーストラリアやサウジアラビアも。

T　日本の輸入の特色から，考えたことを話しましょう。

C　輸入額がすごく増えてきているのは，外国とのつながりが深くなっているからだと思います。

C　安い工業製品が輸入されるのはよいけど，国内で生産するものが売れなくなったら困るよね。

C　日本の工業生産が変わってきたように思う。前は，原料を輸入していたのに，今は製品も多く輸入している。

T　次の時間は，輸出について学習しましょう。

日本の輸出の特色

板書例

㋕ 日本の輸出の特色を理解しよう

1,2 〈日本の主な輸出品と輸出先〉

日本の輸出額…世界第4位（輸入も同じ）

〔主な輸出品〕

・自動車

・電子部品

・自動車部品

機械類が多い

ワークシート　　主な輸出品と相手国　　名前（　　　　）

〔輸出先〕

・アメリカ

・中国

・アジアの国々

QR

POINT 地図帳や資料集にも輸出量・輸入量を表す資料があるので，有効に活用したい。また，マップ機能を活用すると，各国・各

1 日本はどのようなものを多く輸出しているのだろう。

T　クイズです。日本の輸出額は，世界第何位だと思いますか。次の中から選びましょう。

　㋐世界第1位　㋑世界第4位　㋒世界第9位

C　世界第1位！

C　4位ぐらいじゃないかな？

C　9位が正解だと思う。

T　正解は，中国，アメリカ，ドイツに次いで4位です。ちなみに輸入額も4位です。（米，中，独の順）

T　日本はどんな製品を多く輸出しているでしょう。

C　機械工業の生産が多かったから，機械類の輸出が多いと思う。

C　自動車が特に多い。生産量の約半分を輸出していたから。電化製品も多いと思います。テレビとかスマホとか。

T　みんなの予想では，自動車や電化製品などの機械類が多そうですね。

2 日本の主な輸出品と輸出先を調べよう。

　　資料「日本の主な輸出品と輸出額・輸出先」QR を配る。

T　輸出額の多いものは，何でしたか。

C　やっぱり，ほとんどが機械類です。

C　自動車が断トツに多い。

T　主にどの国に輸出しているのか，資料の（1）を見て，ワークシート QR の地図に書き込みましょう。

　　各自で作業する。隣同士で協力してもよい。

T　ワークシートに書いてみて，分かったことを言いましょう。

C　アメリカと中国への輸出が特に多い。

C　アメリカへは自動車関係の輸出が多い。中国へは，いろいろな物を輸出している。

C　アメリカや中国からの輸入も多かったね。

T　アメリカ，中国以外の国はどうですか。

C　オーストラリアやアジアの国が多いです。

❸〈輸出品の割合，輸出額のうつり変わり〉

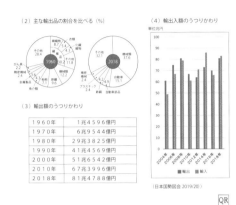

(2) 主な輸出品の割合を比べる (%)

(3) 輸出額のうつりかわり

1960年	1兆4596億円
1970年	6兆9544億円
1980年	29兆3825億円
1990年	41兆4569億円
2000年	51兆6542億円
2010年	67兆3996億円
2018年	81兆4788億円

(4) 輸出入額のうつりかわり

(日本国勢図会 2019/20)

QR

〔うつり変わり〕

・せんい→機械中心へ（自動車）

・輸出額も大きく増えた

❹〈特色・考え〉

・アメリカ，中国と多く貿易

・機械の輸出→現地生産向けも

・日本の高い技術の製品
　→アジアへ

〔貿易まとめ〕

・輸出より輸入が多く貿易赤字

・貿易→世界のつながりが深まる

・輸出と輸入のつり合いが大事

地域の位置関係や距離感を捉えやすくなる。

---

3 日本の輸出品の割合や輸出額は，どのように変わってきたのだろう

T　資料の（2）から1960年と2018年の輸出額を比べて，輸出がどのように変わったか調べ，分かったことを話し合いましょう。

C　機械類がすごく増えている。自動車も1960年は上位に入っていないのに，すごく増えた。

C　1960年は，繊維製品の輸出が一番多かったけど，2018年は，減っている。その他の中に入っているのかな。

C　輸出は，繊維製品中心から，機械製品中心に変わってきたということだね。

　　機械類は多くの機械製品を合わせた割合なので，単独の製品としては自動車が一番であることを追加説明しておく。

T　資料（3）の輸出額の移り変わりも見ましょう。

C　輸出額も，すごく増えています。

C　1980年以後の10年間でおよそ10兆円ぐらいずつ増えています。

4 日本の輸出の特色をまとめ，そこから考えたことを話し合おう。

T　日本の輸出について分かったことをまとめ，考えたことも言いましょう。

C　日本はアメリカや中国に多くの製品を輸出しています。

C　機械類の輸出が多いのは，海外で生産する日本の工場向けに部品などを輸出しているからかな。

C　アジアの国々への輸出も多いから，日本の優れた技術の製品や部品が買われるのだと思う。

T　資料の（4）も見て，日本の貿易について，まとめの話し合いをしましょう。

C　以前は輸入より輸出の方が多かったけど，最近は輸入の方が多くなってきている。

C　輸出も輸入も増えてきてはいるけど，輸入の方が多くなりすぎると貿易赤字になってしまう。

C　貿易で物が行き来したら，世界の結びつきも深まって，私たちもいろいろな製品が手に入る。

これからの社会に向けて

板書例

め これまでの学習をふり返り，これからの社会に向けて大事な取り組みを調べよう

1 〈日本の貿易〉

・世界中の多くの国々と貿易

・中国，アメリカが多いが
アジアやヨーロッパとも

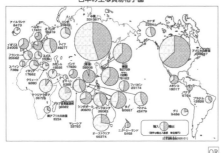

日本の主な貿易相手国

QR

2 〈貿易・運輸が止まると〉

・原料，部品，製品…運べない

・工場の機械…動かない

・原料…手に入らない

工業生産ができない
わたしたちの生活にも影響が
出る

POINT 社会科の学習では，学んだことをよりよい未来の実現に繋がるように生かしていくことが大切である。よりよい未来をイメー

1 日本と世界の国や地域との貿易を調べよう。

資料「日本の主な貿易相手国」QRを見る。

T　資料から分かったことを言いましょう。

C　こんなに多くの国々と貿易をしている。

C　中国とアメリカが多いけど，他にもアジアやヨーロッパの国々などとも，貿易をしている。

T　工業と関係する主な貿易品としては何がありましたか。学習したことを思い出しましょう。

C　輸入品では，石油，石炭，天然ガス，鉄鉱石などのエネルギー源や原料が多かった。

C　最近は外国産の機械類の輸入も増えていた。

C　輸出は，自動車を中心とした機械類が多かった。

T　(1)の資料は取引額が5千億円以上の国なので，これ以外の国とも貿易しています。

2 輸送や貿易ができなくなったら，日本の工業はどうなるか想像してみよう。

T　もしも貿易や国内での運輸がストップしたら，日本の工業はどうなるか，想像してみましょう。

C　エネルギー源の石油や石炭をほとんど輸入しているから工場の機械も動かないよ。

C　自動車や電車が動かなかったら，原料や部品や製品も運べないから困るね。

C　石油はいろいろな製品の原料にもなっている。鉄などの原料も手に入らなくなるから生産ができなくなるね。

C　電気やガスがなくなったら，工場生産だけでなく，私たちの生活も困るよ。

C　貿易や運輸がストップしたら，大変なことになる。想像がつかないよ。何もできなくなってしまうね。

T　貿易や運輸が止まると，日本は工業生産ができなくなり，私たちも今のような生活はできなくなってしまうでしょうね。

I・C・T スライド機能や文書機能を使ってキャッチフレーズを作成し, 全体共有することで, 互いの考えを交流できる。

3 〈エネルギー問題〉　　**4** 〈キャッチフレーズをつくろう〉

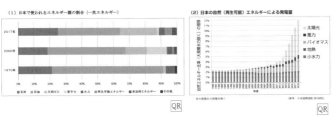

(1) 日本で使われるエネルギー源の割合（一次エネルギー） QR

(2) 日本の自然（再生可能）エネルギーによる発電量 QR

石油・石炭・天然ガスが多い

↓

温暖化の原因

↓ 解決に向けて

再生可能エネルギーの使用

（自然の中にある）

太陽光, 太陽熱,

水力, 風力, 地熱など

再生可能エネルギーの開発は世界の課題

実現に向けてまったなしで取り組もう！

ジできる思考活動を行うとよい。

3 これからのエネルギーの供給について考えよう。

T　資料の「日本で使われるエネルギー源の割合」QRから何が分かりますか。

C　石油, 石炭, 天然ガスが多い。

C　石油は減っているけれど, それでも一番多い。

T　温暖化の原因になるのはどれでしょう。

C　石炭, 石油, 天然ガスです。CO_2を出すから。

C　再生可能エネルギーはまだ少ないね。

T　これからのエネルギー供給の問題について話し合いましょう。

C　温暖化の原因になる物は減らして, 太陽光や風力などを増やしていくのがいいわ。

C　再生可能エネルギーは費用が高いらしいけど, 太陽光発電などはすごく増えているよ。

C　原子力もCO_2は出さないけど事故が起きたら！

　　資料「国内の自然（再生可能）エネルギーのうつり変わり」QRも話し合いの参考にさせる。参考画像あり。

4 工業を支える運輸や貿易について, キャッチフレーズにまとめよう。

T　工業を支える運輸や貿易について, 学習してきたことをもとにしてキャッチフレーズにまとめましょう。

　　キャッチフレーズの例（教科書または資料）を見て, どのようなキャッチフレーズにまとめればよいのか, イメージを持たせる。

C　どんなのを作ろうかな？　貿易で…その後をどうしようかな。

C　「世界に向けて飛行機で運ぶ製品」これって, おかしいかな？

C　「再生可能なエネルギーの開発は世界の課題　まったなしで取り組もう！」できた！

　　厚紙でつくったカードにフレーズと思いを書かせる。

T　できたら, グループ（班）の中で, 紹介し合いましょう。感想も出し合いましょう。

　　時間がない場合は, 別途交流の時間を設ける。

これからの工業生産とわたしたち

全授業時間 5 時間

◉ 学習にあたって ◉

◇何を教えるのか　- この単元の特徴 -

　「工業生産と工業地域」の学習の中で，日本の工業の特色として中小工場が工場数の 99％以上，労働者数の約 70％，生産額の約半分を占めていることを学習してきました。この小単元では，これまでの工業学習を振り返り，日本の工業生産を支えてきた中小工場に焦点を当て，伝統工業や中小工場の持つ高い技術という側面から，これからの工業を展望していくことになります。

　大工場と中小工場を比較すると，労働や生産設備などの条件から児童は「大工場の方がいいな」という認識になりがちです。しかし，日本の伝統工業のほとんどは中小工場であり，それぞれ伝統的な技術に誇りを持って生産活動がなされています。また，中小工場でも，単に大工場の下請けになるだけではなく，独自の製品開発をしたり，中小工場の特色を生かした高い技術力で世界的に評価を受けている工場がいくつもあります。

　この小単元では，こうした中小工場のプラス面，大工場にはない労働の喜びなどにも目を向けさせていきます。

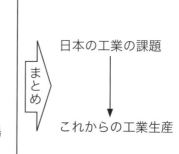

◉ 評　価 ◉

知識および技能	・高い技術力や伝統的な技術を持つ中小工場の様子や生産活動について理解している。
	・中小工場の生産の様子や日本の工業の課題について，文章やグラフなどの資料から必要な事項を読み取っている。
思考力，判断力，表現力等	・中小工場の技術や役割，日本の工業の課題や未来について考え，自分の意見を述べている。
	・伝統工業について調べたことや，これからの工業生産について考えたことを適切に表現している。
主体的に学習に取り組む態度	・日本の伝統工業や中小工場の技術力などに関心を持ち，進んで調べたり話し合おうとしている。
	・日本の工業の課題や今後のあり方について，主体的に考え意見を述べている。

時数	授業名	学習のめあて	学習活動
1	日本の工業生産の課題	・中小工場が日本の工業生産を支え，伝統的で高度な技術などの特色を生かした生産をしていることが分かる。	・中小工場が日本の工業生産を支えていることを知る。 ・伝統の技術や高度な技術を生かした中小工場があることを知る。 ・もっと調べたいことを話し合う。
2	昔から伝わる技術を生かした工業生産	・昔から伝わる技術を生かしながら生産を行う地域があることがわかる。	・鯖江市の眼鏡づくりについて調べる。 ・北陸にある伝統工業を調べ，その中から1つ選んでまとめる。
3	高い技術を生かした工業生産	・世界からも注目される高い技術力で製品を生産したり，得意な技術を生かし，協力している中小工場があることがわかる。	・パラボラアンテナをつくる「へら絞り」の工場について調べ，意見を出し合う。 ・大田区の工場同士の協力について調べ，意見を出し合う。
4	新しい工業生産の課題と取り組み	・日本の工業にもいくつかの課題があることを確かめ，それらの問題について考えることができる。	・日本の工業にどんな課題があるか話し合う。 ・「日本の工場」「働く人の問題」「エネルギーや環境問題」について調べ，考えて意見を出し合う。
5	これからの工業生産の発展に向けて	・日本の工業学習を振り返り，これからの工業について大切なことは何かを考え，学習のまとめをする。	・学習を振り返り，これからの工業について，大切だと思うことを出し合う。 ・大切なことの中から1つ選んで理由を書き，グループや全体で発表して話し合う。

日本の工業生産の課題

<table>
<tr><td rowspan="3">本時の目標</td></tr>
<tr><td>中小工場が日本の工業生産を支え，伝統的で高度な技術などの特色を生かした生産をしていることが分かる。</td></tr>
</table>

板書例

ⓜ 日本の工業生産の現状と課題を知り，調べたいことを話し合おう

1 〈工業生産を支える中小工場〉

中小工場 ══支える══➡ 日本の工業生産

部品作り
生産額の半分
働く人の 70%
工場数の 99%

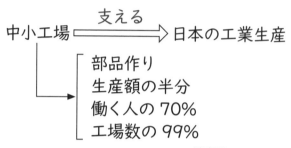

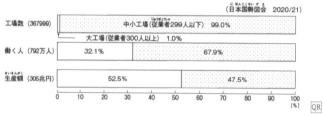

（日本国勢図会 2020/21）

工場数（367999）	中小工場（従業者299人以下）99.0%
	大工場（従業者300人以上）1.0%
働く人（792万人）	32.1% ／ 67.9%
生産額（305兆円）	52.5% ／ 47.5%

0 10 20 30 40 50 60 70 80 90 100 (%)

POINT グラフ資料を読み取る際に，「工場数」と「働く人」「生産額」のところで生まれる児童の中でのイメージのズレを活かすこ

---

1 運輸や貿易の他に，日本の工業を支えているものは何だろう。

T　運輸や貿易の他にも日本の工業生産を支えているものがありますね。それは何でしょう。

C　え〜っと，働く人，高い技術力，中小工場…。

T　自動車工業を思い出しましょう。自動車は，組み立て工場だけでつくれましたか。

C　部品をつくる工場がないと自動車はつくれない。

C　すごくたくさんの関連工場が支えていた。

T　組み立てを行うのは大工場でした。では部品をつくる工場はどうですか？

C　中小工場が自動車生産を支えていました。

C　関連工場も2次，3次と行くほど小工場だ。

　　生産額，労働者数，工場数の割合QR（既習・または教科書資料）や業種ごとの生産額の割合（教科書にあれば）などから中小工場の位置づけを確かめる。

C　中小工場も日本の工業を支えているんだ。

C　繊維，食料品，金属などで割合が多かったね。

2 伝統の技術を生かした工業について知ろう。

T　日本各地の昔から伝わる技術で作られている工業製品で，知っているものがありますか。

C　輪島塗だったかな…漆塗りのお椀がある。

C　西陣織の着物！すごく高いんだって。

　　いくつか実物や写真を見せて紹介する。（参考資料「主な伝統工芸品」）QR

C　全国各地にいろいろな製品があるんだね。

C　ぼくたちの県（都道府）にもあるね。

T　これらの工業製品は，どれも誰でも簡単に作れるものなのでしょうか。

C　職人さんの手作りの製品も多いから，熟練した高い技術力が必要なんだよ。

C　どれもそんなに複雑な仕組みのものはないから，作るのは難しくなさそうだけど…。

C　1人前の職人になって製品がつくれるまでに，何年もかかるものも多いそうよ。

| 準備物 | ・画像8枚 QR
・資料 QR
・参考資料 QR |

| ICT | グラフ資料を配信し，気づきを記入したものを全体共有して話し合うことで，工業生産の状況を捉えやすくなる。 |

 2 〈伝統を生かした技術〉

何年もかかる熟練の技術

しがらき焼　輪島ぬり

西陣織など　全国に多い

3 〈高い技術を生かした製品〉

自動的にとじるスマホケース

ゆるまないネジ

いたくない注しゃばり

世界一飛ぶほう丸

 4 〈調べてみたいこと〉

・どのようにつくられるか

・高い技術の中身

・どのように伝えられたか

・昔と変わらないのか

・1つの工場を取り上げてみたい

⬇

学習問題に
取り組んでみよう

とで，対話的で深い学びに繋げることができる。

---

3 高い技術力を生かして活躍する中小工場はあるだろうか。

T 大工場に比べて資金も少ない中小工場は，大工場に負けないためには何が必要だと思いますか。

C お金では，大工場には勝てないし，どうすれば大工場に負けずにやっていけるのかな？

C 伝統工業も中小工場だけど，伝統的な高い技術力をもっていた。それなら工場の大小に関係ないね。

C 小さな工場の方が，技術を磨くにはいいかもしれないね。技術力だ。

T 中小工場の高い技術力を生かしてどんな製品がつくられているか，その例の一部を見てみましょう。

　　資料「中小工場の技術が生きる製品の例」QR を配る。

C いろいろな製品をつくっているね。

C 技術もそうだろうけど，アイデアもすごい。

C 絶対ゆるまないネジとか，痛くない注射針とか，世界一よく飛ぶ砲丸とか，みんな技術がすごい！

T 他にも何があるか，調べてみても面白いね。

4 日本の工業を支える中小工場の姿や，これからの工業生産について，調べたいことを話し合おう。

T 日本の工業を支える中小工場や伝統的な技術を受け継ぐ工業について，もっと調べてみたいことを話し合いましょう。

C いろいろなアイデアや高い技術力で製品がどのようにつくられるのか，もっと詳しく知りたいね。

C どの製品が，どんな高度な技術で作られるのか，詳しく知りたい。

C 伝統工業製品も，昔からどのように技術が伝えられてきたか，昔と全然変わらないのか知りたい。

C 伝統工業の工場と，技術やアイデアを生かしている工場をどこか1つ取り上げて調べたらいい。

T 教科書は，どんな工場を取り上げていますか。

C 鯖江市の眼鏡づくりと，大田区の工場です。

　　それぞれの教科書で取り上げている工場を確認する。

T 最後に，工業学習を振り返って，日本の工業の課題とこれからについても考えていきましょう。

昔から伝わる技術を生かした工業生産

板書例

ⓜ 昔から伝わる技術を生かした工業生産を知り，関心のある伝統工業について調べよう

1 〈鯖江市〉

めがねのまち
↓
国内のめがねフレーム
90%以上を生産

さかんに
なったわけ ⟹
・雪で農業ができない冬の副業
・大阪から職人を連れてくる
（100年前）
↓

徐々に分業，機械化，高度経済成長期に入ると一大生産地

2 〈めがねづくりの発展〉

・職人が競い合う
・チタンフレーム ⟶ 世界初，体にやさしい
・産地ブランド「THE291」（ザふくい）
・「作る」→「作って売る」

QR

POINT｜めがねの生産については動画を視聴するようにすると，イメージしやすくなる。伝統工業の例を探せるよう，図書館と連携

---

1 鯖江市では，どんな工業が盛んなのだろう。

T 教科書（または資料）を読んで，鯖江市では何の生産が盛んなのか調べましょう。

C めがねの生産です。

C 日本のめがねフレームの90%以上を生産しています。

　　　鯖江市の位置を地図帳で探させる。

T ここは，どこの工業地域になりますか。

C 北陸工業地域です。

T どうして，めがね生産が盛んになってきたのか，教科書や資料の（1）QRで調べましょう。

C 農業ができない冬の副業として始められたのだね。

C 増永五左衛門が，100年程前に東京や大阪から職人を呼んできた。

C 分業化が進んで，町全体が工場のようになったのか。高度経済成長の時代に機械化も進んで一大産地になった。

2 鯖江市のめがねづくりの技術はどのように発展してきたのだろう。

T めがねづくりの技術の発展について，教科書や資料の（2）を読んでみましょう。

C 職人のグループごとに競い合って腕を磨いてきた。

C 1981年には，世界で初めてチタンフレームのめがねの開発に成功した。

C 軽くて丈夫で，金属アレルギーをおこしにくい，人体に優しいめがねをつくったのです。

T 今は，どんな取り組みがされていますか。

C デザインや機能も工夫して，「THE291」というブランドも誕生させた。

ザ　ふくい
THE291

C 他の会社から注文を受けて「作る」だけではなく，自分の工場のめがねを「作って売る」ようにもしている。

3,4 〈北陸地方の伝統工業〉

・多くの伝統工業
　新潟県，石川県が多い

・昔からの様々な技術
　織物，しっ器，金工品…

一つ選んでまとめよう

北陸地方　　QR

して書籍などを用意しておくとよい。

３ 北陸には，どんな伝統工業があるのだろう。

T　鯖江のめがねも昔からの伝統技術の工業でしたが，北陸には他にどんな伝統工業があるか調べて，気付いたことを話し合いましょう。

　　※ワークシート「北陸地方の伝統工業」QR に産地を書きこみ，分かったことや意見を発表させる。（何点か実物や写真を見せる。→ QR画像やインターネットの写真）

C　新潟県が特に多い。石川県もいろいろあるね。
C　昔から伝わるいろいろな技術を使って，生産が行われているよ。
C　北陸工業地域には，すごくたくさんの伝統工業があることが分かる。
T　どんな種類の製品が多いですか。
C　織物が多い。他には，漆器，金工品や仏壇も。
T　工業の種類で言うと…。
C　繊維工業とその他の工業になるかな。

４ 北陸の伝統工業を一つ選んで調べ，まとめよう。

　　教科書に例があれば，読んで何を調べるかイメージさせる。教師が１～２例準備をしておいて紹介してもよい。

C　長い歴史があります。
C　手工業だけど，分業もされています。
C　優れた専門の技術をもった職人によって作られています。
T　ワークシートの中から１つ選んで，北陸地方の伝統工業を調べましょう。
C　ぼくは，燕市のつい起銅器にしよう。つい起ってどうやるのか知りたい。燕市という名前も面白い。
C　私は，織物の中からどれかを調べてみたいわ。どうしてこんなに織物が盛んなのか知りたい。

　　図書館の本，インターネットなどで調べさせる。本時では，何を調べるかが決められればよい。（各自で調べて来させる。グループ内の発表・掲示などの方法で後日発表させればよい。）

高い技術を生かした工業生産

板書例

㊳ 高い技術力を生かした工業生産について
東京都大田区にある工場を例に学習しよう

1　〈パラボラアンテナ〉

（画像提供：北嶋絞製作所）

2

――町工場――
　　職人さん

・機械の精みつ部品

・巨大なパラボラアンテナ

・天井ライトの反しゃ板　など

3　〈どのように製品が生まれるのだろう〉

・0.05mm 以下の精度

・１人前の職人（10 年以上）

・特しゅな金属の加工も得意

回転

「へら」で形を変える
＝
「へらしぼり」

POINT　画像や動画を視聴して，全て人の手で作られていることに気付くようにしたい。その上で，小工場が協力し合って工業生産

---

1 パラボラアンテナをつくったのは，どんな工場だろう。

パラボラアンテナの写真QRを見せる。

T　これは何でしょう。

C　屋根の上に置かれているのをみかけるよ。

C　テレビの BS 放送用のアンテナらしいよ。

C　そうだ，パラボラアンテナだ！

T　これを作ったのは，どんな工場でしょう。資料QRの 3 択問題に答えましょう。

C　あちこちで見るから大量生産されていると思う。大工場だと思うから⑦です。

C　答えは⑦だと思う。丸い円盤など，機械やロボットでしかつくれないんじゃないかな。

T　正解は，⑰の小さな町工場で，熟練の職人さんがつくっています。東京の大田区というところにあります。

C　職人さんが，あんなのをつくったなんてすごい

C　どうやってつくったんだろう？

2 パラボラアンテナの他に，どんな製品がつくられているのだろう。

T　この工場では，どんなものがつくられているのでしょう。

教科書や資料QRの (2) から読み取らせる。

C　機械の精密部品がつくられている。

C　天井のライトの反射板。

C　巨大なパラボラアンテナ。

C　からくり時計のわく。どんなものか見てみたい。

T　製品の例を写真で見せます。感想を言いましょう。

C　すごい，こんな製品をどうやって作るのかな。

C　からくり時計が面白そうだな。大きなものから小さなものまで作っている。

C　どんな風にしてつくるのか知りたいね。

④ 〈東京都大田区の工場〉

・小工場が多い（9 人以下）

・専門の技術を持つ工場
　高い技術力
　他ではできない技術

・仲間まわし
　いくつかの工場が協力
　得意分野を受け持つ→ 1 つの製品
　例：文字がもりあがる筆ペン

地域の条件や技術を生かして生産

（画像提供：北嶋絞製作所）

を行うことの意味に迫っていくとよい。

3 どのようにつくられるのか調べ，意見を出し合おう。

T　この工場で，どのようにして製品がつくられているのでしょう。

　　教科書や資料 QR の (2) から読み取らせる。教科書や「へらしぼり」作業の写真 QR も見せる。

C　平たい型や管型の金属を回転させ，「へら」という道具で円錐形に形を変えていきます。

C　へらって，棒みたいなものだね。あんなのを押し付けて金属の形が変わっていくんだ。

C　タングステンなど特殊な金属の加工も得意です。

T　技術のすごさについて思ったことを話しましょう。

C　1 人前の職人になるのに 10 年以上もかかる。さらに技術を磨こうとしている。

C　直径 3m のパラボラアンテナの誤差が 1mm 以下！ほとんど誤差なしみたいだ。

4 大田区の工場や工場同士の協力について調べ，話し合おう。

T　へらしぼりの工場がある大田区の工場や，その取り組みについて調べましょう。

　　教科書や資料 QR の (3) から読み取らせる。

C　小工場が多いが，高い技術力をもつ工場がある。

C　1 つ 1 つの工場が専門の技術を持っている。

C　「仲間まわし」といって中小工場同士が，得意な分野で協力して製品を仕上げています。

T　大田区の工場や「仲間まわし」について意見を出しましょう。

C　この技術なら他に負けないという専門の技術をもっているから，生産を続けていけるんだ。

C　1 つの工場だけではできなくても，そんな工場が集まればいい製品がつくれるからね。

C　大田区だから「仲間まわし」ができるんだ。

T　それぞれの中小工場が，技術や地域の条件を生かして生産活動をしていますね。

板書例

め 新しい工業生産の課題と取り組みを学ぼう

2 〈日本の工業の課題-工場と海外生産-〉

（1）工業事業所（会社）数

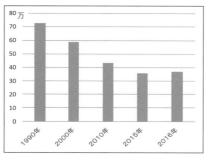

（工業統計調査・日本国勢図絵 2019/20 ほか）QR

（2）海外生産の割合

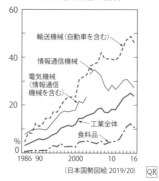

（日本国勢図絵 2019/20）QR

・工場数は減っている

　理由の一つに外国との競争

・海外生産は増えている

　なぜ海外生産するのだろう？

POINT　本時の学習で見出した課題意識を，次時の学習に繋げていけるようにする。児童が感じている課題意識を，全体共有してお

1 日本の工業には，今どんな課題があるか話し合う。

T　今の日本の工業には，どんな課題があると思いますか。これまで学習してきたことを振り返って考えましょう。

　　学習したことを振り返る時間を少しとって，各自で課題を見つけさせてから話し合わせる。

C　日本は資源が乏しいので，原材料やエネルギー源を輸入に頼っているから，これをどうするかが課題だわ。

C　工業製品の海外生産が増えてきて，国内で働く人の仕事が減るという問題もあったよ。

C　最近は，外国人労働者の人が増えているけど，これはどう考えたらいいのかな。

C　工場の数や働く人の数はどうなっているのかな？景気が悪くて減っているのかな。

T　日本の工業にも，いろいろ課題がありますね。いくつかについて，さらに調べて話し合いましょう。

2 海外移転など，日本の工場についての課題を調べて話し合おう。

T　まず，工場についての課題を考えましょう。

　　資料QRを配り，（1）のグラフを見て確かめる。

T　これは工業関係の会社の数です。グラフを見て思ったことを話し合いましょう。

C　会社の数がだんだん減ってきているから，日本の工業が落ち込んできている。

C　減っているのはアジアなど外国との競争が激しいから。それに海外生産が増えているのも原因だよ。

T　海外生産がどれくらい増えているのかも確かめましょう。資料QRの（2）のグラフを見ましょう。

C　海外生産の割合がずっと増えてきている。

C　特に自動車が多いね。

C　海外生産が増えて国内の工場の数が減るのは，国内生産をすすめていく上で課題だと思います。

3 〈働く人の数〉

（3）工業で働く人の数

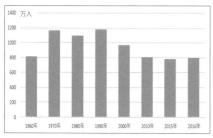

（日本国勢図絵 2019/20）QR

・働く人の数は減っている

・非正規雇用の問題

・外国人労働者が増える

・労働環境が良くない仕事

4 〈エネルギー自給率〉

（4）主な国のエネルギー自給率（一次エネルギー）

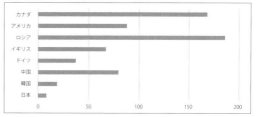

（日本国勢図絵 2019/20）

QR

・他国より低すぎる

・輸入に頼るだけではだめ

・自然エネルギーを活用

　→環境にもやさしい

くようにするのもよい。

3 働く人の問題について調べて話し合おう。

T　次に工業で働く人についての課題を考えましょう。

C　会社が減ったら，働く人も減っているだろうね。

T　では，資料のグラフで確かめましょう。

　　資料 QR の（3）のグラフで確かめる。

C　やっぱり働く人の数も減ってきている。課題だね。

T　他に，これも課題だと思うことはありませんか。

C　いろいろなお店で外国の人が働いているけど，問題はないのかな？

C　人手が足りないのならいいけど，それで日本の人が働く場がなくなると…。

C　労働環境が良くない仕事のことが，よく問題になるね。

C　非正規雇用の人が多いから，それをどうすればいいかも課題だね。

T　非正規で働く人は，全体では 1/3 を超えます。工業関係で働く外国人は 2018 年で約 43 万人。

C　働く人についての，課題が多いね。

4 エネルギーや環境問題について考えよう。

T　最後に，エネルギーや環境の問題について考えましょう。

　　資料 QR の（4）のグラフを見て話し合う。

C　日本は，エネルギー自給率が他の国と比べて低すぎる。エネルギー確保は大きな課題だと思う。

C　輸入に頼っているだけではだめだね。輸入が止まったら，どうにもならないわ。

C　資源に乏しいのだから，もっと自然エネルギーに頼るようにしないと！

T　エネルギーは，環境問題とも関係してきますね。

C　火力とか原子力でなく，自然エネルギーならいくらでもあるし，環境にも優しいね。

C　もっと未来のことも考えていくことが必要だよ。

C　工業も，ただ製品をつくるだけじゃなくて，いろんな課題を解決していかないといけないね。

これからの工業生産の発展に向けて

板書例

㋕ これからの工業生産の発展に向けて　大切だと思うことを発表しよう

1 〈学習をふり返ろう〉

・自動車ができるまでの仕組み

・中小工場や伝統工業について

・石油の輸入の多さ

※児童の発表があれば，板書する

2 〈これからの工業で大切なこと〉

・資源の確保
・工業生産の高い技術
・環境にやさしい
・人にやさしい
・安くて良い製品
・働きやすくする
・ロボットや自動化

↓

課題を決める

POINT　短絡的なまとめにならないようにしたい。児童の実態に応じて，考えをまとめるのに1時間，交流し討議するのに1時間と，

1 日本の工業について学習してきたことを振り返ろう。

T　日本の工業について学習してきましたが，どんなことを学習したか，もう一度振り返りましょう。

C　はじめに，工業の種類や工業の盛んな地域について学習した。

C　身の回りにたくさん工業製品がある，太平洋ベルト，中小工場が多いことなども勉強した。

　　時間を7～8分以内に限定して，学習内容を振り返らせる。

T　学習した内容で特に印象に残っていることは何ですか。

C　自動車ができるまでの仕組みで，たくさんの関連工場で作られた部品からつくられるのがすごい。

C　中小工場や伝統工業がすごい技術を持っているんだなあと感心しました。

C　毎日の生活に欠かせない石油のほとんどが輸入されているのに驚いたわ。

2 これからの工業に大切だと思うことを出し合おう。

T　では学習したことを振り返って，これからの工業で大切だと思うことをグループで話し合いましょう。

C　工業生産に必要な資源をどうやって確保するかが，大事だと思う。

C　日本は資源が少ないのだから，その分世界でも日本にしかないような技術で補うしかないだろう。

C　アジアの国々で安くてよい製品がつくられてきているのだから，日本も負けずに安くて良い製品をつくったらいい。

C　これからは環境にやさしい製品や，いろいろな人の生活を助けるような製品をつくるべきよ。

T　グループで話したことを発表し合いましょう。

　　グループで話し合ったことを出し合い，クラスで5～8項目ぐらいに絞って，考える課題とする。

C　これからの工業で大切なこともみんなで考えるといろいろあるね。

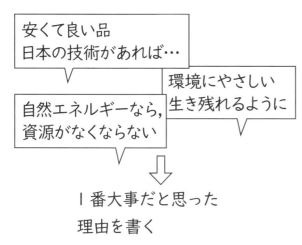

3 〈一番大事なことは？〉

安くて良い品
日本の技術があれば…

自然エネルギーなら，
資源がなくならない

環境にやさしい
生き残れるように

↓

1番大事だと思った
理由を書く

4 〈一番大事なことは？〉

発表して，話し合おう

グループで発表
↓
話し合い
↓
全体で発表
↓
話し合い

時数を調整して展開するのもよい。

---

3 これからの工業にとって最も大切だと 思うのはどれだろう。

T みんなで考えた"これからの工業で大切なこと" の中で，一番大事だと思うことを選びましょう。

C 私は，やっぱり環境にやさしい生産をするとい うのが一番大事だと思うわ。

C う～ん，どれが一番かと言われると迷うな。ど れも大事だから…。

C ぼくは，世界に負けない技術だと思う。日本に しかできないオンリーワンの技術。中小工場だ けでなく，日本の工業の全体が持てるといいな。

T 一番大事だと思った理由も書きましょう。

C どう書いたらいいかな。体の不自由な人の役に 立つ製品をつくることだけど。

C 安くて良い品ならたくさん売れるし…日本の技 術だったら…。

C 今，世界の子どもたちも声をあげている。環境 を壊したら私たちが生きていけない。

4 最も大切だと思ったことを発表して， 話し合おう。

T 理由も書けたら，まずグループの中で発表し合っ て話し合いましょう。

C 資源の確保が一番大事だと思いました。

C 日本は火山が多いから地熱を利用したり，石油や 石炭に頼らないでできることがあると思います。

C 資源の確保が一番大事！ 鉄とか銅とか，輸入が どうしても必要な物もあるよね。

C エネルギーは，自然のエネルギーをもっと使った らいいね。なくなることがないから。

グループの中から1つずつ，全体で発表して交流する。

C 日本でしかできない技術をもっと開発して広げて いけばよいと思います。日本人は器用だから，い ろいろできると思います。

C 質問です。高い技術力を身につけるには長い時間 がかかります。それで外国と競争できますか？

発表への質問や意見も出しながら話し合う。

情報産業とわたしたちの暮らし

◉ 学習にあたって ◉

◇何を教えるのか - この単元の特徴 -

　私たちの周りには，膨大な量の多種多様な情報が溢れています。現代における私たちの生活は，その情報の利用なくしては成り立たなくなっていると言っても過言ではありません。特に，マスメディアから受け取る情報は，私たちの生活やさまざまな判断を左右するのに大きな影響を与えています。

　この小単元では，マスメディアを通して情報を提供している情報産業に焦点を当て，私たち国民の暮らしとの関わりを学習していきます。情報産業は，農業や工業のように見える「物」を生産するのではなく，目に見えない「情報」を生産している産業です。それだけに，より丁寧に「情報」が生産される過程を扱う必要があります。教科書では「テレビ放送」「新聞」が取り上げられていますが，ここでは具体的な事例として「テレビのニュース番組」を扱っていきます。

　「テレビのニュース番組」の学びの過程は，新聞に置き換えても同じように実践できます。

　私たちの暮らしとの関わりでは，「国の主権者である国民の暮らしを豊かにするため」「国民のための情報」という視点を大切にしたいものです。最近は，「情報の公正さ」「誰のための情報なのか」など，マスメディアの本来の役割を問うような指摘も見られます。マスメディアを通して流れる情報は，頭からすべて正しいと盲信することのないように，メディアリテラシーの向上を図ることも大切な学習課題となります。

◉ 評 価 ◉

| 知識および技能 | ・マスメディアを通して情報が発信されるまでの様子を理解している。
・放送などの情報産業と国民生活との関わりを理解している。
・情報産業が果たす役割の大切さと情報の有効な活用の大切さを理解している。 |

思考力，判断力，表現力等
・各種の資料やインターネットなどを活用し，日本の情報産業について必要な情報を集め，読み取っている。
・情報が発信されるまでの過程を知り，情報の送り手にとって大切なことは何かを考え，表現している。
・情報産業の働きは国民の生活に大きな影響を及ぼしていることや，情報の有効な活用が大切であることを考え，適切に表現している。

主体的に学習に取り組む態度
・情報を提供している産業と国民生活との関わりに関心を持ち，意欲的に調べようとしている。
・放送などのマスメディアを通して情報を提供している産業と国民生活との関わりについて，予想や学習計画を立てたり，見直したりして，主体的に学習問題を追究し，解決しようとしている。

時数	授業名	学習のめあて	学習活動
導入	わたしたちをとりまく情報	・暮らしの中にはさまざまな情報があり，誰が，誰に，何のために伝えるのかによって受け止め方も変わってくることがわかる。	・身の回りの言葉以外の情報を調べる。 ・店内で流れる音楽は，何を伝えようとしているのか，誰に伝えたい情報なのかを考える。
1	テレビから伝えられる情報	・テレビ番組の中では，ニュース番組が一番多く放送され，さまざまな出来事が情報として伝えられていることがわかる。	・1日のうちで最も多く放送されるニュース番組を調べ，朝・昼・夜のニュース番組で流れる情報の特徴を探る。
2	ニュース番組をつくる現場	・ニュース番組ができるまでに，どのようなことをしているのかについて疑問を出し合う。	・1日1000件以上届く情報の中から，番組で放送するニュースをどのように選んで伝えているかについての，疑問を出し合う。
3	ニュース番組をつくるための情報収集	・放送局は，1本のニュースをつくるために，どのように情報を集めているのかを調べる。	・1本のニュースをつくるために，どのように情報を集めているのかを調べる。 ・仕事を分担して情報を集めていること，情報は見る人や聞く人のことを考えながら選んでいることに気付く。
4	集めた情報を番組にしてとどける	・放送局は，集めた情報をどのようにまとめ，ニュース番組にして放送しているかを調べる。	・放送の本番までに，どんな仕事があるのかがわかる。 ・画面に出てこない副調整室での仕事について調べる。
5	情報を上手に生かす	・テレビなど，メディアからの情報をどのように生かしていけばよいかを考えることができる。	・テレビでの情報の伝え方とその影響について考える。 ・情報の上手な生かし方について考える。
6	フローチャートにまとめて話し合おう	・学習したことを振り返り，放送局の働きや，情報の生かし方についてまとめることができる。	・私たちのところへ情報が届けられるまでの流れをフローチャートに書き込む。 ・ニュース番組の情報の生かし方についての考えをまとめる。

板書例

㋑ わたしたちをとりまく情報について知ろう

1　〈身の回りの情報〉

　　　出す（発信）　　　受け取る（受信）

　　　電話・手紙など　　テレビ・新聞など

2　〈情報の種類〉

　　　ことばで伝える　　ことば以外で伝える

　　　・形，もよう，表情

　　　・色，音

　　　・動き，感触，記号

POINT　スーパーなどで見つけたピクトグラムや音声等を撮影・録音しておく。これは学校内にも存在するので，校内を探して回り，

1　身の回りで，私たちはどのような情報を得ているのだろう。

T　情報とは，あるものごとや内容についてのお知らせのことです。今まで情報をどこかに伝えた，つまり発信したことがありますか。

C　おじいちゃんに今度行くと電話したことがあります。

C　待ち合わせで，お母さんに「早く来て」とメールしたことがあります。

T　それでは，身の回りでいろんな情報を得た（受信）ことがありますか。

C　パソコンやスマートフォンを使って，今日の天気を調べたことがあります。

C　他の地域や外国のニュースは，テレビや新聞を見たり，ラジオを聞いたりして知ることが多いです。

C　ぼくが好きな鉄道の情報は，本や雑誌を買って見ています。

T　みんなが発表した情報は，言葉を使って伝えるお知らせが多いですね。

2　身の回りで使われている，言葉以外の情報を調べよう。

T　身の回りには，言葉以外の情報もあります。次の表情は何を伝えているでしょう。

　喜びと怒り

T　授業プリント[QR]を見て下さい。町の中にも，言葉以外の情報があります。探してみましょう。

C　踏切で鳴る「カーン，カーン」という音は，電車が来ていることを知らせます。

C　信号機の色です。青はすすめ，黄は注意，赤は止まれということを知らせています。

C　点字ブロックで，すすめ・止まれを知らせています。

C　横断歩道で，歩行者用の音楽が流れているところがあります。

C　バスや車は，曲がるときに必ず曲がる方向のウインカーをつけています。

3,4 〈あるスーパーマーケットの場合〉

（発信側）　　　（受信側）

店長 ─────→ 店員さん

- ・レジがいっぱい，助けて！
- ・もうすぐ売上目標達成

♪〜　　　　　　♪〜

メロディに合わせて
さまざまな情報を伝えている

【コラム】
いろいろな情報を得る手段として，マスメディアがあります。
マスメディアはより多くの人々に情報を伝える手段のことです。
テレビや新聞，ラジオ，インターネット，雑誌なども，マスメディアの一つです。私たちが受け取る情報だけでなく，発信する情報もあります。それぞれのメディアの長所や短所を考え，特徴をとらえることが必要です。

実際にどのように使われているのかを見るとよい。

3 店内で流れる音楽は，何を伝えようとしているのかを考える。

T　音楽を流しているお店に入ったことはありますか。あるスーパーマーケットでは，2つの曲を流すことがあります。（音楽を2曲流す）どんな曲か知っていますか。
　・鉄腕アトムの歌・「ロッキー」の映画で流れる曲

C　音楽は，お客さんに知らせるものだと思ってたけど，店員さんに知らせる曲もあったんだ。

C　レジにお客さんが並んでいる時，とても忙しいので，助けるように知らせていると思います。

C　店長さんが，「もうすぐ目標達成」と店員さんに知らせて，がんばらせようとしている。

T　鉄腕アトムの曲は，お客さんがレジにいっぱい並んでいることを知らせています。ロッキーの曲は，もうすぐ売上目標が達成すると知らせています。

4 店内で流れる音楽は，誰に伝えたい情報なのかを考える。

T　それでは，鉄腕アトムやロッキーの曲は，誰が，誰に知らせようとしているのでしょうか。

C　レジにお客さんが並んでいる時，とても忙しいので，店長さんから手が空いている店員さんに，助けるように知らせていると思います。

C　店長さんが，「もうすぐ目標達成」と店員さんに知らせて，がんばらせようとしている。

C　お母さんから，「そろそろ安売りタイムで，値段の張り替えを指示している」と聞いたことがある。

C　音楽は，お客さんに知らせるものだと思ってたけど，店員さんに知らせる曲もあるんだ。

T　お客さんにとってはただの音楽でも，店員さんにとっては意味がある音楽なのです。スーパーマーケットだけでなく，百貨店などでも音楽が流れているので，調べてみるとおもしろいですよ。

テレビから伝えられる情報

板書例

め テレビから伝えられる情報について学び，ニュース番組の情報のちがいについてまとめよう

1 〈テレビ番組の内容〉

☆ニュース番組　　N

・天気予報

・スポーツ番組

・歌の番組

・ドラマ

2 〈回数の多い放送〉

NHK は１日13回

MBS テレビ１日８回

読売テレビ１日８回

情報の内容

・今日のできごと

・スポーツコーナー

・お天気コーナー

POINT 教室内で児童が実際に新聞のテレビ欄や TV のデータ番組欄を活用して，ニュース番組がどのような内容で構成されている

---

1 テレビからどんな番組が放送されているのかを調べよう。

T　テレビはマスメディアと言われます。より多くの人々に情報を伝える手段の１つです。新聞のテレビ欄を見てください。テレビでは，どんな番組が放送されていますか。

C　夜の９時の「ニュースウオッチ９」があります。お父さんはいつも見ています。

C　お母さんは，毎朝テレビで天気予報を見ています。

C　わたしのお姉ちゃんは，歌の番組やドラマをよく見ています。

C　ぼくは，お兄ちゃんといっしょにスポーツ番組をよく見ます。

T　どのようにしてテレビ放送が家に届くのか，教科書で調べましょう。

C　テレビは，放送局から通信衛星や電波塔を通して伝えられているんだね。

2 テレビ放送の中で，一番多く放映されている番組は何かを調べる。

T　では，番組欄を見て，テレビ放送の中で一番多く放送されている番組は何かを探してください。

C　ニュース番組じゃないかな。

T　番組欄の N という記号はニュース番組を表しています。 N という記号がついていないニュース番組もあります。テレビ局によってニュース番組の数は違いますが，１日のうちでいくつぐらいニュース番組がありますか。

C　NHK は 13 回もニュース番組を放送しています。番組が終わるたびにニュースをやっています。

C　MBS テレビは８回です。お昼に長い時間ニュース番組を流しています。

C　読売テレビも８回で，お昼に長い時間ニュース番組を流しています。

T　確かにニュース番組が多いですね。

3 〈ニュース番組の内容〉

4 〈情報の特ちょう〉

・お昼のニュースはいろいろ

・外国のできごとも

・お天気コーナー

・スポーツコーナー

番組の
最後の方に放送

か調べる場をつくるとよい。

3 ニュース番組を見て，どのような情報が放送されているのかを調べる。

T　次に，実際にニュース番組を見てもらいます。<u>ニュース番組では，どのような情報が放送されているかを，ノートにメモしながら見てください。どのような情報が放送されていましたか。</u>

C　ニュース番組は，今日起こった出来事を教えてくれました。

C　お天気コーナーでは，今日の天気や，これから先の天気，台風の情報などを知らせてくれました。

C　スポーツニュースのコーナーでは，野球やサッカーの試合で，どこのチームが勝ったか負けたかを教えてくれました。

4 ニュース番組によって流れる情報の違いをまとめる。

T　<u>では，どのテレビ局のニュース番組も，みんな同じ情報を伝えているのでしょうか。</u>

C　違うと思います。

T　番組欄には，ニュース番組の内容，すなわち伝えられる情報が書かれています。それぞれのニュース番組で流れる情報を比べて，気づいたことを発表してください。

C　お昼に流れるニュース番組は，今日の出来事，芸能ニュース，評判のお店のことなど，いろんな情報を伝えている。

C　1つの番組の中で，日本だけでなく，遠く離れた外国の出来事も伝えている。

C　お天気コーナーやスポーツコーナーは，番組の最後の方で放送されることが多い。

T　次の時間から，ニュース番組はどのように作られているのかを調べてみましょう。

ニュース番組をつくる現場

板書例

め ニュース番組をつくる現場について学び，流れる映像がどのようにしてできるのか予想する

1 〈3種類のニュース〉

・その日に飛びこんできたニュース

・あらかじめ決まっているニュース

・記者の提案により選ばれたニュース

2 〈情報が集まる現場〉

誰からどんな情報が
入ってくるのだろう

↓

・記者から

・視聴者から

・他国の放送局から

・全世界のとくは員から

POINT　普段，児童は「何気なく」ニュース番組を視聴している。授業では社会との繋がりを意識した視点をもって，内容の意味も

1　ニュース番組では，3つの種類のニュースを扱っていることを知る。

T　番組で放送するニュースは3つの種類に分かれていると言われます。①その日に飛び込んできたニュース，②防災・医療・教育などあらかじめ決まっているニュース，③記者の提案により選ばれたニュースです。

T　3つの種類のニュースで，それぞれ思いつくニュースを発表してください。

C　このごろ，政治家が悪いことをした時に謝罪する場面のニュースを見ました。これは急に飛び込んでくるニュースだと思います。

C　台風の災害廃棄物処理の問題が，毎日のようにニュースで取り上げられています。

C　ニュースの中には，特集番組として放送されているものがあります。最近見たものでは，万博に関係するニュースでした。

2　ニュース番組をつくる現場にはさまざまな情報が入ってくることがわかる。

T　社会の動きや生活に関係する新しい情報がニュースになります。テレビ局のニュースセンターには，1日に1000件以上の情報が入ってきます。

T　誰から，どんな情報が入ってくると思いますか。

C　毎日のように情報を集めている記者から情報が入ってくると思います。

C　テレビを見ている視聴者から，電話やインターネットで情報が送られてくる。

C　最近スマホで撮られたような画像がよく出るけど，誰が送るのだろう。

C　他の国の放送局と連絡をとり，ニュースの交換もしている。

T　他に，全世界30か所に派遣している特派員たちから，取材したニュースも送られてきます。

ICT 教室内で実際にニュース番組を視聴することで，実社会とのつながりを意識しながらニュース番組の内容・構成を読み取ることにつなげられる。

3 〈調べてみたいこと〉

・ニュース番組をつくるのに，どんな人たちが関わっているのか
・どれくらいの時間がかかるのか
・番組をつくるときに気をつけることは何か
・どのようにニュースのできごとを選んでいるのか

4 〈ニュース映像はどのようにしてできるのだろう〉

※児童の意見を板書してもよい

考えながらニュースを視聴できるように働きかける。

3 ニュース番組ができるまでの様子で，疑問に思うことを出し合う。

T　ニュースセンターに届けられた情報は，どのようにニュースになっていくのでしょうね。<u>ニュース番組ができるまでの流れで，疑問に思うことをグループで出し合いましょう。</u>

C　ニュース番組をつくるのに，どんな人たちが関わっているのか。

C　ニュース番組をつくるまでに，どれくらいの時間がかかるのか。

C　ニュース番組をつくるときに気を付けていることは何か。

C　どのようにしてニュースのできごとを選んでいるのか。

C　同じ内容のニュースでも、番組によって放送時間が違うのはどうしてだろうな。

4 ニュース番組で流れる映像はどのようにしてできるのかを予想する。

T　ところで，ニュース番組は言葉だけでなく，映像も情報として伝えられます。<u>その映像はどう用意されていると思いますか。</u>

C　映像は現場に行って撮っていると思います。

C　カメラマンが現地に行って，現場の様子を撮影しているんだね。

C　カメラマンだけでなく，音声の人や照明の人も一緒に取材に行っている。

C　スマホなどの映像やビデオは、現場に居合わせて撮影した視聴者から提供されたものもあると思う。

T　映像の取材は，音声・照明のスタッフとカメラマンを現地へ派遣して，記者が取材している間に撮影をしています。

板書例

⋈ ニュース番組をつくるための情報収集が
どのように行われているのか知ろう

1,2 〈情報を集める〉

・1本のニュースを放送する
　までにどんな仕事をしてい
　るのだろう

↓

・現地での取材
　記者，カメラマン，音声・照明の係

・100人以上の人が取材の準備

・専門家に取材することも

3 〈情報を選ぶ〉

ニュース番組編集長

・見る人，取材される人の立場

・人のことを傷つけない

・公平，公正さ

QR

POINT　実際の仕事の様子を見ることで，ニュース番組制作のイメージを掴むことができる。TV局の見学をできるのがよいが，で

1　1本のニュースを放送するまでに，放送局ではどんなことをしているのかを予想する。

　　テレビのニュース番組を見て，放送までに，誰が，どんな仕事をしているかを考えてくることを課題にしておく。

T　ニュース番組を見て，放送までにこんな仕事をしているだろうなと思うことを出し合いましょう。

C　カメラマンはアナウンサーを映す準備をする。

C　アナウンサーはニュースを読む練習をする。

T　画面には出てこないけど，こんな仕事もあるんじゃないかなと思うことは何ですか。

C　ニュースになる情報を取材に行く人がいると思います。

C　スタジオの照明係の人もいると思います。照明の準備をしていると思う。

C　ADさんっていう人が番組に出ているのを見たことがあります。ADさんは何をしているのだろう。

2　1本のニュースをつくるために，どのように情報を集めているのかを調べよう。

T　放送局では，どのように情報を集めていますか。教科書で調べましょう。

C　現地に出かけて取材し，情報を集めます。

C　どのニュースを取材し放送するのかを決めます。

T　1時間のニュース番組をつくるのにおよそ100人以上の人たちが，多くの時間をかけて取材の準備をしています。実際に取材に出かけて，誰が，どのような情報を集めてくるのか，続けて調べてみましょう。

C　取材には，記者やカメラマン，音声・照明スタッフが一緒に行きます。

C　記者は，現場にいる人たちに取材をして，情報を集めます。取材現場でわからないことは，さらに専門家に取材することもあります。

C　カメラマンは，現場の様子を撮影します。

4 〈意見を発表しよう〉

すごい！と思うこと

・音声，照明のスタッフまで取材に出る。

・短い時間で必要な情報を集めるのは
　たいへんだろうなぁ。

・限られた時間の中で，たくさんの人が
　仕事を分担しているのがすごい

きない場合は動画の視聴によりカバーしたい。

3 ニュースを放送するのに，編集長が気をつけていることを調べよう。

T　人工衛星やインターネットを通して，情報は外国からも送られて来ます。大量の情報の中から，放送するニュースをどのように決めているのでしょうね。

C　今日起こった事件や事故は放送している。

C　みんなが知りたいと思う情報を選んでいる。

T　ニュースにするための情報や映像を選ぶ責任者として，ニュース番組編集長がいます。編集長は，ニュース番組をつくるのに，どのようなことに気をつけているのでしょうか。教科書で調べましょう。

C　どの順番で，どんな情報を放送するかを考えたり，決めたりしている。

C　人権や公平さ，公正さに気をつけて，放送するニュースを選んでいる。

4 1本のニュースをつくるまでにしていることで，「すごい」と思ったことを交流しよう。

T　情報を集めたり選んだりする時に，工夫しているなあと思うことは何ですか。

C　取材された人や聞く人のことを考えて，情報を選んでいることです。

C　人の気持ちを傷つけないようにしていることです。

T　1本のニュースをつくるまでにしていることで，「すごい」と思ったことを発表してください。

C　短い時間で必要な情報を集めるのはたいへんだろうなぁと思いました。

C　放送までの限られた時間の中で，大勢の人たちが仕事を分担していてすごいと思いました。

C　取材の時に，音声や照明のスタッフまで行くと初めて知りました。

板書例

ⓜ 集めた情報を番組にしてとどける

1 〈ニュースを決める編集会議〉

放送の順番は？

①台風

②国際会議

③サッカー情報，外国の異常気象

2 〈ニュース本番までの仕事〉

・ニュース原稿をつくる

・アナウンサー
　ニュースの内容をつかむ

・映像の編集

スタッフの打ち合わせ　QR

画面に字を入れる　QR

スタジオで本番　QR

POINT　動画を視聴すると，計画的且つ臨機応変に，多くの人たちの協力のもとでニュース番組が制作，放送されていることを掴め

1 日本の社会には，今，どんな課題があるか話し合う。

T　放送局にはたくさんの情報が入ってきます。その中から，何を放送するか，どの順番で放送するかを決めます。その会議を編集会議と言います。

T　サッカー情報，台風，国際会議，外国の異常気象の4つの情報が入ってきました。みんなだったらどの順番で放送しますか。

C　大型の台風が近づいているので，早く知らせたい。

C　海外の国際会議の中継が予定されているので，放送すると思います。

C　サッカーの日本代表が決まったので，知らせたい。

T　早く知らせる必要のあるニュースから選ぶと，①台風，②国際会議，③外国の異常気象またはサッカー情報の順番になりそうですね。

2 放送の本番までに，どんな仕事があるのかを調べよう。

T　放送するニュースが決まった後，放送までにはどんな仕事があるでしょうか。

C　ニュースの原稿をつくる仕事があります。

T　アナウンサーは，本番までにニュース原稿を何度も読んで，内容をきちんと把握しておきます。他には，カメラマンが取材で撮影してきた映像を編集する仕事（映像編集者）もあります。どんな仕事をしているのでしょうか。教科書で調べましょう。

C　取材で撮影されてきた映像をつないだり，ニュース番組におさまるようにカットしたりする。

C　映像の中で，どの場面がいちばん大切か，見る人がどのような映像を求めているかを考えて，編集している。

C　ニュースをわかりやすく伝えるために，文字を入れたり，図表をつくって入れたりしている。

準備物
・資料プリント 1，2，3 [QR]
・画像 3 枚 [QR]
・イラスト 3 枚 [QR]

ICT 写真データを配信することで，児童は PC 上で機材の様子などをアップにして細かに読み取ることができる。

3〈本番中の仕事（副調整室）〉　　**4**〈スイッチャー〉

　ニュース番組編集長　　　　　　　・画面の切り替え

　・番組の指示と調整，確認　　　　・字まくの出し入れ

る。やはり現地を見学できるのが一番である。

3 ニュース番組の編集長が副調整室でどんな仕事をしているのかを調べよう。

T　放送している間は，アナウンサー・カメラマン・取材する記者などはテレビ画面に登場します。では，画面には出てこないニュース番組編集長はどこにいるのでしょう。

C　副調整室。

T　編集長は，副調整室でどんな仕事をしていますか。教科書で調べましょう。

C　番組がうまく進んでいるかどうかを確認している。

C　番組の放送中も新しい情報が入ってくるので，どの情報をどの順番で放送するかをその場で判断している。

C　いつも番組を見ている人たちが求めている情報を考えて放送するということは，番組の途中で予定が変わることもあるんだろうね。

4 副調整室でのスイッチャーがしている仕事を調べよう。

T　副調整室には，スイッチャーという人がいます。資料 1 プリント [QR] を見てください。どんな仕事をしていると思いますか。

C　画面を見ながらボタンを押している。

T　では，スイッチャーとはどんな仕事なのか，資料 2・3 プリント [QR] で調べましょう。

C　画面を見ながら，スイッチやレバーを操作して，タイミングを合わせて画面を切り替える。

C　アナウンサーの名前を字幕で出したり，字幕で説明を出したり，消したりしている。

C　番組の進行表をチェックしながら画面を見ている。

T　スイッチャーの仕事を見て，どう思いますか。

C　本番で失敗できないから，緊張するだろうなぁ。

C　スイッチを見ないで押すところがすごい。

情報を上手に生かす

板書例

㊍ メディアから得られる情報を，どのように上手に生かすことができるか考える

1 〈日常のメディア利用〉

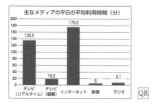

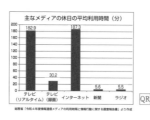

総務省「令和4年度情報通信メディアの利用時間と情報行動に関する調査報告書」より作成

１位．テレビ

２位．インターネット

2 〈震災直後のメディア利用〉

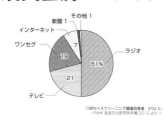

（100%＝スクリーニング調査回答者　3152人）
〈NHK 放送文化研究所年報 2012 より〉

1．ラジオ　　停電

2．テレビ
（テレビを利用できない）

POINT ニュースの取り上げ方について，対話的に感じ方や伝わり方を考えていくようにすると，放送の仕方が重要であることや責

1 どんなメディアをよく利用しているかを調べよう。

T　自分や家族は，何から一番多く情報を得ていますか。

C　テレビだと思います。

T　資料プリント 1 QR を見ましょう。テレビの利用時間が一番多いです。テレビのどんな番組を，何のために見ているのでしょうか。

C　ぼくは，お兄ちゃんといっしょに，バラエティー番組を見て楽しんでいます。

C　お母さんは，天気予報を見て，洗濯ができるかどうかを判断しています。

C　お父さんは，仕事に生かすために毎日ニュースを見ています。

C　スポーツ中継などその時間に見られない時には，録画して見ていることもあります。

2 東日本大震災のとき，テレビの情報はどうだったのかを確かめよう。

T　東日本大震災が起きたとき，被災者の人たちは，何から情報を得たと思いますか。

C　テレビを一番利用しているから，このときもテレビを見たと思う。

C　そうかなぁ…。

T　資料プリント 2 QR を見てください。実は，ラジオが一番多かったのです。なぜ，テレビから情報を得なかったのでしょうか。

C　停電していたからです。

C　そうか，ラジオなら電池でも聞けるからね。

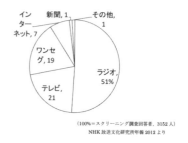

（100%＝スクリーニング調査回答者、3152 人）
NHK 放送文化研究所年報 2012 より

3 〈情報の伝え方と影響〉

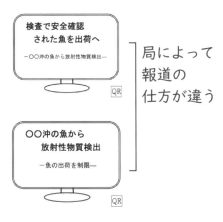

検査で安全確認された魚を出荷へ
－○○沖の魚から放射性物質検出－
QR

○○沖の魚から放射性物質検出
－魚の出荷を制限－
QR

局によって報道の仕方が違う

それぞれのニュースを比べてどう思うだろう

4 〈情報の使い方・生かし方〉

<u>テレビのえいきょうは大きい</u>

・テレビの伝えることが「正しい」と決めつけない

・自分で考えて判断する

・いくつかの情報を比べてみる

↓

ほかのメディア利用でも，同じことがいえる

任の重さ，メディアの役割に気付くことに繋げられる。

---

3 テレビでの情報の伝え方とその影響について考えよう

Ｔ　A テレビのニュースを見たら，○○沖の魚を買いますか？　B テレビのニュースを見たら，○○沖の魚を買いますか？

A テレビのニュース
○○沖の魚から放射性物質検出
－魚の出荷を制限－

B テレビのニュース
検査で安全確認された魚を出荷へ
－○○沖の魚から放射性物質検出－

A テレビのニュースを見たら，○○沖の魚を買わないと思う。

B テレビのニュースだったら，○○沖の魚なら買うかも知れない。

Ｔ　A・B，どちらのニュースもウソはついていません。2 つを比べてどう思いますか。
Ｃ　報道の仕方で，買うか買わないかが決まる。
Ｃ　放送局によって報道の仕方が違う。

4 情報をどのように使えば，上手に生かすことができるか考えよう。

Ｔ　今日の学習で，テレビからの情報について，わかったことは何ですか。
Ｃ　テレビからの情報を利用している人が多い。
Ｃ　テレビ局によって，情報の内容が違うことがある。
Ｃ　災害の時などテレビを利用できないこともある。
Ｔ　<u>テレビの影響は大きいですね。どうすれば，正しい情報を知り，上手に生かすことができるでしょう。</u>
Ｃ　テレビの伝えることが何でも正しいと決めてしまわず，自分でしっかり考えて情報を利用する。
Ｃ　いくつかのニュースを，見比べることも大切だと思います。
Ｔ　今日は，テレビについて考えましたが，ほかのメディアの利用でも，同じ事がいえますね。

本時の目標 学習したことを振り返り，放送局の働きや，情報の生かし方についてまとめることができる。

板書例

㊜ これまでに学習したことを フローチャートにまとめて話し合おう

1 〈テレビの特ちょう〉

・音声と画像

・早く伝えることができる

[ニュース番組の長所と短所]

　長所：一度に多くの人へ

　短所：人を傷つけることもある

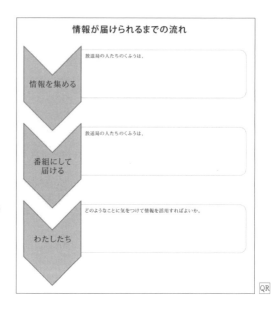

情報が届けられるまでの流れ

情報を集める	放送局の人たちのくふうは，
番組にして届ける	放送局の人たちのくふうは，
わたしたち	どのようなことに気をつけて情報を活用すればよいか。

QR

POINT　スライド機能を活用してプレゼンテーションとして単元をまとめることも可能である。児童がまとめたものを共有すること

1 マスメディアとしてのテレビの特徴や番組のつくり方を振り返ろう。

T　マスメディアとしてのテレビの特徴は何でしたか。

C　音声と画像がある。

C　早く伝えることができる。

T　テレビ放送の中で，ニュース番組が一番多いのですが，番組ではどんなニュースが放送されますか。

C　その日に飛び込んできたニュースです。

C　防災・医療・教育などあらかじめ決まっているニュースです。

C　記者の提案により選ばれたニュースです。

T　ニュース番組の長所と短所は何ですか。

C　一度に多くの人にニュースが送れる。

C　人を傷つけることがある。

2 情報を集めるときに，放送局の人たちが工夫していることをまとめよう。

T　では，私たちのところへ情報が届けられるまでの流れをフローチャートに書いていきます。まず，情報を集めるところです。

T　情報を集めるとき，放送局の人たちが工夫していることは何でしたか。ワークシート QR に書きましょう。

C　人権や公平さ，公正さに気をつけて，放送するニュースを選んでいる。

C　取材された人や聞く人のことを考えて，情報を選んでいる。

C　情報の受け手のことを考え，人の気持ちを傷つけないようにしている。

T　1時間のニュース番組をつくるのに，およそ100人以上の人たちが，多くの時間をかけています。

2 〈情報を集めるときの工夫〉

・公平，公正さ

・人の気持ちを傷つけない

3 〈番組にして届けるときの工夫〉

・アナウンサー：原稿の理解

・映像編集者：映像を編集する

・編集長：番組全体の進行役

・スイッチャー：画面の切り替え

4 〈ニュース番組の
　　　情報の生かし方〉

・情報を正しいと決めつけない

・自分でしっかり考える

・ニュースを見比べる

・災害時の情報の集め方を考える

で，学びを深め合うことができる。

3 ニュース番組を届けるとき，放送局の人たちが工夫していることをまとめよう。

T　次に，情報をニュース番組にして届けるところです。

T　番組の中でニュースを届けるとき，放送局の人たちが工夫していることは何でしたか。ワークシートに書きましょう。

C　アナウンサーは，本番までにニュース原稿を何度も読んで，内容をきちんと把握して理解する。

C　映像編集者は取材で撮影されてきた映像をつないだり，ニュース番組におさまるようにカットする。

C　編集長は，番組の放送中も新しい情報が入ってくるので，どの情報をどの順番で放送するかをその場で判断している。

C　スイッチャーは，画面を見ながら，スイッチやレバーを操作して，タイミングを合わせて画面を切り替える。

4 わたしたちはどのようなことに気をつけて情報を活用すればよいかをまとめよう。

T　最後に，ニュース番組の情報の生かし方について考えます。

T　わたしたちは，どのようなことに気をつけて情報を活用すればよいでしょうか。ワークシートに自分の考えを書きましょう。

C　いくつかのニュースを，見比べることも大切だと思います。

C　テレビの情報が何でも正しいと決めてしまわないで，自分でしっかりと考えて利用する。

C　災害の時などはテレビを利用できないから，ラジオからの情報も大切だと思います。

T　では，書いた自分の考えをグループの中で発表し合いましょう。

情報を生かす産業

全授業時間 5 時間

◉ 学習にあたって ◉

◇何を教えるのか　- この単元の特徴 -

　情報を生かす産業として，これまでは病院の中の医療情報ネットワークが教材に取り上げられていました。今回は，児童にとって身近なコンビニエンスストアが教材に取り上げられています。しかし，身近だからと言ってわかりやすいとは限りません。コンビニエンスストアがどのように情報を生かしているかを，児童に見えるようにしていくことが教材研究のポイントになります。

　コンビニエンスストアの情報の生かし方を，販売の仕事につながる生かし方，ものを運ぶ仕事につながる生かし方，情報技術を生かしたサービスの 3 つに分けてとらえさせます。

　販売の仕事につながる情報の生かし方として，商品の店内配置，仕入れ，新商品の開発の 3 つに絞りました。いずれも売れた商品の情報を集め，さまざまな角度から分析して販売につなぐ POS システムを利用しての仕事です。

　ものを運ぶ仕事での情報の生かし方は，商品の売れ残りをなくし，効率的に販売するためにつくられた物流システムがわかりやすいでしょう。注文に応じて商品別に運んでくるトラック，売れる時間に合わせて商品を運んでくるトラックは，1 日 9 台です。さらに，コンビニは商品の配送サービスも行っています。

　情報技術を生かしたサービスには，他の産業とのつながりを生かしたものが多くあります。公共料金の支払い，銀行 ATM の利用，高速バス・航空券の購入，映画・イベント・スポーツなどのチケットの購入，住民票などの証明書の発行，写真プリントの印刷など，さまざまです。私たちの身近にあって，いつでも利用できるコンビニは，今後もサービスを広げていくことでしょう。情報化の進展が世の中を変えていくことに気づかせることがこの単元の目標です。

◉ 評　価 ◉

知識および技能	・コンビニは，必要な情報を集め，読み取り，販売や物流などに生かしていることを理解している。 ・コンビニは，販売以外にも，他の産業とつながりをもち，情報技術を生かしたサービスをしていることを理解している。
思考力，判断力，表現力等	・コンビニは，情報を活用した販売や物流の仕事をすすめたり，情報技術を生かしたさまざまなサービスをしている現状について考え，表現している。
主体的に学習に取り組む態度	・学習したことをもとに，情報化の進展にともなう産業の発展や暮らしの変化について考えようとしている。

		● 指導計画　　5時間 ●

時数	授業名	学習のめあて	学習活動
1	暮らしを支える産業と情報の活用	・わたしたちの暮らしを支える産業は，さまざまな情報を活用しながら仕事を進めていることがわかる。	・自分たちの身のまわりの産業として，バス会社，旅行会社や観光協会，介護施設を取り上げ，情報が活用されている様子をつかませる。
2	情報を活用してはん売する	・コンビニエンスストアでは，商品の店内配置，仕入れ，商品開発などの仕事に情報を活用していることがわかる。	・情報の商品の店内配置への活用，情報の商品の仕入れへの活用，情報の新商品の開発への活用について考えさせる。
3	情報を生かしてものを運ぶ	・品物を置いておく場所がないコンビニエンスストアでは，1日に9台に分けて，少しずつ確実に商品を運んでいることがわかる。	・商品が不足して販売チャンスを逃さないように，商品ごとに時間を設定して配送していることに気付かせる。
4	情報通信技術の活用によるサービスの広がり	・コンビニは，情報通信の技術を生かして，他の産業とつながり，いろいろなサービスをしていることがわかる。	・「ものを買う以外に，どんな時にコンビニを利用するか」を課題にして調べさせ，情報通信技術を生かしたサービスの広がりを感じさせる。
5	関係図にまとめる	・これまでの学習を振り返り，コンビニエンスストアがどのように情報を活用しているのかがわかる関係図をつくる。	・コンビニを中心にすえて，本部との関係，配送センターとの関係，他の産業との関係，情報を媒介とした関係を図に表し，図を見ての感想を交流させる。

暮らしを支える産業と情報の活用

板書例

ⓜ くらしを支える産業と情報の活用方法を知ろう

❶ 〈バス会社〉

・バスナビの導入

・バス停に表示板の設置

・バスに GPS 機能

↓

利用者にバスの運行状況を知らせる

POINT 地域のバス停などで同様のシステムが導入されている場合は，写真や動画を撮影して提示できるようにしておく。児童の生

1 バス会社は，バスを使いやすくするために，情報を発信していることを調べよう。

T　バスに乗る時に知りたい情報は何ですか。

C　バスが来る時刻かな。

C　自分が乗るバスの乗り場。

T　バス会社は，お客さんがバスを使いやすいように，どのように情報を活用しているかを教科書で調べましょう。

C　携帯電話に「バスナビ」というアプリがあり，バスの運行状況を知らせています。

C　バスターミナル，病院，駅などに大きな表示板を設置し，バスの運行状況がわかるようにしています。

C　バスにも GPS がのせてあり，利用者にバスの位置や運行の遅れなどを知らせています。

T　バスナビは，2016 年ぐらいからバス会社が導入したシステムです。

2 旅行会社や観光協会は，旅行に必要な情報を発信していることを調べよう。

T　旅行に行くのに，おうちの人がインターネットを使っているのを見たことがありますか。何を調べていましたか。

C　旅行で行きたいところを探していました。

C　旅行費用を調べてチケットを買っていました。

T　気軽に旅行に行けるように，旅行会社や観光協会は，どのように情報を活用しているかを教科書で調べましょう。

C　旅行会社のホームページから旅行プランを申し込むと，旅行に必要な書類やきっぷが送られてきて，とても便利です。

C　インターネットから旅行きっぷの予約ができるようになり，とても便利になりました。

C　観光協会のホームページには，観光地の案内やイベント情報がまとめられていて，観光地の情報をすぐに知ることができます。

2 〈旅行会社や観光協会〉

旅行会社

・ホームページから旅行予約

観光協会

・観光地の情報をまとめている
　観光地の案内，イベント情報など

3 〈介護施設の例〉

・見守りシステムの導入

　↓

高れい者の安全を守る
職員の負たんを減らす

4 〈コンビニエンスストア〉

・いつも商品がそろっているのはなぜ？

・ポイントカードの活用法は？

・コンビニでのチケット購入は？

どのような情報を
何のために活用している
のか？

活圏内の事例をみることで，生活と結びつけられる。

---

3 介護施設では，お年寄りの安全を守るために情報を活用していることを調べよう。

T　おじいさん・おばあさんが介護施設を利用している人はいますか。介護施設について，どんな話を聞いたことがありますか。

C　友だちに会えるので，行くのが楽しみらしい。

T　介護施設は，お年寄りが安全に暮らせるように，どのように情報を活用しているかを教科書で調べましょう。

C　介護施設では，「見守りシステム」を導入し，お年寄りが転落などにつながる動きをすると，職員に通知が送られるようにしています。

C　「見守りシステム」は，お年寄りの動きをシルエット（かげ）で確認できるので，職員がすぐに行く必要があるかどうかを判断できます。

T　「見守りシステム」は24時間お年寄りを見守っているので，職員の負担を減らすことにもなっています。

4 コンビニエンスストアではどのように情報を活用しているのかを考えよう。

T　では，ものを売っているお店では，どのような情報を知らせればいいですか。

C　安売り商品，新製品の情報。

T　コンビニエンスストアを例にして，お客さんに商品を買ってもらうために，どのように情報を活用しているかを考えてみましょう。

C　ポイントカードを使って買い物をしているので，カードの情報を活用しているのかも。

C　チケットをインターネットで申し込み，コンビニでお金を払うこともあるので，そういう時に情報を使っていると思う。

C　いつも商品がそろっているのは，何か情報と関係があるのだと思います。

　　情報活用という視点から，今まで気に留めなかったコンビニの様子に目を向けるように呼びかけ，コンビニ調べをさせてもおもしろい。

第２時

情報を活用してはん売する

本時の目標　コンビニエンスストアでは，商品の店内配置，仕入れ，商品開発などの仕事に情報を活用していることがわかる。

板書例

㊇ 商品をはん売するために情報を活用していることを知ろう

1〈コンビニの情報の流れ〉

コンビニエンスストア

商品のバーコード

↓

POS システム　→（コンビニエンスストアへ）

↓　↑　分せきした情報

コンビニ本部

2〈商品の配置〉

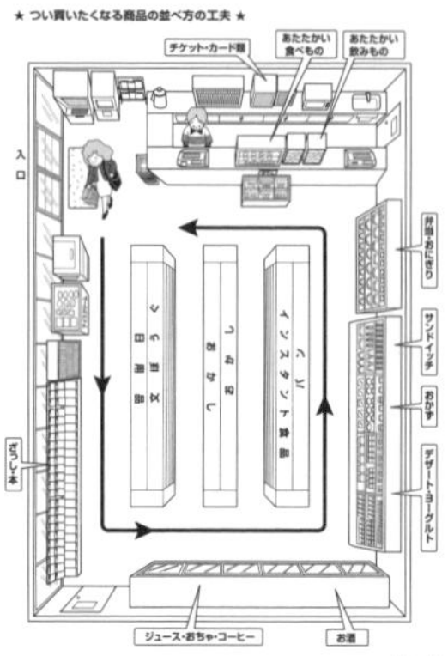

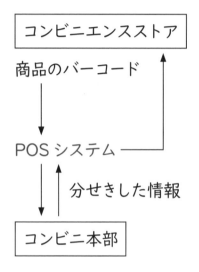

QR

よく売れる商品ベスト３

1.おにぎり，弁当，パン

2.コーヒー

3.おかし

POINT　販売者側の視点からだけでなく，消費者側の視点からもみるなど，多面的・多角的に情報活用のあり方について考えていく

1 コンビニのレジで集められる情報について調べよう。

T　コンビニの商品にはバーコードがついています。バーコードからさまざまな情報を手に入れることができます。どんな情報を得ることができるでしょう。教科書を使って調べましょう。

C　いつ，どのような商品が売れたのか。

T　レジで集められた情報はコンビニの本部に送られ，本部で情報を分析してお店に送られます。このような仕組みを POS システムと言います。

T　売れた商品の数や時間帯の情報を，どのように販売に活用するんだろうね。

C　よく売れる商品を目立つところに置いて，買ってもらいやすくすると思う。

C　よく売れた商品をたくさん仕入れ，売れなかった商品はあまり仕入れなくすると思う。

C　売れる商品・売れない商品を参考にして，新しい商品を開発するんじゃないかな。

2 情報を活用して，どのように商品を配置しているかを調べよう。

T　今，コンビニでよく売れているものベスト３は何だと思いますか。

C　①おにぎり，弁当，パン

C　②コーヒー

C　③お菓子（チョコレートが人気）

T　ベスト３の商品情報を活用して，コンビニは商品をどこに置いていますか。

C　おにぎり，弁当，パンは，お店の奥の方に置いています。

C　入り口にはコーヒーが売られていたり，店の奥には缶コーヒーが並べて置いてあります。

C　お菓子は，お店の真ん中の列のお菓子コーナーに置いています。

T　どうして，よく売れる商品をそんなところに置いているのでしょうか。

C　お店の奥までお客さんが来て，いろんな商品を買ってもらえるようにしているんだな。

③

〈情報を活用した商品の仕入れ〉

・よく売れる商品，あまり売れない
　商品の情報

・天気，曜日，地域のイベントごとに
　変える

・よく売れる商品を店の奥に並べる
　→奥のコーナーまでお客さんを集
　　める

④

〈新商品の開発〉

情報を分せき，
お客さんが求める商品を開発

・お弁当

・スイーツ

・インスタントラーメン

など

ようにしたい。

3 どのような情報を活用して，商品を仕入れているかを調べよう。

T　コンビニには，1店で2000〜3000種類の商品が売られています。店内は，品切れがほとんどなく，新製品もすばやく並びます。

T　<u>コンビニは，どんな情報を活用して，商品を仕入れていると思いますか。</u>

C　よく売れる商品とあまり売れない商品の情報。売れる商品はたくさん仕入れるから。

C　晴れの時に売れる商品，雨の時に売れる商品の情報。晴れて暑くなると，飲み物がよく売れると思うからです。

C　地域のイベント情報も活用していると思う。運動会などがあると，お弁当がよく売れると思う。

T　コンビニ店では，天気によって，曜日によって，地域のイベントによって，仕入れる商品を考えているのですね。

4 情報を活用して，どのような新商品を開発しているのかを調べよう。

T　コンビニで新しい商品が売られているのを見たことがありますか。コンビニの本部では，お店から送られてきた大量の情報を分析して，お客さんが求めている製品を開発することにも力を入れています。

T　どのような新製品を見たことがありますか。

C　見たことがない，新しいお弁当が売り出されていました。おいしかったです。

C　シュークリームやケーキなど，新しいスイーツが売り出されていました。

C　インスタントラーメンは，よく新商品のものが並んでいるのを見ます。

T　コンビニで買い物をするときに，新製品を探してみるのもおもしろいですね。

情報を生かしてものを運ぶ

品物を置いておく場所がないコンビニでは，1日に9台に分けて，少しずつ確実に商品を運んでいることがわかる。

板書例

め ものを運ぶときに，どのように情報を生かしているのか知ろう

1,2,3 〈トラックで運ばれてくる商品〉

弁当，おにぎり，サンドウィッチ

おかず，サラダ，牛乳，ラーメン

アイスクリーム，冷凍食品

雑誌や本，新聞

・商品ごとに

・少しずつ

・売れる時間に

1日9台のトラック

POINT 「高速道路に近いか」「駅に近いか」「工業団地の中か」「住宅街か」等，様々な視点から店舗を選定して児童が品揃え等を検

---

1 1日のうち，トラックで運ばれてくるのはどんな商品かを調べよう。

T コンビニの前にトラックがとまっているのを見たことがあるでしょう。あれは，コンビニに商品を運んできたトラックです。

T トラックは，お店にどんな商品を運んでくるのでしょうか。

C おかず，サラダ，牛乳，すぐに食べられるラーメンなどを運んできます。

C お弁当，おにぎり，お菓子などです。アイスクリームや冷凍食品もあるかなあ。

C 雑誌や本，新聞も運ばれてきます。サンドウィッチやハンバーガーもある。

T 他にも，ジュースやお酒，インスタントラーメン，生活用品，文房具など，トラックはお店にいろいろな商品を運んできます。コンビニには，2000〜3000種類の商品が売られていますからね。

2 どうして1日に9台のトラックが商品を運んでくるのかを考えよう。

T では，1つのお店に1日何台くらいのトラックが商品を運んでくると思いますか。①22台 ②9台 ③6台の中から1つ選んでください。

C 1日6台ぐらいで十分だと思います。

T 正解は②の1日9台です。

T <u>どうしてコンビニには，1日9台のトラックが商品を運んでくるのだと思いますか。</u>

C お弁当，飲み物など，商品ごとに運んでくるトラックが違うので，9台になると思う。

C お店に品物を置いておく場所がないので，少しずつトラックで商品を運ぶんじゃないかな。

C 売り切れて，お店から品物がなくならないようにするのにトラック9台で運んでいると思う。

T お弁当は，午前中・夕方・夜中の3回，運ばれてくるそうです。なぜ3回かというと，お弁当が売れる時間に合わせて運ぶためです。

| 準備物 | ・商品配送のトラックの写真 QR |
| | ・コンビニの写真 QR |

| ICT | マップ機能を活用して，立地条件の異なる2つの店舗を比較すると，生産・流通・販売・消費といった経済的内容にも踏み込むことができる。 |

------------- 1日3回

------------- 1日3回

------------- 週に3〜7回

------------- 週に6回

トラックの現在地
目的地までのきょり

⬇

これらの情報も活用して
商品を売り切るくふう

4 〈いろいろな情報の活用法〉

・コンビニ→家への商品配達も

・情報を活用して地域の人たちの
つながりを作る活動

討するようにすると，多面的で深い思考に向かう。

3 トラックが確実に商品を運ぶことができる理由を考えよう

T　弁当・おにぎり・焼きたてパンは1日3回，調理パン・サラダ・牛乳は1日3回，アイスクリーム・冷凍食品は週に3〜7回，飲み物・インスタントラーメン・雑貨も週に3〜7回，本・雑誌は週6回，トラックでコンビニに運ばれてきます。

T　お店からの注文が本部や工場につながり，商品がお店に届けられています。どうして確実にお店に商品が届くのか，教科書で調べましょう。

C　トラックが今どこを走っているかが，コンビニの本部ではわかるそうです。

C　トラックがいる場所や目的地までの距離を知らせるカーナビゲーションがあり，災害が起きたときでも本部から指示が出せるそうです。

T　トラックが，必要な商品を確実に届けられるように，情報が活用されていますね。

4 ものを運ぶ時の情報の活用法として，他に何があるのかを調べてみよう。

C　前に，お母さんはインターネットで注文して，家に商品を届けてもらっていました。

T　インターネットの情報を活用して，家に商品を届けてもらうこともありますね。このように，商品を運ぶために，情報が活用されている例を教科書で調べてみましょう。

C　買い物に行きにくいお年寄りは，コンビニに注文して，商品を運んでもらっています。

C　近くにコンビニがないところでは，移動販売車を出すようなサービスを行っているそうです。

T　コンビニでは，地域の人たちが安心・安全に暮らせるように見守り活動を行ったり，情報を活用して地域の人たちのつながりをつくることもしています。

情報通信技術の活用による サービスの広がり

板書例

㋁ 情報の活用によるサービスの広がりを知ろう

1 〈コンビニ利用の場面〉

☆おうちの人たちへの聞き取り調査

品物を買うこと以外に，どんな時にコンビニを利用しましたか？

お父さん

お母さん

お兄ちゃん

お姉ちゃん

おじいちゃん

おばあちゃん

2 〈インターネットを使った サービス〉

・写真プリント

・イベント，スポーツの チケットこう入

・高速バスのチケットこう入

・日本全国どこででも データの印刷

POINT 販売者の立場からだけでなく，消費者の立場からもコンビニでの情報活用サービスのメリット・デメリット等について対話

---

1 商品を買うこと以外で，コンビニを 利用する場合を調べよう

商品を買うこと以外に，家族の人たちはどんな時にコンビニを利用するかを調べさせておく。

T 商品を買うこと以外に，家族の人たちはどんな時にコンビニを利用していましたか。調べたことを発表してください。

C キャッシュカードを使って，コンビニでお金をおろしていました。

C 水道料金，自動車の税金などを，コンビニで支払っていました。

C コンビニに荷物を持って行き，送ってもらっていました。

T コンビニを使う時は，いろいろありますね。コンビニは情報を活用してどんなサービスをしているのかを詳しく見てみましょう。

2 コンビニで提供しているインターネットを 使ったサービスについて調べよう

T コンビニのコピー機は，コピーをするだけでなく，情報通信ができます。教科書で，コピー機でどんなことができるかを調べてみましょう。

T 情報通信の技術を利用して，コンビニではどんなサービスをしていますか。

C 写真のデータをインターネットで登録すると，コンビニの機械でプリントできます。

C 映画チケットだけでなく，イベントやスポーツなどのいろんなチケットが買えます。

C インターネットで申し込んで，高速バスのチケットを買うことができます。

T データをインターネットに登録しておけば，日本全国どのコンビニでもデータを印刷することもできるそうです。書類を持っていかなくてよいので，出張する時には便利だよね。

3 〈銀行ATMのサービス〉

・お金の出し入れ

・お金の預け払い

 家の近くで，
いつでもできると便利！

4 〈利用サービス　ベスト5〉

①公共料金の支払い

②銀行 ATM

③コピー・FAX

④たく配便・ゆうパックの配送

⑤注文した商品の支払い・受け
　取り

〔その他〕
　・証明書の発行
　・たく配サービス
　・宝くじのこう入

的に思考していくようにするとよい。

---

3 コンビニで提供している金融関係のサービスについて調べよう

T　コンビニには銀行 ATM の機能もあります。おうちの人が銀行 ATM を使って，お金をおろしたり，入金しているのを見たことがありますか。

C　あります。お母さんがキャッシュカードを使ってお金をおろしていました。

T　どうして，コンビニでは，銀行 ATM のサービスをしているのでしょうか。

C　銀行は，都会や駅の近くにしかないので，利用しやすいようにするためです。

C　コンビニなら，自宅のすぐ近くで利用ができるからです。

C　24 時間営業のコンビニの場合，いつでもお金の出し入れができるし，お金を口座から支払うこともできます。

4 コンビニは情報通信技術を生かし，他の産業と連携したサービスを提供していることがわかる。

T　お客さんが，コンビニで利用しているサービスのベスト 5 を紹介します。①公共料金の支払い，②銀行 ATM（お金の出し入れ，預け入れ），③コピー・FAX，④宅配便・ゆうパックの配送，⑤ネットで注文した商品の支払い・受け取り，です。

T　他にも，高速バス・航空券の購入，写真プリント，宝くじの購入，住民票の写しなどの証明書の発行，食料品・日用品の宅配サービスなど，さまざまな利用の仕方があります。このように，<u>情報通信の技術を生かして他の産業とつながるサービスをしているコンビニを見て，どう思いますか。</u>

C　コンビニは，近くにあって便利だから，まだまだ情報通信のサービスを広げていくと思う。

C　コンビニはすごいと思います。なぜかというと，コンビニに行きさえすれば，生活に必要なことはすべてできるからです。

関係図にまとめる

め コンビニをめぐる情報の関係図をつくろう

1,2,3〈情報の関係図〉

― コンビニエンスストア ―

はん売の仕事
・買った人の年れい・性別
・売れた商品，売れなかった商品
・天気，曜日，イベント　　　　　など

本部
POS システム
新商品の開発

商品の配送センター
1日9台のトラック

はん売以外のサービス
・写真プリント
・イベント，スポーツのチケット購入
・高速バスのチケット購入　　　　など

（板書例）

(POINT) スライド機能を使ったプレゼンテーションの作成や文書作成機能を使った新聞作りも可。単元で使った写真やグラフ等の資

1 商品配置，仕入れ，商品開発などの仕事に情報を活用していたことを振り返る。

T　ワークシートQRを見て下さい。これから，コンビニがどのように情報を生かして仕事をしているかをまとめていきます。

T　まずコンビニは，販売の仕事にどんな情報を活用していたかまとめてみましょう。

C　買った人の年齢や性別，売れた商品などの情報を商品の仕入れに生かしていました。

C　よく売れる商品を確かめて，商品を置く場所を決めていました。

C　天気や地域のイベントの情報も，商品の仕入れに生かしていました。

C　お客さんに人気のある商品の情報を生かして，新商品を開発していました。

T　情報を生かす仕組みをPOSシステムと言いました。ワークシートQRに書き込みましょう。

2 1日にトラック9台に分けて，少しずつ確実に商品を運んでいたことを振り返る。

T　次に，ものを運ぶ仕事では，どのように情報を生かしていましたか。

C　1日9台のトラックが，商品を分けて確実に運んでいました。

C　売り切れて，お店から品物がなくならないようにするために，トラック9台で運んでいます。

C　お弁当はよく売れる時間に合わせて運ばれてきます。

T　インターネットを活用して，家に商品を届けてもらうこともありますね。他にそんな例はありませんか。

C　買い物に行きにくい高齢者は，コンビニに注文して，商品を運んでもらっています。

C　近くにコンビニがないところでは，移動販売車を出すようなサービスも行っています。

3 〈他の産業とのつながり〉

・公共料金の支払い

⟹ ・銀行ATM

・宅配サービス

近くて，いつでもできる！

4 〈感想を発表する〉

※児童の感想を板書する

料も入れてまとめると，友だちに伝わりやすくできる。

---

3 情報通信の技術を生かして，いろいろなサービスを提供していたことを振り返る

T 販売以外に，コンビニには情報を生かしたサービスがあります。どんなサービスですか。

C 写真のデータをコンビニの端末でプリントできます。

C 映画，イベント，スポーツなどのチケットが買えます。

C インターネットで申し込んで，高速バスのチケットを買うことができます。

T コンビニは銀行ATMの機能もあります。お金の出し入れだけでなく，お金を預けて支払うこともできます。コンビニのサービスの利用頻度でいえば，公共料金の支払いが1位，銀行ATMの利用が2位です。コンビニは，他のいろんな産業と連携しながら，情報技術を生かしたサービスをしていますね。

4 情報を活用して仕事をしているコンビニについての，感想を出し合う。

T コンビニは，情報技術を生かして，販売の仕事だけでなく，他の産業とつながっているいろんなサービスをしています。こんなコンビニの仕事を見てどう思いますか。ワークシートに感想を書きましょう。

T まず，グループで感想を交流したいと思います。そのあと，グループから代表を選んで，全体発表してください。

C コンビニは，他の産業とつながりを持って，まだまだサービスを広げていくと思う。

C 家の近くにもコンビニがあります。近くて便利だから，利用する人はますます増えると思います。

C 情報って，使い方によっては仕事を発展させたり，生活を便利にしたりするんだなあと思いました。

情報を生かすわたしたち

◉ 学習にあたって ◉

◇何を教えるのか - この単元の特徴 -

　この小単元では, 情報化社会の中で, 自分たちがどのように情報を生かしていけばよいかを学習します。今, パソコンやスマートフォンなどのメディアを通して, インターネットやSNSなどの利用が急増しています。まず, 情報機器やインターネット利用の普及により, 情報化している今の社会の様子を知らせます。

　これらは, 私たちの世界を広げ, 生活を便利にしてくれますが, それに伴う問題点も顕在化しています。インターネットを使った経験を出し合いながら, 情報モラルやメディアリテラシーの必要性について考えさせます。情報をどう読み解くかというメディアリテラシーの学習だけでなく, 情報の送り手としての課題もしっかり学習する必要があります。児童自身がパソコンや携帯電話・スマートフォンなどのメディアを手にしたときに, 友だちの悪口を書き込んだり, ネットを使った「いじめ」などに走ってしまうことがないように, 情報モラルを身につけさせることが大切です。

◉ 評　価 ◉

知識および技能	・インターネットやSNSなどの情報活用が盛んになっていることを理解している。 ・情報活用に伴う問題点がわかり, メディアリテラシーの必要性を理解している。 ・情報の有効な活用には, 情報モラルが大切であることを理解している。
思考力, 判断力, 表現力等	・日常生活における情報活用のあり方について考え, 学習問題を立てたり, 自分の考えを表現している。 ・各種の資料やインターネットなどを活用して, 情報活用の発展やそれに伴う問題点について情報を集め, 読み取ったことをまとめている。 ・情報の正しい活用の仕方について, 送り手と受け手のそれぞれの側から考え, 情報活用宣言などに適切に表現している。
主体的に学習に取り組む態度	・情報に囲まれた生活に関心を持ち, その利点や問題点, 情報の有効な活用方法などについて意欲的に調べようとしている。 ・自分の生活や学習の中での情報の活用を振り返り, 情報を有効に活用しようとしている。

● 指導計画　　3時間 ●

時数	授業名	学習のめあて	学習活動
1	あふれる情報の活用ルールとマナー	・情報機器やインターネットの普及に伴う問題点と情報モラルのあり方について考え，学習問題をつくることができる。	・情報化の中で起こっている問題に目を向けさせ，学習問題を考える。 ・統計資料をもとに，インターネットによる犯罪や人権侵害などの問題点を確かめ，情報を送る側，受け取る側として気を付けなければならないルールやマナーを考える。
2	インターネットを活用した学習	・インターネットを学習で適切に活用するために必要なことがわかる。	・インターネットを使ったときに困った経験を交流する。 ・メディアリテラシーを活用しながら，インターネットの適切な使い方について考える。
3	情報の役わりと活用	・これまでの学習課題を振り返りながら，自分たちの情報モラルを見直し，情報活用についての意見文をつくることができる。	・メディアリテラシーや情報モラルの問題のクイズをつくる。 ・単に○×クイズの答えを言わせるだけでなく，その理由を考える。 ・情報活用について意見文をつくることができる。

板書例

㋹ あふれる情報の活用のルールとマナーを知る

1 〈インターネットの特ちょう〉

〔送る側〕
・誰でも送ることができる
・どんな人が送ったかわからないことがある

〔受け取る側〕
・情報量が多い
・誰でも見ることができる
・家庭に普及している

情報機器の普及割合

スマホ　約90%

パソコン　約70%

タブレット　約40%

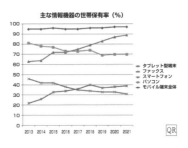

主な情報機器の世帯保有率（%）

POINT　児童は普段からインターネットを使って情報を集めたり遊んだりしているが，その危険性について知らないことが多い。情

1 情報を伝えるメディアとしてのインターネットの特色を確かめよう。

T　インターネットとテレビや新聞を比べて，どこが違うのかを考えてみましょう。

T　まず，情報を送る側の違いはなんでしょうか。テレビや新聞は，テレビ局や新聞社の人が協力をして情報を伝えます。

C　インターネットは，テレビや新聞と違って，一人ひとりが情報を発信することができます。

C　インターネットだと，どんな人が情報を伝えたのかがわからないことがあるよ。

T　情報を受ける側の違いは何でしょう。

C　新聞は購読して，テレビは番組表から選びます。でも，インターネットは，パソコンやスマホがあれば誰でも見られます。

C　10年ほど前と比べると，スマホやパソコンは80%以上家庭に普及しているから，すぐに見られます。

2 インターネットを使った犯罪や問題点を調べよう。

T　資料プリント[QR]の（1）を見て下さい。このグラフからわかることを発表してください。

C　インターネットによる犯罪の被害を受けた子どもの数がすごく増えている。

C　2012年から10年間で2倍近くに増えている。

T　次に，資料プリント[QR]の（2）を見て下さい。どんな犯罪が多いですか。

C　詐欺や悪徳商法がおよそ半分ぐらいです。だましてお金を取ったり，悪い品物を買わせたりする犯罪ですね。

C　インターネットオークションは，ネット上で品物の値段をつり上げて決め，売り買いする市場のようだけど……。トラブルがあるんだね。

C　迷惑メールが送られてきたり，悪口を書かれたりすることも多いです。

2,3 〈インターネットの犯罪〉

- ・子どもの被害が増加
- ・さぎ，悪徳商法
- ・めいわくメール
- ・悪口＝書く・書かれる
- ・ゲーム有料サイトからの請求

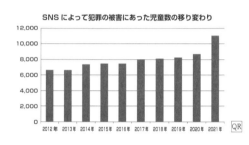

SNS によって犯罪の被害にあった児童数の移り変わり

4 〈情報モラル（ルール・マナー）〉

- ・情報の内容に責任をもつ
- ・個人情報，悪口など　×
- ・情報をそのまま受け入れない
- ・自分で確かめる
- ・著作権にも注意

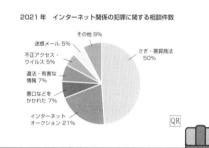

2021年　インターネット関係の犯罪に関する相談件数

報モラルに目を向け，生活に活かせるようにしたい。

3 自分たちの身の回りでも起こりそうなことは何かを話し合おう。

T　わたしたちも，被害者になったり，加害者になったりすることがあるかもしれません。どんな時に，被害者や加害者になってしまうと思いますか。グループで話し合いましょう。

C　掲示板に悪口を書いたり，書かれたりすることがあるかもしれません。

C　友だちの秘密や個人情報を，うっかり知り合いに送ってしまうことがあるかもしれません。

C　「このメールを 10 人に送らないと災いがあります」というメールがきたら，送ってしまいそうです。

C　有料サイトを使いすぎて，いっぱいお金を請求されることが起こるかもしれません。

今までの経験を振り返らせる機会にしたい。

4 情報を活用する時のルールやマナーについて話し合おう。

T　情報を発信するときに，気を付けなければならないことを発表しましょう。

C　インターネットを使って情報を発信すると，多くの人に伝わるので気を付けたい。一度発信してしまうと，元には戻せないからです。

C　情報の内容に責任を持ち，個人情報や他人を傷つける情報は送らない。

T　以前に学習した，テレビのニュース情報を利用するときに気をつけることは何でしたか。

C　情報はそのまま受け入れるのではなく，比べたり，自分で確かめたりすることが大切です。

T　また，他人がつくった音楽，写真，文章などは著作権があって，勝手に自分のものとして使えないので注意しましょう。

インターネットを活用した学習

板書例

ⓜ インターネットを活用した学習方法を知る

1 〈インターネットの活用〉

〔調べたこと〕
・ホームページ
・写真
・インターネットの動画

〔調べる方法〕
① キーワードの入力
② ホームページをさがす
③ 情報を読み取る

2 〈調べるときに困ったこと〉

・いろいろなホームページがあってどの情報を選んで良いのか分からない

・書いてある言葉や内容がむずかしい

・メールで質問したいことがあるけれど，質問のしかたがわからない

・集めた情報をそのまま使って良いのかどうか

POINT　児童は一つの情報を信じ，ネットに掲載されている情報をそのままコピー＆ペーストして発表することが多い。その是非を

1 学習する時，インターネットをどのように活用するか話し合おう。

T　インターネットを使ったことがある人はいますか。インターネットを使って何をしましたか。
C　農林水産省のデータをホームページから調べました。
C　観光地の写真を見ました。
C　インターネットサイトで動画を見たことがあります。
T　では，インターネットを使って調べる方法を確かめておきましょう。どのようにしますか。
C　調べたい情報のキーワードを入力して検索します。調べたい情報が載っているホームページを探します。
C　検索して出てきた情報の一覧の中から，目的にあったホームページを探します。見つかったら，必要な情報を読み取ります。

2 インターネットで調べるとき，困ったことがなかったか出し合おう。

T　インターネットを使ったとき，困ったことやどうしていいか迷ったことはありませんか。発表してください。
C　キーワードを入れても，いろいろなホームページが出てくるので，どれを選んだらよいのかわかりませんでした。
C　言葉や書いてあることが難しくて，よくわかりませんでした。
C　質問したいことがあったけど，メールを送って質問してもよいのかどうか迷いました。
C　集めた情報をそのまま使ってよいのか，まとめ方がよくわかりませんでした。
T　インターネットを使ってみると，困ることも多いですね。

3 〈気をつけること〉

→ いくつかのサイトを見比べて必要な情報がわかりやすくのっているものを選ぶ

→ むずかしい言葉は辞書やインターネットで調べる

→ 宛名とあいさつ，質問したい理由をわかりやすく書く

→ そのまま使うのではなく，自分の言葉でまとめる

4 〈メディアリテラシー〉

・必要な情報を生かす力

・自分で正しい情報を選ぶ力

・正しく読み取る力

・正しいか判断する力
↓

インターネットだけでなく，テレビや新聞でもいえる

問い，メディアリテラシーに触れるようにしたい。

---

3 情報を集めたり活用するときに，気をつけることをまとめよう。

T 困ったことがいろいろ出てきましたが，どのようにすればよいでしょう。

C いくつかのホームページを見て，必要な情報がわかりやすく載っているホームページを選ぶとよいと思います。

C キーワードを増やして，検索するものを絞っていけばよいと思います。

C 難しい言葉は辞書で調べたり，その言葉についてもインターネットで検索して調べたりしたらいいと思います。

C 集めた情報は，そのまま写さないで，自分の言葉でまとめた方がよいと思います。

T メールでの質問は，まず宛名と挨拶，質問したい理由を書きます。気を付けたいことは，教えてほしい内容を相手にわかりやすく書くことです。

4 メディアリテラシーについて考えよう。

T 教科書には，「メディアリテラシー」という言葉が載っています。意味は何でしょう。

C 必要な情報を自分で選んで生かすことです。

C 情報が正しいかどうかを判断する力のことです。

T インターネットの利用以外でも，メディアリテラシーは大切なことですね。どんな時ですか。

C テレビや新聞などから情報を得るときも，同じことがいえると思います。

T では，これからはメディアリテラシーを意識して，上手に情報を利用していきましょう。

情報の役わりと活用

板書例

㋞ 情報の役わりと活用について知る

1 〈ふり返り〉

※今までの学習を振り返り，意見を板書する

2,3 〈情報モラルクイズ〉

それぞれ〇か×か考えてみよう

・マンガは友だちにコピーして配ってもよい

・見知らぬ人から送られたファイルはさく除した方がよい

・「重要なお知らせメール」は発信元を確かめる

・どのホームページでも安心である

POINT　国語科の学習と教科横断型で捉えて，意見文を書くようにすることも可能。また情報関連企業と協力して出前授業やオンラ

---

1 今まで学んできたことで，大切だと思うことを振り返ろう。

T　情報を生活の中で生かすことについて，今まで学んできたことはどんなことですか。

C　インターネットの情報は，すべて正しいとは限らない。

C　インターネットによる犯罪やいじめが問題になっている。

T　特に大切だと思うことについて，グループで意見を出し合いましょう。

C　情報化が進んで便利になったけど，気を付けなければならないことがたくさん出てきたと思います。

C　インターネットを正しく使うために，メディアリテラシーを身に付けたいと思います。

C　情報を活用するには，モラルやマナーが大切だとわかりました。

2 自分たちの情報モラルを見直すクイズをつくろう。

T　では，グループごとに情報について〇×クイズをつくり，自分たちの情報モラルを見直してみたいと思います。

T　一つの例として，「SNSは，友だちとだけなら何を書いても心配はない。〇か×か？」など，参考にしながら考えましょう。

C　マンガなどの著作物は，友だちにならコピーして配り，楽しんでもよい。〇か×か？

C　見知らぬ人からファイル付きのメールが届いたら，開かずに削除した方がよい。〇か×か？

C　「重要なお知らせメール」が届いたら，すぐに開かずに発信元を確かめる。〇か×か？

C　コンピューターに質問して，出てきた答えの中でベストアンサーなら使ってよい。〇か×か？

④〈意見文をつくろう〉

・本当に必要な情報を選んで活用する

・個人情報の扱いには十分気を付ける

・SNSを使って，いたずら書きやいじめにつながることは絶対に書かない

QR

※ほかにも児童がつくったクイズや
　意見があれば，板書してもよい

イン授業を行うと，学習の定着につなげられる。

3 グループの中で，つくったクイズを出し合おう。

T　では，グループごとにクイズの出し合いをしましょう。

C　ホームページは，みんなに見てもらうためにつくられているので，どのホームページも安心である。○か×か？

C　○だと思う。いろんな人が見ると思ってつくるので，正しいことしか載せないからです。

C　×だと思う。正しい情報が載っているかどうかわからないし，ウイルスに感染してしまうことだってあるからです。

C　×です。不正確な情報を載せているホームページもあるし，ウイルスを送る危険なホームページだってあります。

C　○だと思います。市役所ホームページは間違ったら市民が困るよ。でも反対に怪しいのもあるということだから，意見は△かな。

4 情報活用について意見文をつくろう。

T　クイズの結果やこれまでに学習したことをもとに，情報を活用する上で大切だと思うことをまとめたいと思います。

教科書に載っている「私たちの生活と情報」についての意見文を参考にしながら，情報活用の意見文をつくりましょう。

C　今私たちの生活にはいろいろな情報を知ることが欠かせないことがよく分かりました。

C　テレビや新聞，ホームページなど，本当に必要な情報を選んで活用していきます。

C　住所や名前，電話番号，メールアドレスなどの個人情報の扱いには十分に気を付けます。

C　SNSなどを使って，いたずら書きをしたり，いじめにつながるようなことを絶対に書いたりしません。

自然災害を防ぐ

全授業時間導入 1 時間＋ 5 時間

◉ 学習にあたって ◉

◇何を教えるのか　- この単元の特徴 -

　　本小単元では，阪神・淡路大震災や東日本大震災に象徴される日本の自然災害から，わたしたちの生活環境を守る取り組みについて学習します。近年は，地球温暖化の影響もあってか，震災以外にも超巨大台風の襲来や数十年に一度という豪雨なども頻発しています。これらの自然災害は，人命や生活環境の破壊，産業や交通の停滞，国土の荒廃と深く関わり合っています。少ない配当時間ですが，災害の原因は何だったのか，どのような対応と取り組みがなされているかを調べさせ，今の自分たちの生活につなげさせることが学習のポイントになります。例えば，東日本大震災の発生から長い年月が過ぎた今でも，被害地域の再生，住民の生活再建，避難住民の帰還，原発事故の処理など様々な課題が山積しています。時が過ぎるにつれて忘れ去られがちなこうした問題にも目を向けさせ，被害を受けた環境や住民の生活が元に戻るまでは，災害は終わっていないという認識を教える側もしっかりと持つ必要があるでしょう。

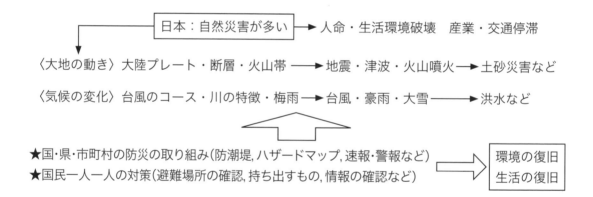

知識および技能

・日本は自然災害が起こりやすいことがわかり，災害防止のための対策や事業が進められていることを理解している。

思考力，判断力，表現力等

・日本の自然災害やその防止のための取り組みについて，様々な資料から読み取りまとめている。
・自然災害が発生する場所の特徴や原因について考え，災害を防ぐための取り組みについて話し合い，自分の意見を述べている。

主体的に学習に取り組む態度

・日本の自然災害やその防止のための取り組みに関心を持ち，意欲的に調べている。
・自然災害防止のために，一人一人の国民や自分自身が協力できることを考え，取り組もうとしている。

● 指導計画　　6時間（導入1時間＋5時間）●

時数	授業名	学習のめあて	学習活動
導入	自然環境と関わっていく大切さ	・国土の自然環境と私たちの生活との関わりに関心を持ち，調べてみようとする。	・日本の世界自然遺産を見つける。 ・北九州市の1960年代と1980年代の空を比べる。 ・地域の人々が植林をしている写真から考える。 ・これからの学習で知りたいこと，調べたいことをまとめる。
1	自然災害が多い日本の国土	・日本の自然災害について調べて，その多さに気付き，原因を考えてみようとする。	・日本ではどんな自然災害が起きているか話し合い，原因別に整理する。 ・自然災害が多い理由について話し合い，学習課題を設定する。
2	地震災害への取り組み	・地震が発生する場所や原因，災害の状況を知り，災害を防ぐためにどのような取り組みが行われているのかを理解する。	・地震でどのような災害が起こるのか考える。 ・地震が発生する場所について話し合う。 ・災害を防ぐための国，県，市町村の取り組みを調べる。 ・調べたことを話し合い，整理する。
3	津波災害への取り組み	・津波が発生する原因，もたらされる災害について知り，災害を防ぐためにどのような取り組みが行われているのかを理解する。	・津波とは何か，どのようにして起こるのかを知る。 ・津波でどのような災害が起こるのか考える。 ・災害を防ぐための国，県，市町村の取り組みを調べる。 ・調べたことを話し合い，整理する。
4	風水害への取り組み	・風水害が発生する時や，もたらされる災害について知り，災害を防ぐためにどのような取り組みが行われているかを理解する。	・大雨，台風で生じる災害について考える。 ・大雨，台風が予想されるとき，自分たちはどんなことをすれば良いか話し合う。 ・災害を防ぐための国，県，市町村の取り組みを調べる。 ・調べたことを話し合い，整理する。
5	火山災害や雪害への取り組み	・火山災害や雪害が発生する場所や，災害内容について知り，災害を防ぐためにどのような取り組みが行われているか理解する。	・火山の噴火や大雪によって，どのような災害が起こるのか考える。 ・火山の噴火，大雪による災害を防ぐための国，県，市町村の取り組みを調べる。 ・日本の自然災害と，対策について振り返る。

板書例

㊌ 私たちの暮らしと自然環境について考えてみよう

1 〈日本の世界自然遺産〉

- ・知床
- ・白神山地
- ・小笠原諸島
- ・屋久島
- ・奄美・沖縄

2 〈北九州市の変化〉

よごれた空　　　→　きれいな空
（1960年代）　　　　（1980年代）

北九州のようす　[QR]

POINT　インターネットを活用して市のHPを閲覧し，公害について調べてみるのもよい。図書館と連携して，事前に自然災害関連

---

1 世界自然遺産に登録されているところはどこか調べる。

T　日本の中で世界自然遺産に登録されているところはどこでしょう。

　　教科書などで調べたり，知っているところを発表し，地図帳で位置や記号を確かめる。

C　北海道の知床です。

C　青森県から秋田県に広がる白神山地です。

C　小笠原諸島は東京都です。

C　屋久島は，鹿児島県にあります。

C　奄美大島，徳之島，沖縄本島北部，西表島。鹿児島県から沖縄県に散らばっている。

　　教科書，QRコード，インターネットなどで画像や特色を調べ，思ったことを交流する。

C　屋久杉やイリオモテヤマネコを見てみたい。

C　小笠原は，海がとってもきれい！

C　冬の知床はどんな様子なのかな？

C　一つの島から，県をまたいだ広い所もある。

2 北九州市の1960年代と1980年代の空の写真を比べる。

T　教科書の北九州市の2枚の写真を比べて，気づいたことを発表しましょう。

C　60年代の方はいっぱいの煙が工場の煙突から出ています。

C　こんな所に住むのは，嫌だね。

C　それが，80年代にはきれいになっている。何があったのだろう。

C　まるで違う町みたいだね。

T　北九州市は，昔から製鉄や金属などの工業が盛んでした。その一方で，工場から出る煙や配水によって，空や海は汚され続けていたのです。

C　スモッグとか聞いたことがある。

C　人の健康に影響が出てしまうほどだった。

T　そこで，市民を中心に，工場や市役所も工場の煙や排水を減らす取り組みを進めました。

C　こんなに劇的に変わるんだ。

C　具体的に，どんな取り組みをしたのかな？

❸ 〈植林をする理由〉

植樹するようす

・木を育て売る

・山崩れをふせぐ

・豊かな自然（山・海）

❹ 〈これから学習すること〉

> ・自然環境と生活
> ・自然災害
> ・環境を守る

知床五湖　　　　　屋久島

の書籍を集めておくようにしたい。

3 地域の人々が植林をしている写真から考える。

植林をしているイラスト QR や教科書などの写真を見て話し合う。

T　植林は何のためにするのでしょう。
C　木を切ったので、また木を育てるため。
C　木を育てて売るのだと思う。
C　山崩れが起こらないように木を植えている。
C　森林を増やして、自然を豊かにするのだ。
T　漁師さんが山に木を植えているという話をきいたことがありますか。
C　知らない。
C　なぜ、木を植えるの？
C　豊かな海や川は山からという話を聞いたことがあるかも…
T　牡蠣養殖の漁師さんが、魚や貝が育つ豊かな海にするためには豊かな森が大切だと始めました。自然のつながりを考えることも必要なのです。

4 これからの学習で知りたいことや調べたいことを話し合う。

T　私たちの生活と環境についてこれから学習していきますが、どんなことが知りたいですか。何を調べてみたいですか。

グループで話し合い、それを全体で発表し合って交流する。

C　自然のつながりについて調べたいな。
C　わたしは、北九州市のような出来事をもっと調べてみたいわ。
C　森林と自分たちの生活との関係を調べてみたい。
C　自然には良さも怖さもあると思う。ぼくたちは、どう関わっていけばよいのかなあ。
T　国土の自然環境と私たちの生活との関わりについて、いろいろと調べていきましょう。自然災害の問題について考えたり、環境を守るということも大事ですね。

自然災害が多い日本の国土

板書例

㊑ 日本の自然災害について調べ，学習課題を持とう

1 〈日本の自然災害〉

← 断層のズレ

倒れた木 →

2 〈大地の変化〉

・地しん　　・津波

・土砂災害　・火山ふん火

〈気象の変化〉

・台風　　・大雨

・大雪　　・たつ巻

色々な自然災害がある

POINT 自然災害について，グループで共同編集機能を使ってスライドにまとめていくことも可能。対話的に調べてまとめる活動を

1 日本ではどんな自然災害が起きているのか調べる。

T 日本でどんな自然災害が起きているか，知っていることを発表しましょう。

C 東日本大震災が起きた。

C 地震だけでなく，津波で大きな被害が出た。

C 阪神淡路大震災もあった。

C 家や道路が壊れたり，火事でたくさんの家が焼けた。

C 台風や大雨の被害も毎年起きている。

C 土石流で家が埋まったニュースもあったよ。

C 火山の噴火で避難する人たちもいた。

C 新潟の親戚が，冬は大雪で困ると言っていた。

T 教科書の写真なども見てみましょう。

C 地震や津波の被害はすごいね。

C すごく大勢の人が亡くなっている。

C 火山の噴火も近くに住んでいたら怖いね。

2 日本で起きている自然災害を原因別に整理する。

T 5年の春に地形と気候の学習をしましたね。

C 山地が多いとか，低地の暮らし。四季があるとか，台風，梅雨，季節風も勉強もしたね。

T 自然災害も，大地の変化と，気象の変化によって起きるものに大きく分けられます。日本の自然災害を二つに分けて整理してみましょう。

タブレットに共有して作業してもよい。

C 地震や津波は，大地の変化で起こるね。

C 台風や大雨は気象の変化だ。

C 火山の噴火は大地の変化だよね。

C 土砂災害は，台風や大雨のときに起きやすいけど，土が崩れるのだから大地の変化だ。

C 気象の変化で起きる災害には，大雪や竜巻なんかもあるね。

T 随分たくさんの災害が起きていますね。

C 日本は自然災害のデパートみたいだ！！

3 〈日本で自然災害が多い理由〉

・短くて急流の川が多いので, 洪水が起こりやすい

・活断層が多いので, 地震が起こりやすい

・季節風が原因で日本海側では大雪

・台風の通り道

・梅雨になると雨が多くなる

4 〈学習課題〉

・災害を防ぐ方法

・ふだんの備え

・国や県の対策

・原因

・環境問題

進めていくことにも繋がる。

3 日本ではなぜ自然災害が多いのか話し合う。

T こんなにいろいろな自然災害が起こる国は, 世界でも珍しいでしょうね。

C 砂漠の国では大雨の被害は起きないよね。

C 火山がなければ被害はないし, 地震が起きやすい所とそうでない所もあるんだよ。

T どうしてこんなに自然災害が多いのか, 自分の考えを出して話し合いましょう。

　グループに分かれて,「大地の変化」か「気象の変化」のどちらかについて話し合う。

C 日本の川は, 短くて急流が多いと勉強したね。だから, 洪水が起こりやすいんだ。

C 活断層が多いから地震が起きやすいとニュースでやっていたよ。日本は火山も多いね。

C 台風の通り道で, 梅雨になると雨も多い。

C 季節風が原因で日本海側が大雪になるんだ。

　全体で出てきた意見を交流する。

4 学習課題を考えてノートに書く。

T では,「自然災害を防ぐ」という勉強で, どんなことを調べたり学習したいか, 各自でノートに書きましょう。

C 自然災害を防ぐ方法が知りたい。

C ぼくたちにもできることってあるのかな?

C 普段から, 災害に備えてどんな準備をしておけばいいのだろう。

C 国や県は, どんな対策を立てているのかな?

C 自然災害が起きる原因について, もっとくわしく知りたい。

　書いたことを発表して交流し合う。

C 温暖化などの環境問題の, 自然災害への影響については, ぼくも考えてみたい。

T では, 次から自然災害について詳しく学習していきましょう。

地震災害への取り組み

板書例

㋯ 地震について，発生場所と原因，被害，対策を調べよう

1 〈地震による被害〉
- 建物がくずれる
- 道路や鉄道がこわれる
- 火災の発生
- 水道，ガス，電気が止まる

　　　　　　　　　　　など

阪神淡路大震災
（写真提供：神戸市）

阪神淡路大震災
（写真提供：神戸市）

2 〈地震の起こり方〉
- プレートのぶつかり・ずれ
- 断層がずれる

　　　　↓

大地がずれて起こる

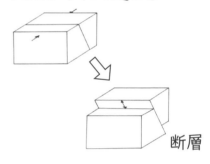

断層

POINT　グループで地震の原因や想定される被害，対策について調べてまとめる際には，共同編集機能を使ってスライドにまとめる

1 地震でどのような被害が起こるのか話し合う。

T　地震が起こると，どんな被害が発生するでしょう。

　　教科書や阪神淡路大震災の写真QRを参考にして，グループで話し合う。（神戸市 HP からも画像が閲覧できる）

C　建物が壊れてしまう。ガラス等が落ちてくる。

C　道路や鉄道がぐちゃぐちゃになってしまう。

C　火事が起こって，町が焼けてしまう。

C　電気やガスや水道も止まってしまう。

C　じゃあテレビも見られない。

C　水道が止まったら水が使えなくなる。お風呂やトイレはどうするの？

C　道路が通れないと，食べ物や必要な物が届かなくなってしまうよ。

C　ケガや病気になっても病院へ行けないかも。

T　地震で大変な被害が出てしまいますね。

2 地震はどのようなところで発生するのか調べる。

T　地震は，どんなところで，どのようにして起こるのか知っていますか。

C　昔はナマズが暴れると地震が起こると思われていたんだって。おばあちゃんに聞いたよ。

C　断層が何とか…って，聞いたことがある。

T　では，教科書で調べてみましょう。

C　地震は大地がずれることで起こるんだって。

C　大地がずれるってどういうことかな？

C　日本は複数のプレートが出会う珍しい場所なんだ。それがぶつかったりずれたりして地震が起こるんだ。

　　教科書のプレートと地震発生の図を見て確かめる。

C　内陸には断層もたくさんあって，これがずれた時にも地震が起こるんだ。

C　活断層って聞いたことがあるよ。これだね。

　　教科書や QR 収録の図QRで確かめる。

3 〈地震災害を防ぐために〉

・建物の耐震工事
・緊急地震速報
・ハザードマップ
・防災訓練

↑

国，県，市町村
地域や家庭

阪神淡路大震災(写真提供:神戸市)

4 〈まとめ〉

グループで話し合う

↓

まとめる

↓

発表・交流

阪神淡路大震災(写真提供:神戸市)

とよい。生活と繋げられるようにしたい。

3 地震災害を防ぐために行っている，国，県，市などの取り組みを調べる。

T　震災を防ぐために，国や県や市などでどんな取り組みをしているのか，調べましょう。

　　教科書や資料集，インターネット等で調べる。できれば児童が住んでいる県や市の取り組みを調べさせたい。

C　学校や役所の建物に耐震工事を行っている。

C　緊急地震速報を出して，知らせてくれる。

C　ハザードマップで危険な場所がわかるようにしている。

C　学校や地域で，防災訓練をしている。

C　防災倉庫に，災害時に必要な物を蓄えている。

C　地震で不通になった道路の復旧工事をする。

C　避難場所も作って，水や食べ物などを配ったりしている。

T　国，都道府県，市町村，それぞれで，災害を防ぐ取り組みがされていますね。

4 学習したことについて話し合い，整理をする。

T　災害を防ぐための取り組みについて，学習して分かったことを整理してまとめましょう。

　　グループごとに話し合い，タブレットやホワイトボード，画用紙などを使ってまとめる。

C　国の取り組み，県や市町村の取り組み，地域の住民の取り組みに分けてまとめたらどうかな。

C　それぞれの家庭や個人で行う取り組みもあるよ。

C　災害情報を伝えることも大切だ。テレビで緊急地震速報が流れるね。

C　市役所から，スマホに避難情報も入るよ。

C　避難訓練にお母さんと参加したことがある。

C　消防車も来た。訓練のこともまとめようよ。

　　まとめたことは発表し合って交流する。

津波災害への取り組み

板書例

ⓜ 津波が発生する時，その被害，対策について調べよう

1〈津波の起こり方〉

・プレートのはね返り→海水を動かす

・震源地が海底

・最大の高さ15m（東日本大震災）

気仙沼市

2〈津波の被害〉

・漁船が陸へ打ち上げられる

・田畑へ海の塩水…作物がダメに

・原発事故…今もひなん

↓

・土のいれかえが必要

・ひなん解除でも帰れない

> なかなか元にもどれない

POINT　教科書や資料集，インターネット等を使って調べる。児童の住む地域の実態に応じて，堤防の決壊や河川氾濫等に目を向け

---

1 津波はどのようにして起こるのか調べる。

T　津波とは，どのようなものでしょうか。

C　海の水が陸の上まで押し寄せてくる，かな？

　　インターネットの動画で津波を見る。

C　海の流れがすごい勢いで押し寄せてくる。

T　津波がいつどこでどのようにして起こるのか，教科書などで調べましょう。

C　プレートがはね返った勢いで，海水が大きく動かされ，津波が起こる。

　　教科書の図で津波が起こるしくみを確認する。

C　震源地が海の時に起こる。

T　東日本大震災の津波は，最大何mぐらいになったでしょう。3択問題です。

```
津波の高さ
①3mぐらい
②7mぐらい
③15mぐらい
```

C　7mぐらいかな。

T　15mです。校舎の高さと比べてみましょう。

C　え〜，3階より高いじゃないか！

2 津波でどのような被害が起こるのか話し合う。

T　東日本大震災では，津波は何度も押し寄せてきました。どんな被害があったのでしょう。

C　最大15m もの高さで津波が来たら，町全体が津波にのみこまれてしまうと思う。

C　津波で，漁船が陸に打ち上げられている。

C　福島の原子力発電所が事故を起こした。今も避難を続けている人がいる。

C　田畑が塩水に浸かって，作物が作れない。

C　空港まで津波が押し寄せている。

　　QR 収録の画像QRや，インターネットにも写真が多くアップされているので，それを見て話し合うのもよい。

T　津波は，広い範囲に被害を与えました。塩害で，田畑は土を入れ替えないと作物が作れなくなり，原発事故の避難が解除されても，戻ってこれない住民もいます。町も人々の暮らしも，なかなか元には戻らないのです。

3 〈災害を防ぐ〉

［津波対策］

・防潮堤

・避難タワー

・土地の高さ表示

・避難場所

［他の災害との共通対策］

・緊急情報

・防災教育

・防災訓練

4 〈まとめ〉

グループで話し合う

↓

まとめる

↓

発表・交流

津波避難場所看板

米崎小学校(仮設住宅)

てもよい。

---

3 津波災害を防ぐために行っている国，県，市などの取り組みを調べる

T　津波災害を防ぐため，どのような取り組みが行われているか，調べましょう。

　　教科書や資料集，インターネット等で調べる。海に面した地域では，地元の取り組みを調べさせたい。

C　津波が起こりやすい海岸の地域では，防潮堤を造っている。すごく大きな防潮堤だ。

C　大きな津波に備えて，津波避難タワーを造っている。

C　高くて大勢が避難できるタワーが必要だね。

C　今は大地震の後に，津波警報が出されている。

T　こんな物も表示されています。

　　避難場所案内や標高の表示などの画像 QR を見せる。

C　案内板があると迷わず避難できる。

C　海抜や注意の呼びかけもあるといいね。

　　『稲むらの火』の話や現在の広村堤防画像 QR から，昔の人の教えや経験を伝える大切さも説明しておく。

4 学習したことについて話し合い，整理をする。

T　<u>災害を防ぐための取り組みについて，学習して分かったことを整理してまとめましょう。地震との共通点や違う点も考えてみましょう。</u>

　　グループごとに話し合い，タブレットやホワイトボード，画用紙などを使ってまとめる。

C　今回も，国，県や市町村，地域の住民，家庭の取り組みに分けてまとめたらいいと思う。

C　地震と違って，津波は安全な高い場所に逃げるように考えられている。

C　海からの高さが分かれば，安全な場所かどうかがわかるね。

C　津波の速さも知っておかないと，逃げ遅れてしまう。

C　地震も津波も，緊急情報が命を守る上で大事だね。テレビやスマホなどが使われている。

　　まとめたことは発表し合って交流する。

風水害への取り組み

板書例

ⓜ 風水害が発生する時，その被害，対策について調べよう

1　〈大雨・台風の被害〉◀┈┈┈┈┈┈　**2**　〈事前に予測する〉

〈雨の被害〉　　　〈風の被害〉

　川の増水　　　　木や建物がたおれる

　砂や木を流す　　物がとばされる

　住宅や田畑の浸水

　地すべり

＝どうする＝

・予報をみる

・早くひなん

・必要な物を準備

・飛ばされないように

電気，ガス，水道，交通がダメになることも

孤立地域も

台風で折れた樹木

POINT 児童が通う学校は「災害時避難所」となっていることがほとんどである。校内には地域住民の非常食などが備蓄されており，

---

1 大雨・台風でどのような被害が起こるか話し合う。

T　大雨や台風によってどんな被害が考えられるか話し合いましょう。

C　川の水があふれて土砂や木などが流される。

C　堤防が切れて，住宅や田畑が浸水してしまう。

C　大雨で道路の低いところが冠水する。

C　地すべりで，家がつぶされたりもする。

C　強風で木や建物が倒れたり，物がとばされたりする。

　　　教科書や，QRの絵や写真も見て話し合う。

T　水道，ガス，電気，交通が止まり，孤立した地域ができることもあります。

C　救援に入れないから，救助ヘリが必要だ。

C　被害の様子が分からないと，効果的な救援ができない。

C　明りのつかない生活なんて想像できない。

C　孤立した地域の住民は，すごく不安だろうね。

2 大雨・台風が予想されるとき，自分たちはどんなことをすればよいか考える。

T　台風や大雨の襲来と地震の発生とは，どこが違うでしょう。

C　地震は急に起こる。いつ起きるかわからない。

C　台風や大雨は，予報が出るから，いつ頃どこにくるか，強さはどうかが事前に分かる。

T　台風や大雨は，時期，場所，強さがある程度予測がつきます。そんな時，みなさんはどんなことをすればよいのでしょう。

C　予報を見て，状況をつかむ。

C　避難情報が出たら，早く安全な所へ避難する。

C　避難に必要なものを準備しておく。

C　風で飛ばされそうな物は，家の中に入れる。

C　母さんは，ウェザーニュースをチェックしているよ。

T　気象庁の大雨や台風情報などから，事前に情報を集めて準備をしておくことが大切ですね。

| 準備物 | ・画像「台風被害」QR
・画像「砂防ダム，避難場所表示」QR
・住んでいる地域のハザードマップ | I
C
T | インターネット等を利用して，児童が住む県や市の取り組みを調べると，多くの情報を得ることができる。 | |

3 〈災害を防ぐ〉

・放水路

・砂防ダム

・ひなん場所・誘導

・ハザードマップ

災害時避難場所案内

避難場所案内表示

砂防ダム

4 〈まとめ〉

グループで話し合う

↓

まとめる

↓

発表・交流

ほとんどの場合，最上階の倉庫に置かれている。

3 大雨や台風による被害を防ぐための国，県，市などの取り組みを調べる。

T 風水害を防ぐために，国や県や市でどんな取り組みをしているのか，調べましょう。

　教科書や資料集，インターネット，写真QR等で調べる。できれば児童が住んでいる県や市の取り組みを調べさせたい。

C 大雨で水があふれないように，放水路が造られている。地下の大きなトンネルなんだ。

C 砂防ダムで土砂災害を防いでいる。

C ハザードマップを作り，危険な箇所を知らせている。避難場所や避難経路も示してある。

C 外国語でも避難場所の表示がしてあるね。

T 私たちの地域のハザードマップを見て，気づいたことを話し合いましょう。

C ぼくの家は，土砂災害警戒区域のすぐそばだ。

C 東側の川沿いは，浸水警戒区域になっている。

C 一番近い避難所はどこかな…。

4 学習したことについて話し合い，整理をする。

T 前の時間と同じように，風水害を防ぐ取り組みについて，学習して分かったことを整理してまとめましょう。やり方は，もう馴れましたね。

　グループごとに話し合い，タブレットやホワイトボード，画用紙などを使ってまとめる。

C 台風や大雨って，毎年起こるから，わたしたちにとって，いちばん身近な問題だね。

C 予測ができるから，地震などよりも災害を防ぐ取り組みがきっちりできるはずだよ。

C 市の広報車も回ってくるね。お年寄りや急な避難が難しい人に気を配っている。

C 市の取り組みや，自分の地域のハザードマップを見て話し合ったから，それを中心にまとめよう。

　まとめたことは発表し合って交流する。時間がないときは，教室や廊下に掲示してもよい。

火山災害や雪害への取り組み

板書例

ⓜ 火山災害や雪害の発生場所, 被害, 対策を調べよう

1,2 〈火山災害と行政機関の取り組み〉

〔噴出〕　　〔流出〕

火山灰　　よう岩流

焼けた石　　火さい流

↓

田畑の作物→ダメになる

家などが焼ける・埋まる

逃げ遅れたら…

⇒

伊豆大島噴火の溶岩流(気象庁HP)

雲仙岳の火砕流(気象庁HP)

〈国・県・市町村の取り組み〉

・噴火警戒レベルを決める

・火山の観測→立入禁止，警報

・ひなんごう

POINT　教科書や資料集，インターネット等を使って調べる。マップ機能で航空写真を見て，現状を捉え，地形や気候の学習と関連

1 火山噴火で何が起こり，どんな被害があるのか話し合う。

T　火山の噴火で，どんなことが起こりますか。

C　火山灰や熱された石などが噴き上げられる。

C　溶岩が流れ出す。

　　教科書のイラストや画像QRなどで確かめながら話し合う。

C　火砕流や火山泥流・土石流。吹き上げられるだけでなく，流れ出すものも多いんだ。

T　火砕流は，時速 100km 以上の速さで流れ，温度は数百度にもなるそうです。

C　逃げ遅れたら，焼け死んでしまう。

T　そうですね。もう少し，どんな被害が起こるか考えてみましょう。例えば，火山灰が大量に降ってきたら…。

C　田畑に積もったら，作物が害を受ける。

C　溶岩流が来たら，家などが焼けてしまう。

C　家が埋まっていたね。土石流か火山泥流だ。

2 火山災害を防ぐために行っている国，県，市などの取り組みを調べる

T　火山災害を防ぐために，国や県や市などでどんな取り組みをしているのか，調べましょう。

　　教科書や資料集，インターネット，資料QR等で調べる。

C　噴火の警戒が必要な火山は，観測を続けて，警報などで知らせている。

C　気象庁が観測する火山を決めて，噴火の前触れがあれば，都道府県などに知らせている。

C　噴火警戒レベルを決めている。危険な時は火山に近づくことを禁止している。

C　「火山防災の心得」などを配っている。

C　万一に備えて，避難壕がつくられている。

T　大規模な火山噴火が起こると，火山近くの地域だけでなく，広い範囲に被害が及びます。

<table>
<tr><td>準備物</td><td>・火山噴火現象画像 4 枚^{QR}
・火山噴火資料 2 枚^{QR}
・資料「豪雪地帯・特別豪雪地帯の指定」^{QR}</td></tr>
</table>

準備物
・火山噴火現象画像 4 枚[QR]
・火山噴火資料 2 枚[QR]
・資料「豪雪地帯・特別豪雪地帯の指定」[QR]

ICT　インターネット等を利用して広く調べることで，日本の地形や気候と結びつけて，深い学びに繋げられる。

3 〈雪害〉

北海道・東北・北陸
（特別豪雪地帯）

〔発生する問題〕
・事故（雪下ろし中の事故や交通事故）
・なだれ
・外出できない・動けない（人・車）

豪雪地帯 532
特別豪雪地帯 201
数字は市町村数（うち特豪）

北海道地方 179(86)
東北地方 161(69)
北陸地方 81(30)
近畿地方 19(1)
関東地方 17(1)
中部地方 34(14)
中国地方 41(−)

豪雪地帯・特別豪雪地帯の指定
（国土交通省より）

4 〈自然災害への対応〉

消雪パイプ
なだれをふせぐ「さく」
道路の除雪　　　　　など

自然災害はなくせないので，被害をへらすことが大事：減災

付けて考えていきたい。

3 雪害はどんな地域で起こり，どんな被害があるか話し合う。

T　雪害はどんな地域で起こるのですか。資料を見て話し合いましょう。

「豪雪地帯・特別豪雪地帯の指定」（国土交通省）[QR]

C　特別豪雪地帯は，北海道，東北，北陸の日本海側にあるね。

C　豪雪地帯は，北海道と東北北部のほぼ全部だ。

C　近畿や中国地方の日本海側も豪雪地帯だね。

C　季節風がもろに影響しているのがわかるね。

T　では，大雪でどんな被害が起こるか，教科書などで調べましょう。

C　雪かきや雪下ろし中の事故がある。

C　雪道での交通事故や，車の立ち往生もある。

C　事故で亡くなる人もいるんだ。

C　雪崩も，巻き込まれると命に関わるね。

T　大雪だと外出もできないし生活が不便だね。

4 雪害を防ぐために行っている国，県，市などの取り組みを調べる

T　雪害を防ぐために，国や県や市などでどんな取り組みをしているのか，調べましょう。

教科書や資料集，インターネット等で調べる。

C　消雪パイプで水を流し，道路の凍結を防いだり，雪が積もらないようにしている。

C　道路の除雪や屋根の雪かきをしている。

C　雪崩をふせぐ柵をつくっている。

T　いろいろな自然災害の学習をして来ましたが，自然災害は無くなるでしょうか。

C　自然の働きで起こるのだから，なくならない。

T　なくせないのなら，国や県などは，何を目指して取り組みをするのでしょう。

C　災害はなくせないが，被害は減らせる。

T　自然災害は起こるので，国や県や市などは，その被害をできるだけ少なくする取り組みをしています。これを減災といいます。

私たちの生活と森林

全授業時間6時間

◉ 学習にあたって ◉

◇**何を教えるのか　- この単元の特徴 -**

　日本の森林面積は，国土のおよそ3分の2を占め，そのうちの約6割が天然林，約4割が人工林という構成になっています。日本の国土は，世界の国々と比べても緑豊かです。本単元では，森林の働きと私たちの生活との関わりについて学習していきますが，改めて森林の価値を見直させ，環境に目を向けさせたいものです。

　学習では，まず前記のような日本の森林の姿や特徴をとらえさせます。それをもとに，世界遺産の白神山地を具体的な教材として天然林の姿や働きをとらえさせ，また，人工林と関わって日本の林業について学習します。これらの学習を通して，森林と私たちの生活との関わりや森林の役割を理解させ，森林を守り育てることの大切さに気づかせます。

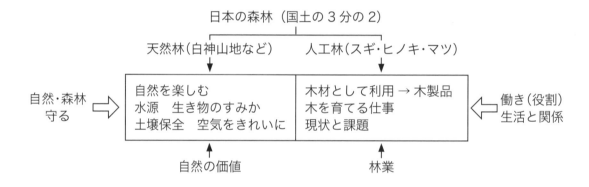

◉ 評　価 ◉

知識および技能
・日本の森林の現状，森林の役割，林業の仕事内容，自然保護の活動について理解している。
・森林面積や人工林と天然林の割合，日本の林業関係の推移，森林の働きや保護運動などについてのグラフ，文書資料，地図資料などを読み取っている。

思考力，判断力，表現力等
・資料等から読み取ったことをもとにして，森林の役割や自然を守ることの価値について考え，自分の意見を述べている。
・森林や自然の保全について，自分にできることを考えている。

主体的に学習に取り組む態度
・森林の働きや林業について進んで調べ，森林と私たちの生活との関わりについて関心を持っている。
・資料の読み取りや対話に積極的に取り組んでいる。

時数	授業名	学習のめあて	学習活動
1	日本の森林	・日本の森林について調べてその分布や割合を知り，日本は森林が多い国であることがわかる。	・山や森林に行った経験を交流し，各地の森林の様子を見る。 ・日本の森林の分布を調べる。 ・日本の森林面積の割合を世界と比べる。
2	森林との関わり	・天然林と人工林の違いや特徴がわかり，森林と私たちの生活との関わりを考えて学習問題を作ることができる。	・天然林と人工林を比べ，特徴をつかむ。 ・森林と私たちの暮らしの関わりを話し合う。 ・日本の森林について学習したいことを話し合う。
3	貴重な天然林・白神山地	・白神山地の自然の様子と働きがわかり，自然の価値について理解することができる。	・天然林学習に最も適した世界自然遺産の地域を選び，その自然の特徴を調べる。 ・白神山地の自然について話し合い，自然を守る運動について調べる。 ・自然の価値について話し合う。
4	木材をつくり出す森林	・木を育てる仕事の内容を知り，日本の人工林は林業に従事する人々の努力により営まれていることを理解する。	・林業について調べたいことを話し合う。 ・日本と秋田県の林業について調べる。 ・林業の仕事内容を調べる。 ・日本の林業の問題点について考える。
5	さまざまな森林の働き	・森林には，さまざまな有用な働きがあり，その働きを生かして森林資源が活用されていることがわかる。	・森林の働きについて確かめ合う。 ・水を蓄える働きを詳しく調べる。 ・災害を防ぐ働きを詳しく調べる。 ・森林資源の活用と保護について話し合う。
6	守っていきたい森林	・森林の現状や森林・自然を守る活動について知り，自分ができることは何か考えることができる。	・日本の森林の現状について話し合う。 ・森林や自然を守るナショナルトラストの活動を調べる。 ・自分たちは何ができるか話し合う。 ・間伐材の活用について調べ，森林と私たちの生活との関わりをまとめる。

日本の森林

板書例

㊍ 日本の森林の今の姿について調べてみよう

1 〈山や森林に行った経験〉

屋久島の森 すごい大木

その他にも
・長野県の高原
・近所の神社の森

2 〈各地の森林〉

・楽しいだろうな
・紅葉がきれい
・ハイキング
・観光客

POINT 写真や動画の視聴をすることで，日本にある自然の悠然さが伝わるようにしたい。その上で，森林の分布状況について資料

---

1 山や森林に行った経験を出し合う。

屋久島の森を歩いている画像QRを見る。

T この写真を見た感想を言いましょう。

C すごい大木がある。どこの森だろう。

C こんなところに行ってみたいな。

T これは屋久島です。みなさんは，どこか山や森林に行ったことがありますか。

C 長野県の高原に行ったことがある。白樺やカラ松の森が広がっていた。

C 遠足でポンポン山に登った。景色がよくて，とても気持ちがよかった。

C おじいちゃんの田舎へ行った。すぐ近くが山だった。

C 近くの八幡神社にも，大きな森があるよ。

T そうですね。よく見たら，身近なところにも森や林はありますね。

住んでいる市町村にある森や林を確かめ合う。

2 各地のいろいろな森林の様子を見て，話し合う。

T あと何枚か森林の写真を見てみましょう。思ったことや感じたことを発表しましょう。

画像QRを見て話し合うことで森林のイメージを広げ，これからの学習に興味が持てるようにする。

C こんな写真のところへ，行ってみたいな。

C 山の中で木の実やキノコなどを見つけたら，楽しいだろうな。

C きっと紅葉したらきれいだと思う。

C ハイキングや山登りに行く人もいるよ。

C どんな鳥や動物がいるのかな。鹿に会ってみたいな。

C 観光客も来るかもしれないよ。癒やされるから…。

C キノコや山菜も採れるね。

話し合いの中で，森林の役割にも少し気づけたら，後の学習にもつながっていく。

3 〈世界と日本の森林〉

日本は森林の多い国 66% が森林

倍 ↑ 以上

世界の陸地では 30% が森林

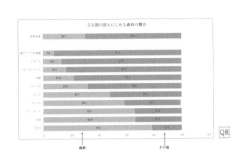

4 〈日本の森林の分布〉

・多い－中部，四国は
　　　　山地が多い

・少ない－関東，近畿中心部，
　　　　　海沿いの平地

山奥の森

杉の林とブナの森

や地図を読み取って迫っていくとよい。

3 日本と世界の国々との森林面積を比べて考える。

T　日本は，世界の国の中で，森林が多い国か少ない国か。どちらだと思いますか。

C　こんなに森林があるから，多い国だと思う。

C　でも，ブラジルにはアマゾンのジャングルがある。ロシアのシベリアも広い森林だよ。

T　面積ではそうですね。でも，今は，割合で考えてみましょう。資料のグラフを見て下さい。

C　やっぱり，日本は世界の中でも森林の多い国だよ。

T　フィンランドは，森と湖の国といわれる，世界でも有名な森林の豊かな国です。

C　そことほぼ同じなんだからすごいね。

C　66% ということは，国土の3分の2が森林だということだ。

C　世界全体では，森林の割合が約30%だから，その倍以上なんだ。

4 日本の森林の分布を調べる。

T　日本のどの辺りに，森林は多いのでしょう。

C　北海道は森林が多いのじゃないかな。

C　東京や大阪などの大都市の近くは多くない。

C　沖縄県も多いと思う。ヤンバルクイナの住むヤンバルの森が広がっているから。

C　山の多いところは，森林も多いと思う。

T　教科書や地図帳の土地利用図や地形図で調べましょう。

C　中部地方に森林が多いのは，山地が多いからだ。

C　関東地方や近畿地方の中心部は少ないね。

C　北海道も意外と少なくて畑が多い。

C　四国は，森林が多いね。

C　海沿いの地域は森林が少ない。平地が多いから，都市や耕地になっているんだよ。

C　土地利用図で見ても，森林が圧倒的に多い！

森林との関わり

㋍ 天然林と人工林の特徴を調べ，生活との関わりを考えよう

1,2 〈天然林と人工林〉

A　　　　　　C　　　　　　　　B　　　　　　D

天然林

人工林

・いろいろな木
・曲がってごちゃごちゃ
・森林全体の 6 割

・1 種類の木
・まっすぐにならぶ
・森林全体の 4 割

（POINT）校内や家庭で見つけた木製品を写真に撮り，スライド機能を使ってまとめ，全体共有するのもよい。木材が生活を支えてい

---

1 2つの森林の画像を比べて気付いたことを話し合う。

森林の画像 A・B・C・D QR を見る。

T　4 枚の写真を 2 つの仲間に分けましょう。

C　A と C が同じ仲間で，B と D が同じ仲間だ。

T　では，2 組の写真を比べて，気付いたことを発表しましょう。

C　AC はいろんな木が生えているようだけど，BD は同じ種類の木のようだ。

C　AC はごちゃごちゃ生えて，木の幹も歪んでいる。BD はきれいに並んで幹もまっすぐだ。

T　どうしてこんな違いがあるのでしょう。

C　AC は，自然のままの森みたい…。

C　BD は人が手入れしているのかな。

C　人が植えているから同じ木だけあるんだよ。

T　自然のままの森林を天然林，人が植えて育てている森林を人工林といいます。

2 天然林と人工林の特徴を比べる。

T　天然林と人工林を比べて，それぞれの特徴を見つけましょう。まず，木の種類はどうですか。

C　天然林は，いろいろな木が生えている。

C　人工林は 1 種類の木が並んでいる。幹がまっすぐに育つ木だから，杉やヒノキかな。

T　森に住んでいる生き物にとっては，どちらがすみやすいのでしょう。

C　人工林の方がきれいだから住みよいと思う。

C　草や実の多い天然林の方が食べ物も多いよ。

病害虫に弱いのはどちらか等，他にも比べてみる。

T　天然林と人工林の割合は，どれぐらいでしょう。教科書のグラフで確かめましょう。

C　天然林が約 6 割，人工林が約 4 割だから，天然林の方が多い。

C　でも，4 割の森林を人工林に変えたんだからすごいと思う。自然じゃなくなっているんだよ。

3 〈生活との関わり〉   **4** 〈学習したいこと〉

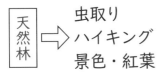

天然林	⇒	虫取り ハイキング 景色・紅葉

・林業について

・世界遺産の森林

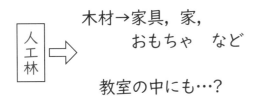

人工林	⇒	木材→家具，家， おもちゃ　など

教室の中にも…?

・災害をふせぐ役割

・環境問題

・生活に生かす

ることに気付くよい機会となる。

---

3 森林と私たちの生活の関わりについて考える。

T　天然林は私たちの暮らしとどのように関わっているのか，考えてみましょう。

C　田舎に行った時，近くの森で虫取りができる。

C　ハイキングに行くのも，天然林に行く方が変化があって面白そうだ。

C　景色は天然林がいい。紅葉したら癒やされる。

T　人工林は，何のために植えて育てるのですか。

C　木を切って，木材として売るためです。

T　木材は何に使われていますか。身の回りから，木材が使われているものを探しましょう。

C　家具，机，食器，いろいろ使われている。

C　家の柱も木材，鉛筆や木のおもちゃもある。

C　教室の中にも。棚，床，黒板も木かな。

　　いくつか具体物や画像を見せたりしてイメージをふくらませるのもよい。

T　それぞれ私たちの生活と関係が深いですね。

4 日本の森林について学習したいことを話し合う。

T　これから，私たちの生活と森林について学習していきます。どんなことをもっと知りたいと思いますか。

　　グループで話し合い，全体で発表して交流する。

C　植林して育てるって，何年ぐらいかかるのだろう。林業について詳しく知りたいな。

C　世界遺産になっているところの森林についてもっと知りたいと思う。

C　最近，台風や大雨で山が崩れることがあるけど，災害を防ぐ森林の役割ってあるのかな。

C　温暖化の問題や世界で大きな森林火災が起こっているけど，環境問題と森林って大事だよね。

C　林業を盛んにしたり，木材をもっと生活に生かす道はないか，考えてみたい。

T　教科書の調べ方やまとめ方も参考にして，これから勉強していきましょう。

貴重な天然林・白神山地

白神山地の自然の様子や働きが分かり，自然の価値を理解することができる。

ⓜ 白神山地の自然の様子を知り，良さを見つけよう

1,2 〈世界遺産　白神山地〉

白神山地　QR

→ 動画を視聴しよう

・ブナの天然林

・生き物のえさやすみか

・養分をふくむきれいな水

〔感想〕

・ブナの大木ができるまで，どれくらいかかるのだろう

・ブナが水を集めて蓄えている

・めずらしい生き物もたくさん

板書例

POINT　動画を視聴する際には，適宜映像を止めながら見るようにし，解説を入れながら流していく。視聴する意図を明確にするこ

1 天然林学習に最も適した世界自然遺産の地域を選び，その自然の特徴を調べる。

T　日本で，世界自然遺産の地域はどこでしたか。

C　知床，白神山地，小笠原諸島，屋久島，奄美・沖縄の5つの地域です。

T　その中で，天然林の学習にどこを選べばよいと思いますか。

C　白神山地が，広い天然林があってよいと思う。

T　<u>では，白神山地はどんなところか，教科書で調べましょう。</u>

C　青森県から秋田県にかけて広がるブナの天然林です。

C　鳥や小動物やクマなどの生き物にとって，すみかやえさを得る生活の場になっている。

C　赤石川には，ブナの天然林が蓄えた養分を含むきれいな水が流れてくる。きっと魚もいるね。

C　美しい自然を求めて多くの人がやって来る。

2 白神山地の自然について，感じたことや考えたことを発表して話し合う。

T　白神山地の自然を，動画で見てみましょう。

　インターネットで見られる白神山地の動画を5分程度見る（NHK　新日本風土記アーカイブス，NHK for school 環境省「日本の世界自然遺産」など）

T　動画で見るとよく分かるね。見た感想や分かったことを発表して話し合いましょう。

C　ブナの大木があった。あそこまで育つのに何年ぐらいかかるのかな。

C　何十年とか，ひょっとしたら何百年かもね。

C　降った雨が葉にたまって，幹を流れて，地面を潤すところがすごい。

C　ブナは，すごくたくさんの水を蓄えるんだ。

C　豊かな水があって，ブナの森と水は深い関係なんだ。だからいろいろな生き物が生きられる。

C　クマゲラとか，珍しい生き物もいっぱい住んでいる。天然林って，すごいね。

---

3 〈自然を守り生かす活動〉

【守る】
- 林道工事を中止
- 保護地域にする
  （入るには許可が必要になる）
- パトロール
- モニタリング

【生かす】
- エコツーリズム
- 自然体験プログラム

↓

自然のみりょく・大切さ

4 〈世界自然遺産〉

- 多様な動植物
- 独特の自然

↓ 変えたり
こわしたりすると…

- 元にもどせない
- 絶滅するかも
- 人間にはつくれない

白神山地

とで，見方が変わってくるだろう。

3 白神山地の自然を守る活動について調べる。

T　白神山地が世界遺産になる前に，自然環境の危機がありました。何があったのか，その後どうなったのか教科書や資料 QR で調べましょう。
C　白神山地に林道を通す計画が立てられた。
C　ブナ林が開発の危機にさらされた。
C　開発されたら地下水が出なくなり，川魚の種類が減る。
C　自然保護団体や住民も反対し，工事は中止になった。
T　今は，世界遺産の森を守り，生かすためにどんな取り組みが行われていますか。
C　保護地域にして，ブナ林や動物を守っている。
C　世界遺産地域には，許可がないと入れない。
C　パトロールで盗掘，ゴミ捨て等を監視する。
C　モニタリングで白神山地の変化を見守る。
C　エコツーリズムや自然体験プログラムなどで，自然の魅力や素晴らしさを伝えている。

4 自然の価値について考える。

T　日本には 5 つある世界自然遺産ですが，どんなところが認定されていますか。
C　特に自然が豊かなところだと思う。
C　残しておきたい価値のある自然。
T　資料で確かめて見ましょう。

　　「世界自然遺産に選ばれた理由」QR を見て話し合う。

C　どこも，多くの種類の動物や植物がある。
C　生態系の多様性と書かれている。
C　他では見られない，その地域独特の自然があるところ。貴重な自然があるところだね。
T　世界自然遺産は，変えたり壊したりしてはいけないことになっています。どうしてでしょう。
C　動物も植物も，生き物はみな，環境を変えると絶滅するかもしれないから。
C　一度壊した自然は簡単には元には戻せない。
C　自然は人間の手では作れないから大切なんだ。

木材をつくり出す森林

板書例

ⓜ 日本の林業について調べ，課題を考えよう

1,2 〈日本の林業〉

林業 ＝ 人工林を育てて売る

その他 58.0 万 ha（6%）
トドマツ 77.6 万 ha（8%）
マツ 81.8 万 ha（8%）
カラマツ 97.7 万 ha（10%）
ヒノキ 259.5 万 ha（25%）
スギ 443.8 万 ha（43%）

QR

全国の人工林のうちわけ（2017年）

3 〈木を育てる仕事〉

苗を育てる畑 →

植林　QR

手をかけている

枝打ち　QR　→　間ばつ　QR

POINT　現地を見学したり，林業に携わる人にインタビューしたり（オンラインも可）するとよいが，できない場合は動画を見る等，

1 林業について調べたいことを話し合う。

T　今日は人工林の学習をします。人工林は，何のために育てられるのでしたか。

C　育てた木を切り出して売るためです。

C　木材からいろいろな製品が作られます。

T　この木を育てる仕事を何業と言いますか。

C　米や野菜作りが農業だから…木材業？

C　知っている！林業です。

T　林業の学習で調べたいことは何ですか。

C　どんな仕事をしているのか。

C　どんな木が植えられているのか知りたい。

C　木はすぐには大きくならない。木を育てて，売れるまでに何年ぐらいかかるのか。

C　木材は何に使われているのか，もっと詳しく知りたい。

C　林業の仕事の様子を見てみたい。

2 日本と秋田県の林業について，グラフなどで確かめる。

T　日本の林業では，主にどんな木を育てているのか，資料1 QR のグラフで調べましょう。

C　やっぱり，スギが一番多いね。

C　ヒノキと合わせると人工林の7割になる。

C　どれもみんな針葉樹だね。

T　林業では，なぜスギやヒノキが多いのですか。

C　幹がまっすぐだから，材木として使い易い。

C　日本の気候にも合っていて，育てやすい。

C　早く成長するんじゃないかな。

T　秋田県の林業を，資料の(2) QR で調べましょう。

C　すごい！圧倒的にスギが多い。

　　教科書の記述も読んで発表する。スギやヒノキの板や葉が準備できれば見せたい。

C　秋田のスギは住宅用に使われている。

C　天然の秋田スギは少ない。人工林の秋田スギの多くが，木材にするよい時期を迎えている。

準備物
・資料：人工林と林業 QR
・資料：日本の林業 QR　・円グラフ QR
・林業作業イラスト 5 枚 QR

ICT インターネットを利用して動画を視聴することで，普段馴染みのない林業の仕事の様子を捉えることができる。

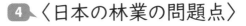

💬 4 〈日本の林業の問題点〉

・1970 年〜　輸入増，国産減

・働く人が減り，高れい化

・50 年かかる大変な仕事

・安い輸入材

・木→プラスチック

一方で…

・人工林は増えている

・木くずを燃料にするといった取り組みも

下草がり QR

切り出し QR

こんなに長くかかる…

林業の様子をイメージできるように工夫したい。

3 木を育てる仕事の内容を調べる。

　木を育てる仕事について，教科書やインターネットの動画（NHK for school）を見て調べる。

T　どんな仕事がありましたか。何のために行うかも付け加えて，作業の順に発表しましょう。

C　苗木を畑で育てる。大事に苗を育てている。

C　山の斜面を整備してから，育った苗を 1 本ずつ植林する。しっかり育つように植えるんだ。

C　苗木が草に埋まらないように下草を刈る。

C　節の少ないまっすぐな木にするために，枝打ちをする。日当たりをよくして木が大きく育つように，間伐もする。

C　切り出すまでに 50 年もかかる。すごいな！

T　林業の仕事を調べた感想を発表しましょう。

C　木は勝手に育つと思っていたけど，いろいろ手をかけて育てていることがわかった。

C　こんなに時間のかかる仕事だと思わなかった。

4 日本の林業の問題点について考える。

　「木材の国産と輸入量の移り変わり」と「林業で働く人の移り変わり」のグラフ（教科書・QR 資料 QR）を見て分かったことを発表する。

C　1970 年頃から木材の輸入が多くなった。

C　国産材の割合がどんどん減ってきた。

C　でも最近また，国産材が増え始めているよ。

C　林業で働く人が減り，高齢化が進んでいる。

T　教科書や資料から分かった日本の林業の問題点やこれからについて考えましょう。

C　木が売れるまで 50 年もかかるし，仕事も大変そうだから，働く人が減ってくるのだと思う。

C　外国から安い木材が輸入されるからだよ。

C　木よりもプラスチック製品が増えてきた。

C　でも，木材にできる人工林は増えているね。

C　木屑を発電燃料にするなど工夫もしている。

C　ちょっと農業の問題と似ているかも…。

さまざまな森林の働き

板書例

ⓜ 森林の働きと，森林資源の活用について調べよう

1 〈さまざまな森林の働き〉

・けしき，自然

・生き物のえさ，すみか

・木材，木製品を生み出す

・空気をきれいにする

・温暖化を防ぐ

・水をたくわえる

・災害を防ぐ

・川や海を豊かにする

2 〈緑のダム〉

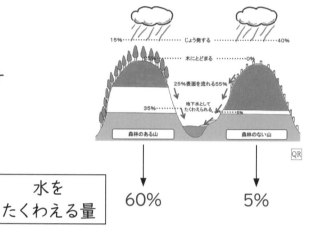

水を
たくわえる量

60%   5%

POINT 理科の学習と関連付けながら，関連する書籍やインターネット等を活用して調べていくとよい。未来志向で今後の自然との

1 森林の働きについて確かめ，話し合う

T 森林は，どんな役割（働き）を持っていますか。これまでの学習を振り返ってみましょう。

C 美しい景色やめずらしい生き物などで自然を楽しめる。世界自然遺産にもなっている。

C 木の実など生き物のえさがたくさんあり，すみかにもなっている。

C 家や家具などいろいろなものが木から作られている。

C 地球温暖化も防ぐ働きがある。空気もきれいにしているのかな。

T 教科書や資料1QRのイラストで確かめてみましょう。

C 出てきた意見はみんな載っているね。

C 水を蓄えたり，災害を防ぐ役割もある。

C 森から出た栄養分で川や海を豊かにするんだ。木を植える漁師さんの話があったね。

2 水を蓄える働きについて詳しく調べる。

T 「緑のダム」って，聞いたことがありますか。

C ダムは水を貯めるところ。黒部ダムとか…。

C そうじゃなくて，森林は水を蓄えているということだよ。それで洪水も防げる。

C ブナは，たくさん水を蓄えるんだったね。ブナ以外の木でも，水を蓄えるんだね。

T では，降った雨がどうなるか，森林のある山と，森林のない山で比べてみましょう。

資料2の(1)QRから，蒸発する量，木に留まる量，表面を流れる量，地下水として蓄える量の順に比べる。

C 森林のない山に降った雨は，ほとんど流れていってしまう。

C たった5％しか蓄えられない。

C 森林のある山に降った雨は60％が蓄えられる。

C 木の葉や幹だけでなく，地下水にもなるんだ。

<table>
<tr><td rowspan="2">準備物</td><td>・資料：森林の働き 1－さまざまな働き QR</td></tr>
<tr><td>・資料：森林の働き 2－水を蓄え土を守る QR</td></tr>
</table>

| ICT | インターネットを利用して，農林水産省こどもページを調べると，森林資源について情報を得られる。 |

3 〈災害を防ぐ〉

- 土砂くずれ，土砂流出を防ぐ
- 雪，風，砂を防ぐ

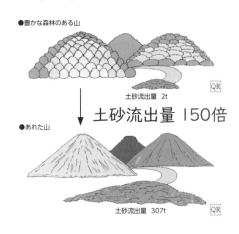

●豊かな森林のある山

土砂流出量　2t　QR

↓ 土砂流出量 150倍

●あれた山

土砂流出量　307t　QR

4 〈森林の活用と保護〉

活用例
- 防雪林
- 伝統工芸品（曲げわっぱ）
- 建造物（駅，新幹線，学校）

保護活動
- 森林ボランティアによる手入れ
- 木を植える

関わりを考えていけるようにしたい。

3 災害を防ぐ働きについて詳しく調べる。

T　森林には，災害を防ぐいくつかの働きもありますね。どんなことですか。

C　山崩れ（土砂崩れ）を防ぐ。

C　土が流れ出したら，川が汚れたり，洪水の原因にもなるね。

C　防風林や防砂林となる。

T　では，土砂崩れも，森林のある山と，森林のない山で比べてみましょう。

　　　資料2の(2) QR を見て確かめる。

C　森林がない荒れた山は，森林が豊かな山の150倍も土が流れてしまう。

T　どうしてだろうね。

C　森林の根がいっぱい張っているから，土をつかまえて流さない。

C　雨水も大量に流れない。葉や枝や落ち葉がクッションにもなるから，土は流されないんだ。

4 森林資源の活用と保護について話し合う。

T　いろいろな働きがある森林資源がどのように活用されているか，教科書で確かめましょう。

C　防雪林もあるんだ。木が盾になって風や砂や雪の害から家や畑や鉄道などを守ってくれる。

C　秋田杉からは，家だけでなく，曲げわっぱのような伝統工芸品も作られる。

C　新国立競技場に全国の木材が使われている。

　　インターネット「森林・林業学習館→木材を使った建造物」で画像を見る。（他に木製品の紹介もある）

C　駅やドーム屋根や新幹線の内装にも使われている。新しい木造の学校も建てられている。

T　森林資源の保護についても教科書で調べましょう。

C　森林ボランティアとして活動する人がいる。

C　手入れをしないと，森林が荒れてしまう。

C　地球の環境や生物多様性を守るため，森林の保護は必要なんだね。

守っていきたい森林

板書例

ⓜ 森林や自然を守るために 自分ができることを考えよう

1 〈日本の森林の現状〉

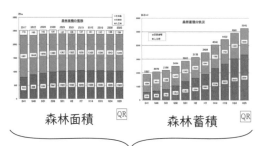

森林面積 QR　　森林蓄積 QR

・森の木が太く大きく成長
・切り出せる木が増えている
　一方で…
　働く人は減っている

2 〈ナショナルトラスト〉

・自然を守る運動
・天神崎など全国に広がる

天神崎の保全地のマップ

POINT 「ナショナルトラスト」という用語は，児童にとって馴染みがないため，動画を視聴することで，活動のイメージを捉えや

---

1 日本の森林の現状を調べて話し合う。

T　2つのグラフから，日本の森林の現状について分かったことを発表していきましょう。

　　　森林面積の推移のグラフ QR を見る。

C　森林の面積は，ほとんど変わっていない。
C　人工林は少し増えた時期もあるけど…。

　　　森林蓄積の状況のグラフ QR を見る。（森林蓄積＝森林を構成する樹木の幹の堆積：を補足説明しておく）

C　森林蓄積は増えてきている。
C　特に人工林の増え方が大きいね。
T　2つのグラフからどんなことが分かりますか。森林の面積は変わらないのに，蓄積が増えているということは，どういうことでしょう。
C　木が成長して太く大きくなっているんだ！
T　切り出せる木がどんどん増えている。でも，林業で働く人は…。
C　働く人が減ったら切り出せない。困るね。

2 森林や自然を守るナショナルトラストの活動について調べる。

T　「ナショナルトラスト」という言葉を聞いたことがありますか。
C　自然を守る運動だと聞いたことがある。
C　知床やトトロの森も守られているんだよ。

　　　簡単にナショナルトラストを説明する。参考資料 QR を読んだり，インターネットの動画視聴もよい。

C　自然を守る運動だから，森林を守る運動も含まれるね。
C　天神崎のナショナルトラストは，森を守ることで海も守ろうとしている。
T　自然関係のナショナルトラストが行われている場所の地図 QR を見て思ったことを発表しましょう。
C　全国でこんなに多く自然を守る運動が取り組まれているなんて，すごいと思う。
C　北海道や関東地方が多いね。どうしてかな？
C　ぼくたちの近くでも行われているのかな…。

3〈自分たちにもできること〉

- ボランティア
- 勉強会やぼ金活動
- 木製品を使う
- ごみでよごさない

天神崎

4〈間伐材の利用〉

- 割りばし　・チップ
- トイレットペーパー
- 紙の皿やコップ
- 発電

すくする等の支援を考えておくようにする。

3 森林や自然を守るために，自分たちに何ができるか考える。

T　ナショナルトラストではなくても，みんなの身近なところに，自然を守る活動はありませんか。

C　近くの川で蛍を育てる活動をしている。

C　山や川のゴミを拾って，きれいにする活動もある。

C　自然を守る会の人が，植物の調査をしている。

T　では，森林や自然を守るために，自分たちに何ができるのか，話し合いましょう。

C　自然を守るボランティア活動に参加できる。

C　森林を守る運動に募金をしようかな。

C　森林や自然についての勉強会があれば参加したい。

C　もっと木の製品を使えばいい。林業も盛んになるし，山の手入れもできるようになる。

C　ごみを捨てて汚さない。誰でもできることだ。

4 間伐材の利用について調べ，森林と私たちの生活との関わりをまとめる。

T　木材のエコな利用についても考えてみましょう。まず，これを見て下さい。

　　割り箸を見せる。

C　割り箸はよく使われるね。これも木製品だ。

T　割り箸は，木製品を作った残りの切れ端や，間伐材からも作られます。

C　捨てられそうな木材も利用できるんだね。

T　他にどんな物に利用されているでしょう。

C　木くずは発電燃料に使われているね。

C　紙も木から作られるから，ティッシュやトイレットペーパー，ノート，紙の皿やコップ…。

C　木のしおりを見たことがあるよ。

T　間伐材などは，そのまま使うだけでなく，細かいチップにして紙や燃料の元にもなります。

C　こんなところでも木と生活が関係している。

　　最後に，教科書を参考にして学習のまとめを書く。

環境を守るわたしたち

全授業時間 5 時間＋ひろげる 1 時間＋いかす 1 時間

◉ 学習にあたって ◉

◇何を教えるのか　- この単元の特徴 -

　　公害や環境問題は，産業や交通の発展，都市化の進展と深く関わり合っています。5 年の国土や産業学習の成果を踏まえつつ，過去に遡ってどのような問題が発生し，何が原因で，どのような取り組みがなされたのか調べ，今の自分たちの生活につなげさせたいものです。公害や環境問題は，日本国憲法の「健康で文化的な最低限度の生活を営む権利」という生存権の視点を忘れずに指導することが大切です。

　　本書では，京都市の鴨川を教材として取り上げましたが，地域や教科書に応じた教材を取り上げ，本書の展開を参考に授業を組み立てて頂ければ幸いです。

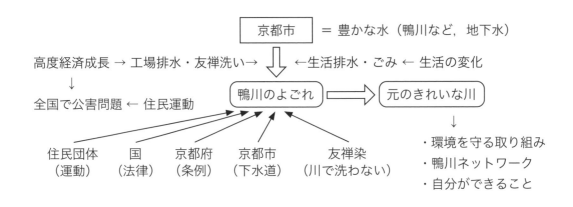

◉ 評　価 ◉

知識および技能	・川の美化など環境改善や公害防止のために，行政機関や住民などが，取り組みを進めてきたことが分かり，それらの取り組みにわたしたち一人一人の協力も大切であることを理解している ・環境汚染などから人々の健康や生活環境を守る取り組みについて，資料から読み取りまとめている。
思考力，判断力，表現力等	・環境汚染や環境破壊の原因を考え，わたしたちの健康や生活環境を守るためにどのような取り組みが重要なのか考え，意見を述べている。 ・環境をよくするための自分たちの役割や今後の活動のあり方について考えている。
主体的に学習に取り組む態度	・身の回りの生活環境や公害に関心を持ち，環境汚染・環境破壊の具体例や環境を守る活動を資料や調査活動を通して意欲的に調べている。 ・環境汚染・環境破壊から健康や生活環境を守るために大切なことは何か，考えようとしている。

時数	授業名	学習のめあて	学習活動
1	豊かな水資源をもつ京都市	・京都市の人々の暮らしと水の関係を考えて学習問題をつくることができる。	・京都の町と川や水との関わりについて話し合う。 ・鴨川の水質の移り変わりを調べる。 ・学習問題をつくる。
2	生活が便利になる一方で	・高度経済成長の時期に，人々の生活が便利になった一方で，全国に公害が広がり，京都の川も汚れていったことがわかる。	・川が汚れていた時の様子を調べ，その原因を考える。 ・友禅染と川の汚れの関係を調べる。 ・四大公害について調べる。 ・身近な川の様子について調べる。
3	美しい川を取りもどすために	・きれいな川を取り戻すために，さまざまな工夫や取り組みがなされてきたことがわかる。	・川を美しくするために必要な取り組みを考える。 ・国や京都市の取り組みを調べる。 ・よみがえった川や取り組みについて思ったことを話し合う。
4	取りもどした環境を守るために	・きれいになった環境を守るために，現在もさまざまな取り組みがされていることがわかる。	・川の美しさを取り戻した後にも課題はないか話し合う。 ・環境を守るための市民や行政の活動について調べる。 ・川を美しくする取り組みの発展について考える。
5	それぞれの立場でまとめて話し合おう	・立場を決めて，鴨川をきれいにする取り組みをまとめ，自分だったらどの活動に協力できるか考えることができる。	・川をきれいにする取り組みを振り返る。 ・立場を決めて，鴨川をきれいにする取り組みをまとめる。 ・自分ならどの活動に協力できるか話し合う。 ・川の美化や環境を守る取り組みから，考えをまとめ交流する。
ひろげる	公害をこえて	・公害被害者たちの生活や思いを知り，公害問題やその対策について，自分なりの考えをもつことができる。	・四大公害の被害の様子をくわしく知る。 ・被害者たちの行動を調べる。 ・四大公害地域の今を調べる。 ・公害問題は終わったと言えるのか考え，話し合う。
いかす	ことなる立場から考えよう	・自然を守りながら人が生活していくために，大切なことは何かを考えることができる。	・川をめぐって，どんな問題が生じているか話し合う。 ・洪水を起こす川に対する二つの意見を確かめる。 ・二つの意見のよい点，問題点，自分の意見をまとめる。 ・自然を守りながら人々が生活していくために大切なことを考える。

豊かな水資源をもつ京都市

㊯ 京都の町の水資源について調べよう

板書例

1 〈京都市の鴨川〉

鴨川　QR

> きれい
> 川岸に木
> 遊べそう

2 〈京都と水の関係〉

京都の名水地図　QR

・桂川，宇治川，高野川…川が多い
・豊富な地下水→名水がわく

POINT　京都名水地図を配信し，地図帳やマップ機能を使って細かに見ていくことで，様々な発見や疑問が生まれてくる。児童の姿

---

1 京都の川の様子について話し合う。

鴨川の写真を見た感想を出し合い，イメージを広げる。

T　川の写真 QR を見せます。感想を言いましょう。
C　きれいな川です。
C　川岸も木が植えてあり，広くて景色がいいね。

C　浅くて，川に入って遊べそうだね。
C　町の中に，こんな川があったらいいな。
T　この川は，どこを流れている何という川ですか。次の中から当ててみましょう。
C　京都市を流れる鴨川です。
C　淀川も隅田川もこんなにきれいじゃない。
C　テレビドラマにも出てきたのを見たことがあるよ。

> ①大阪市の淀川
> ②京都市の鴨川
> ③東京都の隅田川

2 京都の町と水との関係を調べる。

T　京都市とその周辺に，他に川はないか探してみましょう。

教科書や市販の京都市地図などで調べる。

C　大きな川として，桂川と宇治川がある。
C　高野川もある。加茂川と合流して鴨川になっている。同じ「かもがわ」でも字が違う！？
C　その鴨川も桂川と合流している。宇治川，木津川も京都市の南の方で桂川に合流している。
C　京都市は，川の多い町なんだね。

資料「京都の名水地図」QR や名水の画像 QR を見て気付いたことを発表する。

C　市内に名水がいっぱいある。井戸で汲み上げて使っていたんだね。
C　京都市は，地下水も豊富な町なんだ。
T　京都の生活と水は関わりが深そうですね。

| 準備物 | ・鴨川の画像 QR ・名水の画像 QR | ・京都名水地図 QR | I C T | マップ機能を利用して，児童が住む地域の水資源も調べることで，京都市の水資源と，比較して見ることができる。 |

3 〈高度成長時代の鴨川〉

〔1960年～1970年代〕

・BOD 値が高い＝とてもよごれていた

〔現在〕

鴨川

BOD 値が低い

⬇

写真風景のように，きれいになった

4 〈調べてみたいこと〉

・どのように川を
きれいにしたのだろう

・水と暮らし

・かん境を守る取り組み

・水への思い

を見取り，以降の学習を展開していきたい。

---

3 鴨川の変化について確かめる。

「鴨川の BOD 値の変化」（教科書）のグラフを読み取って話し合う。BOD 値の補足説明をしておく。

C　1960 年から 70 年までの間に，すごく数値が大きくなっている年がある。

C　それから後は減ってきて，今はすごく数値が低くなっている。

T　数値が大きかった頃は，どんな時代でしたか。日本の工業の特色で，学習したことを思い出しましょう。

C　高度経済成長の時代でした。

C　工業が発展して，全国で公害問題がおきた。

C　その頃は，鴨川もすごく汚れていたのだね。

C　鴨川は，どうして汚れてしまったのかな？

T　今はどうですか。

C　川はすごくきれいになっている。

C　写真を見ても，BOD 値をみてもそうだね。

4 どんなことを調べたいか話し合う。

ここまでの学習について，展開を振り返ったり，教科書を読んで確かめる。

T　京都市の人々と水について，どんなことを調べてみたいですか。

C　汚れた鴨川をどのようにして，きれいにしてきたのか調べたいね。

C　京都の水は，どのように人々の役に立っているのか，人々の暮らしとの関係を知りたい。

C　きれいになった鴨川の環境を守るために，さらに，どんな取り組みがされているのかも，調べてみたいな。

C　京都の人たちは，この豊かな水をどう思っているのか知りたいな。

T　それでは，鴨川をどのようにしてきれいにし，環境を守っているのか，京都の人々の取り組みを調べていきましょう。

生活が便利になる一方で

板書例

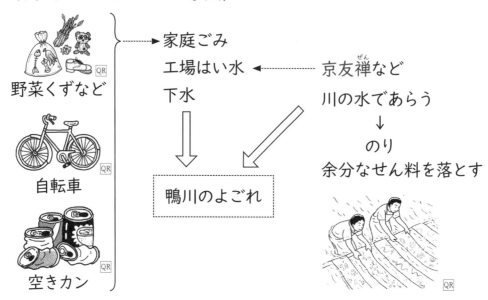

め 川のよごれやその原因について考えよう

1,2 〈鴨川がよごれていた原因〉

野菜くずなど　QR

自転車　QR

空きカン　QR

家庭ごみ
工場はい水　←‥‥‥‥　京友禅など
下水

川の水であらう
↓
のり
余分なせん料を落とす

鴨川のよごれ

POINT　京友禅の生産については，画像と共に動画を視聴すると，当時どんな問題が起こったのかイメージしやすくなる。現在の地

1　汚れていた頃の川の様子や原因を調べる。

T　前の時間の学習で，鴨川がすごく汚れていた時期がありましたね。

C　BOD の数値がとても高くなった。

C　高度経済成長の時代です。

　　資料「鴨川が汚れていた頃」QRを配る。

C　いろんな物が捨てられていた…。

C　自転車やソファーまで捨ててある。

C　野菜くずなんか，ゴミ回収に出せばいいのに。

T　鴨川の汚れの原因は何だったのでしょう。

C　捨ててあるものから考えたら，家庭から出るごみを川に捨てていたからかな。

C　きっと，工場排水も川を汚していたはずだよ。

C　この頃は，まだ，下水も鴨川に流れ込んでいたんじゃないかな。

T　当時の新聞記事の見出しは,『工場排水で濁る』『家庭のゴミ捨て場』でした。

2　友禅染と川の汚れの関係を調べる。

T　鴨川の場合，川の汚れの原因は他にもありました。京都の産業と関係があるのですが,何でしょう。次の中から選びましょう。

C　友禅染だと思う。染め物作りには染料を使うから。

C　知ってる！　友禅を川で洗っていたんだよ。

=3択問題 =
①西陣織
②京友禅
③京漬物

　　友禅染の説明を簡単にする。（糊や余分な染料を洗い流して完成させる−参考資料を活用）

C　川で洗ったら，糊や染料で川が汚れてしまう。

C　川の中での作業は冷えるだろうな。

C　今は，どうしているのかな。

　　インターネットで友禅流し（川で染めた布を洗う）の写真を見せる。

C　布はきれいだけど，川は汚れるだろうな。

3 〈四大公害病〉

〔高度経ざい成長期〕

・水俣病（みなまた）

・四日市ぜんそく（よっかいち）

・イタイイタイ病

・新潟水俣病

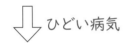

四大公害

⬇ ひどい病気

原因は工場…さい判所が工場の
責任を認める

4 〈身近な川を調べよう〉

・今の姿

きれいにする
取り組み

・昔は？

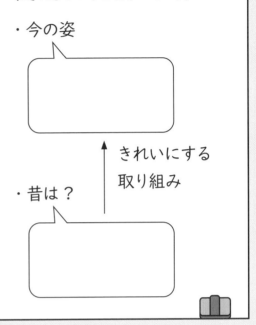

域の川の様子と比較してみるとよい。

---

3 全国の公害の広がりについて調べる。

T　高度経済成長の時代には，<u>四大公害と呼ばれる公害が起きました。公害病の名前，どんな病気なのか，場所，原因を調べましょう。</u>

　　教科書，図書室の本，インターネットなどで調べる。事前にグループで1つずつ分担して調べておき，この時間に報告し合うのもよい。（画像1970年頃の四日市）_{QR}

C　水俣病は，熊本県水俣市で発生しました。工場排水中の有機水銀による中毒が原因です。手足がしびれ，目や耳が不自由となり，死亡する場合もありました。

　　四日市ぜんそく，イタイイタイ病，新潟水俣病についても同様に報告する。

T　四大公害に共通していることは，何でしょう。

C　大勢の患者が出て，ひどい病気になる。

C　工場が出す排水や排煙が原因になっている。

C　裁判所が工場の責任を認めた。

4 自分たちの身近な川などの様子を調べてみる。

T　自分たちの住んでいる地域や，その近くに川がありませんか。

C　家から10分程歩いたところに川がある。

C　小さな川なら，近くに流れている。

T　<u>近くの川はきれいですか。気付いたことを話しましょう。</u>

C　川岸は，石垣できれいにしてある。水も，まあまあきれいだね。

C　時々，ゴミが捨ててあるのを見たことがある。

C　魚や生き物がいるのは，見たことがない。

T　昔の川はどうだったのか，川をきれいにするための取り組みがないか，調べてみましょう。

C　きっと何か取り組みがあったんだよ。

C　市役所で聞いたらわかるかな。

　　課題として出しておき，後日，まとめたものを発表させるとよい。

美しい川を取りもどすために

板書例

ⓜ よごれた川を美しくするための取り組みを調べよう

1 〈川のよごれの原因〉

川にゴミがすてられているようす

・工場はい水

・家庭ゴミ

・下水

2 〈国の取り組み〉

・法りつを作る

・かん境ちょう（今はかん境省）をつくる

↓

・工場はい水を規制

かん境を守る取り組みを進める

POINT 自分たちが暮らす地域の取り組みについては，書籍を探すことは困難なので，インターネットを活用するとよい。国や京都

1 川の汚れの原因から，川を美しくするために必要な取り組みを考える。

T 前の時間の復習です。鴨川の汚れの原因は何でしたか。

C 工場からの排水。友禅染を川で洗うのも…。

C 家庭ゴミや，下水も流れこんでいた。

T <u>川をきれいにするには，どんな取り組みが必要だと思いますか。原因をもとに考えましょう。</u>

C まず，工場からの排水をきれいにしないといけないね。法律を作るとか…。

C 家庭ゴミをなくすには，どうしたらいいのかな？今は分別収集もしているけど…。

C 下水は，下水道を作って，浄化センターできれいにして流せばいい。

T これらの取り組みは誰がするのですか。

C 国がやらないとできないこともあるよ。

C 都道府県や市町村の役割も大事だよ。

C ゴミを捨てないとか，個人ですることもある。

2 国の取り組みを調べて話し合う。

T <u>川をきれいにしたり，環境をよくするための国の取り組みを調べてみましょう。</u>

教科書の資料や資料「国の環境問題への取り組み」QRを読んで感想を交流する。

C いろいろな法律を作って，公害防止や環境問題に取り組んでいる。

C 公害問題がひどくなってきたので，国としても取り組みを強めたのだと思う。

T この中の，川をきれいにする取り組みについて，意見を出し合いましょう。

C 工場排水を規制する法律を作っている。これは，国でないとできないことだね。

C 公害対策や環境を守るための基本になる法律も作り，そのために環境庁という機関も作った。

T <u>国の対策が進んだ背景には，環境を守りたいという全国の住民の声や運動がありました。</u>

| 準備物 | ・資料：国の環境問題への取り組み[QR]　・資料：川をきれいにする京都市の取り組み[QR]　・画像：よみがえった鴨川３枚[QR]　・イラスト：川の汚れ[QR] | | ICT | グラフや鴨川の写真を配信し，昔と今の鴨川を比較して見ることで，環境の大きな変化を捉えやすくなる。 |

３ 〈京都市での取り組み〉

・下水道の整備
　　25％ →ほぼ100％

・友禅染（ゆうぜんぞめ）の見直し
　　工場であらって，下水道へ

〔市民の取り組み〕

・かん板設置→ゴミすて禁止

・パトロール

・ゴミ拾い

４ 〈よみがえった鴨川（かも）〉

・国・市・住民の取り組み

鴨川で鳥が泳いでいる

・みんなが川をよごさない工夫

・大勢の人の声「川をきれいに」

　これからの取り組みも大事

市の取り組みと比較すると，学びが深まる。

３ 京都市の川をきれいにする取り組みを調べて話し合う。

　　　教科書のグラフまたは資料「川をきれいにする京都市の取り組み」⑴[QR]のグラフを見て話し合う。

T　京都市の下水道の普及について，わかったことや思ったことを話し合いましょう。

C　1960（昭和35）年頃は，下水道の普及率は25％ぐらいだから，残りは川に流していたのだ。

C　今はほぼ100％だから，下水道が普及した。これで下水による汚れはなくなったね。

T　友禅染は，今はどうなっていますか。

C　工場で地下水を使って洗い，水は川に流さないで下水道に流している。

　　　教科書の写真などで確認する。

T　住民の取り組みも考えてみましょう。

C　看板などで，ゴミ捨て禁止を呼びかける。

C　パトロールをして，注意をした！

C　みんなでゴミ拾いもしたんじゃないかな。

４ 川を美しくする取り組みやきれいになった川を見て話し合う。

T　国，県や市，住民，それぞれの取り組みで，川の汚れの原因が取り除かれていきました。

T　よみがえった鴨川の写真や，川を美しくする取り組みや現在の川の様子を見て，どんなことを思いましたか。話し合いましょう。

　　　QR収録の鴨川の画像[QR]やインターネットの画像を見て話し合う。

C　水鳥がやってきたり，子どもが遊べるようなきれいな川になって，本当によかった。

C　国や市，工場やみんなが川を汚さない工夫や取り組みを続けたからだね。

C　川をきれいにしようという大勢の人の声が国や市や工場を動かしたのだと思うよ。

C　また川が汚くなってしまわないように，きれいな川を守っていく取り組みも必要だと思う。

取りもどした環境を守るために

本時の目標　きれいになった環境を守るために，現在もさまざまな取り組みがされていることがわかる。

め かん境を守るための取り組みを調べよう

1 〈きれいになった川の課題〉　　**2** 〈市民団体の活動〉

・大勢の人
・観光客
・バーベキューなど
　↓
ゴミをすてるなど
よごれの原因が増える

・クリーンハイク

・イベント（川に親しみ，美化）

・外来生物から日本の生物を守る

・かん境学習

板書例

POINT　出されている条例等について，インターネットを活用して京都市の HP や自分たちが住む市町村や都道府県の HP を調べて

1　川が美しさを取り戻した後の課題について話し合う。

T　鴨川はもとの美しい姿になりましたが，新たな課題が出てきました。それは何でしょう。

C　何かなあ？また汚れる原因ができたのかな？

C　汚れ以外の問題かな…。

　　鴨川の風景写真 を1枚見せる。

T　この写真を参考にして考えて下さい。

C　大勢の人が遊びに来ている。

C　京都は有名な観光地だから，観光客も多いよね。外国の観光客も大勢来る。

C　遊びに来た人が，ごみを捨てて汚す。

C　騒ぎ過ぎたら，近くに住んでいる人が困る。

T　きれいな水や広い河原があれば，どんなことがしたくなりますか。

C　川に入って遊びたい。

C　お弁当を食べる。バーベキューをする…。

C　後片付けをきちんとしないと河原が汚れる！

2　環境を守る市民の活動を調べる。

T　川を美しくしたり，環境を守ろうという活動に市民が取り組んでいます。

　　「鴨川を美しくする会」の活動について，教科書やホームページで調べさせる。わかったことや思ったことをノートやタブレットにメモしてから発表させるとよい。

T　市民団体の人たちが，どんな活動をされていますか。

C　クリーンハイクでゴミ拾いをしている。

C　環境を壊す外来生物を駆除している。

C　鴨川への親しみや美化の気持ちをもってもらうためのイベントを開催している。

C　子どもによる鴨川の水質や水生生物の調査を行っている。

C　学校での，環境学習の授業に協力している。

C　自分たちも何か活動に参加できたらいいね。

3 〈京都府鴨川条例〉

自転車　花火
バーベキュー ｝ 禁止

QR

4 〈鴨川流いきネットワーク〉

京都府
京都市
企業や団体
住民 ｝ 協力

↓

川だけでなく，
流いきのまちづくりも大事

みると，取り組みの共通点や違いが見えてくる。

3 環境を守る行政の取り組みを調べる。

T　京都府や京都市は，どんな取り組みをしているのでしょう。

　　「京都府鴨川条例」のパンフレット QR や教科書の記述で調べる。

T　条例とは，都道府県や市町村などが作る法律のようなものです。分かったことを発表しましょう。

C　京都府が，鴨川の環境を守るためのきまりを作っているんだね。

C　バーベキューや打ち上げ花火を禁止している。川や川原も汚すし，近所にも迷惑だからね。

C　自転車やバイクの乗り入れや放置もしてはいけないんだ！

C　違反すれば罰金なんだ。

C　ゴミが散らかることもなくなって，安心してゆっくり歩いたり，楽しんだりできるね。

4 川を美しくする取り組みの発展について話し合う。

T　2016 年に『鴨川流域ネットワーク』が作られました。何のためにどんな活動をしているのか調べましょう。

C　「鴨川流域」だから，川だけでなく周りの地域も含まれているのだろうね。

C　ネットワークだから，いろいろなつながりがあるのだと思う。

　　教科書や資料「鴨川流域ネットワーク」 QR で調べる。

T　鴨川流域ネットワークや，その活動について，意見を出し合いましょう。

C　府や市や会社や市民が一つになって活動したら，大きな力になると思うよ。

C　それぞれで取り組むのではなく，一つになって協力し合うから一歩前進だね。

C　川だけ美しくするのじゃなくて，流域のまちづくりにまでつなげていくのは大事だと思う。

本時の目標　立場を決めて，鴨川をきれいにする取り組みをまとめ，自分だったらどの活動に協力できるか考えることができる。

板書例

⍟ 国や府，市，工場，市民などの立場で
まとめて話し合おう

1 〈学習のふり返り〉

だれがどんな取り組み？

国，府…法りつや条例

市…下水道

工場…はい水は下水道

市民…活動

2 〈立場を決めてまとめる〉

・大事なこと，関心があること

・自分の言葉を使う

┌─────────────────┐
│ ○○の取り組み　　　　　　│
│　　　　　　　　┌───────┐│
│　　　　　　　　│写真など　││
│　　　　　　　　└───────┘│
└─────────────────┘

POINT　児童が自身の考えをスライドにまとめていく時には，その考えを支えている根拠となる資料も入れ込んでいくようにする。

1 鴨川の美化のために，どんな人がどんな取り組みをしていたか，学習を振り返る。

T　鴨川をきれいな川にするために，いろいろな立場の人が取り組んできましたね。誰がどんな取り組みをしてきましたか。

C　国や京都府は，法律や条例を作って，川が汚されないようにしてきた。

C　京都市は，下水道の整備をしているね。

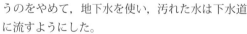

C　京友禅の仕事をしている人たちは，川で洗うのをやめて，地下水を使い，汚れた水は下水道に流すようにした。

C　鴨川を美しくする会の人たちは，クリーンハイクや川に親しむ活動などに取り組んでいる。

C　いろいろな立場の人たちの工夫や努力があって，きれいな川が守られてきたんだね。

2 立場を決め，鴨川をきれいにする取り組みをまとめる。

T　今話し合った立場のどれかに立って，取り組みをまとめましょう。

C　ぼくは，府や市の取り組みが大事だと思うから，その立場でまとめてみよう。

C　私は，鴨川を美しくする会の人の立場で，取り組んできた運動をまとめたい。

　　教科書を読んで，どのようにまとめればよいかイメージを持たせる。インターネットを活用して調べさせる。

C　資料にいっぱい載っているから，全部は書けないな。どうまとめようかな。

C　難しい言葉は辞書で調べよう。

T　資料の丸写しにならないようにしましょう。自分が大事だと思ったことや関心のあるところを選んで，自分の言葉でまとめましょう。

　　写真や絵，グラフなども入れて用紙にまとめる。用紙の代わりにタブレットを活用するのもよい。

3 〈自分が協力・参加〉

ボランティア

ゴミすてない

生き物調査

市などに要求

4 〈まとめ〉

①特に大切なこと

　・1人1人の意識や活動

　・続けていくこと

②これからの活動

　・地球のかん境問題とコラボ

　・科学技術の進歩を役立てる

根拠をもって選択・判断することに繋がるだろう。

---

3 自分だったらどの活動に協力できるか（協力したいか）考え，話し合う。

T　もし自分がどれかの活動に協力するとしたら，どれに協力しますか。

C　ぼくは，鴨川を美しくする会に協力して，ボランティア活動をしたいな。

C　自分がまずゴミを捨てないようにする。友だちにも川をきれいにしようと呼びかける。これならできる。

C　川の生き物調査などに参加してみたい。

C　国や府や市でないとできないこともあるから，自分もいろんなことに応募していきたい。

C　国や府や市にやってほしいことを，私たちが要求していくことも大事だね。

　　「自分ができること」または「自分がやりたいこと」の視点から，協力できることを考え，話し合う。友だちの意見を聞いて，自分の考えを補足修正することも大切にしたい。

4 川をきれいにし環境を守る取り組みから，考えをまとめ交流する。

T　川や環境を守る取り組みについて，これまで学習してきたことをもとにして，次の2点のどちらかについて自分の考えをまとめましょう。

　　①環境を守る活動で特に大事なことは何か。

　　②これからどんな活動をしていけばよいか。

C　①について，国や府や市に頼るのでなく，私たち一人一人の意識や活動が一番大事だと思う。

C　②について，これからは，地球の環境問題とつなげて活動していくことが大切だと思う。

T　書けたらグループで発表し合って意見交流をしましょう。

C　私は，環境を守る取り組みを「続けていく」ことが，とても大切だと思います。

C　科学技術の進歩もこれからの活動に役立てることができそうな気がします。

　　違う立場の意見や考えから，互いに学び合わせる。

公害をこえて

本時の目標 公害被害者たちの生活や思いを知り、公害問題やその対策について、自分なりの考えをもつことができる。

板書例

㊁ 公害問題をくわしく調べ、今とこれからを考えよう

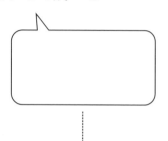

1 〈四大公害〉

公害資料館ホームページ
くわしく調べる

・公害にん定に長い年月
・なくなった人
・今も苦しむ人

2 〈公害への対応〉

ひ害住民 ── 反対運動
　　　　 ── 国や県に要望
　　　　 ── 工場と交しょう

↓

さい判にうったえる

↓

・工場の責任をみとめる
　水俣病 20 年後
　イタイイタイ病 50 年後

POINT 書籍やインターネットを活用して調べたことをスライドにまとめていくだけでなく、自分の考えとその根拠となる資料も一

1 四大公害の被害の様子を詳しく知る。

T 四大公害について思い出しましょう。

　第2時で学習した内容を簡単に思い出す。

C 四日市ぜんそくは、工場から出る煙が原因で、他は工場排水が原因だったね。

C 1960年頃に起こっている問題が多いね。

T 4つの地域には、それぞれ公害資料館（四日市の場合は環境未来館）が作られ、公害問題を現在に伝えています。

T 公害資料館のホームページから、患者の生活や被害の様子について、詳しく調べましょう。

　四大公害の1つを選び、その資料館のホームページで調べてノートにまとめる。

C どれも公害病だと認められるまでに長い年月がかかり、患者の人たちは苦しんだ。

C 今も病気が治らなくて苦しんでいる患者がおられる。亡くなった人も多いんだ。

2 公害被害者たちがとった行動を調べる。

T 被害者の住民は、どうしたと思いますか。

C 公害反対運動をしたと思います。

C 工場に、公害を出さないように頼んだ。

C 国や県や市に、公害を防いでほしいと頼んだ。

　資料1「四大公害関係の年表」QR から読みとる。

T みんなが考えたことも取り組まれていました。その他に、どんなことがありましたか。

C みんな裁判で訴えています。なぜ裁判を起こしたのかな。

C 工場も、国、県、市も願いを聞いてくれないから、裁判で訴えるしかなかったのだと思う。

C どの裁判でも住民の言い分が認められて、工場に責任があることがはっきりした。

C でも認められるまでに、水俣病で20年、イタイイタイ病は50年もかかっている。どうして？

３ 〈公害を受けた地いきの今〉　**４** 〈公害問題は終わったのか〉

・おせんされたヘドロ・田畑
　↓
　土中にうめる

・空気のよごれ
　↓
　基準ち以下に減る

・ひ害者救さい
　↓
　にん定かん者はまだ少数
　被害者への一時金支給

・公害の町
　↓
　かん境モデル都市

水も空気もきれい
終わった

今も病気の人がいる
終わっていない

まだ続くさい判もある
終わっていない

緒に表現するように意識づける。

---

3 四大公害地域の今はどのようになっているのか調べる。

Ｔ　公害によって大気や水や土地が汚染された四つの地域は，今はどうなっていると思いますか。

Ｃ　公害を防ぐための法律が作られたから，今はきれいになっていると思います。

Ｃ　工場排水や大気汚染の基準が作られたから，公害の原因になるものは出されなくなった。

Ｃ　水俣市は，二度と公害が起こらないように訴えるため，環境モデル都市となって活動している。

　　資料２「汚染された海，土地，空気はどうなった？」^{QR}から読み取る。

Ｃ　海も農地も汚染された物が取り除かれ，空気もきれいになったからよかった。

Ｃ　でも，汚染が消えたのではなくて，埋めてしまっただけでしょ。それで本当にいいのかな？

Ｃ　しみ出してきたらまた汚染されるかも…。

Ｃ　別の原因で新しい公害は起こらないのかな？

4 公害問題は終わったと言えるのか，話し合う。

Ｔ　汚染土処理など疑問も出ましたね。もう公害は終わったと言えるのか，話し合いましょう。

Ｃ　水や空気がきれいになって新しい被害者が出なくなったら，なくなったと言ってよいと思う。

Ｃ　でもまだ，公害が原因の病気で苦しんでいる人がいるから，終わったとは言えないと思う。

　　資料３「水俣病の被害者救済について」^{QR}から読み取る。

Ｃ　多くの人の公害認定を認めないなんて…。

Ｃ　多くの人に一時金を出すことは認めるのに，水俣病患者だと認める事は少ない。なぜかな？

Ｃ　被害者の救済が完全にできることが大事。それまでは，公害は終わらないと思う。

Ｃ　まだ続いている裁判もある。被害者の願いが全部認められた時，公害は終わったと言える。

Ｃ　二度と公害を出さないようにするためにも，簡単に終わったと言ってはいけないと思う。

ことなる立場から考えよう

板書例

㉞ 人は自然とどう関わればよいか考えよう

1 〈川をめぐる問題〉

川のはんらん

↓

家や道路がしん水
物が流される
き険

2,3 〈2つの考え〉

自然に手を加え管理する

・コンクリートで整備

・親水公園

↕

自然のままの姿で守る

・自然をこわさない

・他の方法

POINT　黒板に「手を加える側」か「自然のまま側」か，ネームプレートを貼り立場を表して意見を聞き合うようにすると，思考の

1 川をめぐってどんな問題が生じているか考え，話し合う。

T　きれいな川が流れる町についてどう思いますか。

C　きれいな町だと思う。景色がいい。

C　住んでみたくなる町だと思う。

　　町を流れる川の洪水の場面の写真（インターネット）またはイラスト QR を見る。

T　これは，どんな場面でしょう。

C　川が氾濫を起こして，町が洪水になっている。

C　大雨や台風が来て，川の水が溢れたんだ。

C　川の堤防が壊れたのかもしれないね。

T　洪水になると，どんなことで困るでしょう。

C　家が浸水すると，泥でひどいことになるよ。

C　家が流されそうになったら怖いよ。

C　自分の身も危険にさらされてしまう。

C　いろいろな物が流されてきたら危ない。

2 たびたび洪水を起こす川に対する2つの異なった意見について確かめる。

T　氾濫を起こす可能性がある川が近くにあったら，どうしたらよいと思いますか。

C　堤防を高くしたり，コンクリートにする。

C　洪水が起きないように川を整備して，川原は親水公園にすればいい。

C　でも，それだと川の自然が壊されるかもしれない。

C　自然を守ることはとても大事だよ。

C　家を高くしたり，安全な避難の方法を考える。

　　各自の意見を出し合う代わりに，教科書の AB の意見を確かめるのでもよい。

T　意見は，2つに分けられそうですね。どのように分けますか。

C　人間の安全のために自然に手を加えて整備し，自然を管理していくのが1つ目の意見だね。

C　2つ目は，自然には手を加えないで，自然をそのままの姿で守るという意見。

準備物	・ワークシート：二つの意見の違いを表にまとめよう QR ・イラスト QR：川の氾濫，男の子，女の子
ICT	ワークシートを配信し，児童が考えをまとめたものを共有すると，立場を明確にして対話することができる。

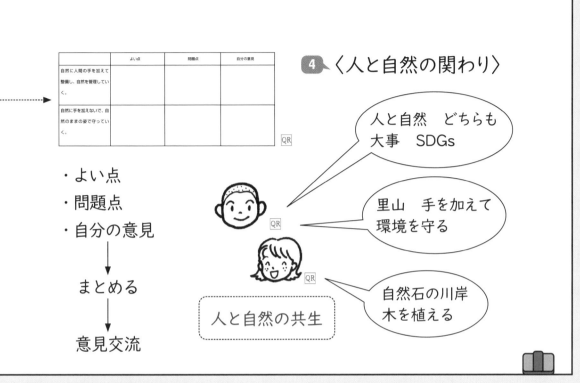

	よい点	問題点	自分の意見
自然に人間の手を加えて整備し，自然を管理していく。			
自然に手を加えないで，自然のままの姿で守っていく。			

④　〈人と自然の関わり〉

人と自然　どちらも大事　SDGs

里山　手を加えて環境を守る

自然石の川岸　木を植える

・よい点
・問題点
・自分の意見
　↓
まとめる
　↓
意見交流

人と自然の共生

変容を捉えてよりよい対話に繋げられる。

---

3 2つの考え方のそれぞれのよい点，問題点，自分の意見をまとめる。

T　二つの意見にはそれぞれ，よい点と問題点があります。違いを表にまとめてみましょう。

　　ワークシート「二つの意見の違いを表にまとめよう」QRに書き込んでいく。

C　人の手を加える場合のよい点は，安全な生活が守られる。親水公園のようにみんなが楽しむ場所もつくることができる。

C　問題点は，自然が壊されること。生き物の生態系も壊されることになる。

C　手を加えない場合のよい点は，自然を守ることができる。生き物にもやさしい場所になる。

C　問題点は，洪水が起こるかもしれないこと。人々の暮らしや安全が脅かされるかも…。

C　自分の考えをまとめるのは難しいな…。

　　書けたら，グループで発表し合って，意見を交流する。

4 自然を守りながら人々が生活していくために大切なことは何か考える。

T　人は自然とどう関わっていけばよいのか考えて，話し合いましょう。

C　自然を守っても人の生活が困るのではだめだ。人の暮らしや命を守ることが一番大事だよ。

C　便利な生活のために自然を壊したら，人間が住める環境も壊れてしまう。地球温暖化によって，同じことが起きてる。

C　人間の生活も自然も，どちらも大事にしないといけないと思う。SDGsだよ。

C　里山のように，人間が適度に手を加えることで環境が守られてきた例もあるよ。

C　じゃあ洪水が起きる川をどうすればいいの？

C　コンクリートを自然の石に変えたりして，自然を残しながら川を整備したらどうだろう。

C　しっかり根を張る木を堤防に植える！

T　人と自然が共生していける道をみんなで探し続けていくことが大切なんですね。

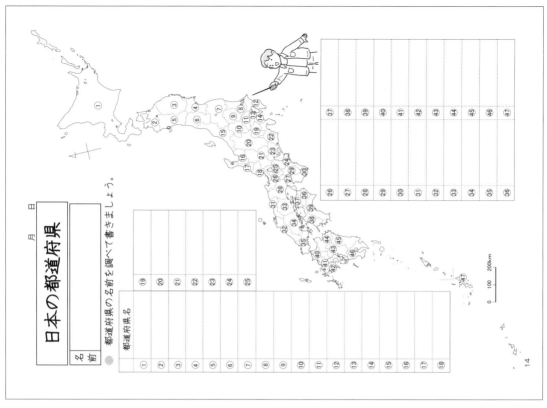

日本の都道府県

名前

◎ 都道府県の名前を調べて書きましょう。

● 都道府県名

| ① | ② | ③ | ④ | ⑤ | ⑥ | ⑦ | ⑧ | ⑨ | ⑩ | ⑪ | ⑫ | ⑬ | ⑭ | ⑮ | ⑯ | ⑰ | ⑱ |

| ⑲ | ⑳ | ㉑ | ㉒ | ㉓ | ㉔ | ㉕ |

| ㉖ | ㉗ | ㉘ | ㉙ | ㉚ | ㉛ | ㉜ | ㉝ | ㉞ | ㉟ | ㊱ |

| ㊲ | ㊳ | ㊴ | ㊵ | ㊶ | ㊷ | ㊸ | ㊹ | ㊺ | ㊻ | ㊼ |

14

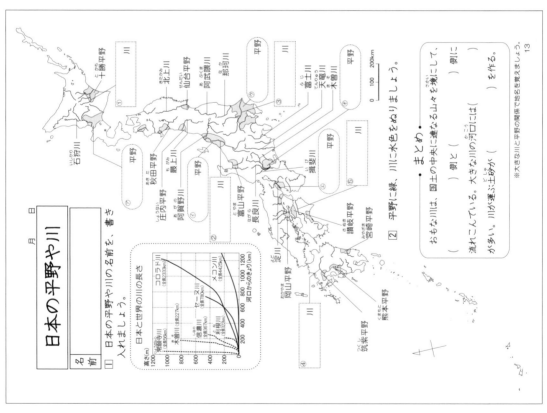

日本の平野や川

名前

① 日本の平野や川の名前を、書き入れましょう。

日本と世界の川の長さ

高さ(m)
1200
1000
800
600
400
200

常願寺川（全長56km）
木曽川（全長227km）
信濃川（全長367km）
利根川（全長322km）

コロラド川（全長2333km）
メコン川（全長4425km）
セーヌ川（全長776km）

河口からのきょり(km)
200 400 600 800 1000 1200

石狩川
十勝平野
北上川
秋田平野
仙台平野
阿武隈川
那珂川
庄内平野
最上川
阿賀野川
富士川
天竜川
木曽川
富山平野
長良川
揖斐川
讃岐平野
宮崎平野
岡山平野
筑紫平野
熊本平野

平野
川

② 平野に緑、川に水色をぬりましょう。

0 100 200km

まとめ・

おもな川は、国土の中央に連なる山々を境にして、
（　　　）側と（　　　）側に
流れこんでいる。大きな川の河口には（　　　）
が多い。川が運ぶ土砂が（　　　）を作る。

※大きな川と平野の関係で地名を覚えましょう。

13

276

資料

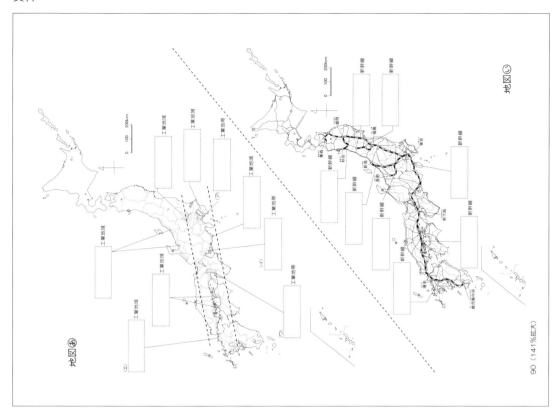

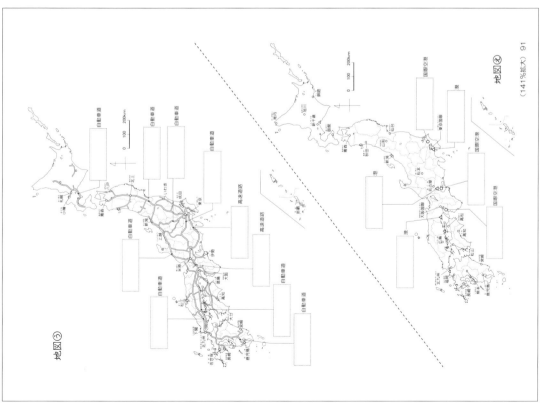

著者紹介

羽田　純一

元京都府公立小学校　教諭
京都歴史教育者協議会　会員
歴史教育者協議会全国大会

主な著書

「新版まるごと授業　社会　4 年　5 年　6 年」
　（喜楽研）
「社会科の本質がわかる授業②　産業と国土」
　（日本標準）
「京都おとくに歴史を歩く」（かもがわ出版）

中楯　洋

元大阪府公立小学校　教諭
元大阪府公立中学校　非常勤講師

主な著書

「新版まるごと授業　社会　3 年　4 年　6 年」
　（喜楽研）
「楽しい社会科の授業づくり　6 年①②」（喜楽研）

倉持　祐二

元奈良教育大学附属小学校　教諭
歴史教育者協議会　会員
日本社会科教育学会　会員
日本教育方法学会　会員
日本教師教育学会　会員
現京都橘大学発達教育学部児童教育学科　教授

主な著書

「食べることから始めてみよう－生活科・社会科・
総合的な学習」（喜楽研）
「社会認識を育てる教材・教具と社会科の授業づくり」
　（三学出版）
「新版まるごと授業　社会　5 年　6 年」（喜楽研）

安野　雄一

元　大阪教育大学附属平野小学校　教諭
現　関西大学初等部　教諭
経済教育学会　会員
日本教科教育学会　会員

主な著書

「新版まるごと授業社会 4 年・5 年」（喜楽研）
「ICT で楽しい学級づくり・授業づくり 77」（喜楽研）
「子どもから学ぶ－教師の見取りの解像度を上げ
る－」（東洋館出版）

*2024 年 3 月現在

参考文献一覧 （順不同）

『日本国勢図会 2019 ／ 20』 公益法人矢野恒太記念会　編集・発行　令和元年度
『日本国勢図会 2023 ／ 24』 公益法人矢野恒太記念会　編集・発行　令和 5 年度
『まるごと社会科中学地理（上）（下）』 喜楽研
『新しい社会　5 年　上下』 東京書籍　令和 2 年度
『小学社会　5 年』 教育出版　令和 2 年度
『小学社会　5 年』 日本文教出版　令和 2 年度
『社会科授業大全集　5 年』 河﨑かよ子ほか　喜楽研
『まるごと社会科 5 年』 羽田純一ほか　喜楽研
『日本の漁業』 河井智康　岩波新書
『「食糧危機」をあおってはいけない』 川島博之　文藝春秋
『「食糧自給率」の罠』 川島博之　朝日新聞社版
『コンビニ弁当 16 万キロの旅』 コンビニ弁当探偵団　太郎次郎社エディタス
『とうもろこしの絵本』 戸沢英男・編　農文協
『理科年表』 丸善株式会社出版事業部
『カツオの産業と文化』 若林良和　成文堂書店
『ものと人間の文化史 97　鰹節』 宮下章　法政大学出版局
『地域産業の振興と経済発展─地域再生への道』 西田安慶・片上洋　三学出版

参考 WEB ページ一覧 （順不同）

政府関係統計・資料・画像
（外務省　総務省　農林水産省　経済産業省厚生労働省気象庁　警察庁　内閣府（沖縄総合事務局）海上保安庁　国土交通省　防衛省　国土地理院　環境省　林野庁）
地方自治体関係統計・資料・画像
（沖縄県　京都府　京都市　海津市　鯖江市　富山県本部町　厚岸町　森町　神戸市　熊本市　鹿児島市）
政府　地震調査研究推進本部キッズページ
JOGMEC 資料（NEDO 再生可能エネルギー白書）
東京都中央卸売市場データ
東日本大震災報道
─NHK の初期から 72 時間の災害報道を中心に─：
NHK　放送文化研究所ほか
日本自動車工業会資料
次世代自動車振興センター資料・日本ガス協会資料
めがねミュージアムホームページ
政府　地震調査研究推進本部キッズページ
土石流災害を防ぐ
（土砂災害防止広報センター　防災学習お役立ちページ）
砂防ダムの役割（NHK　for　school）
日本火災学会　阪神淡路大震災での教訓
お米ランキング
長崎県水産部ホームページ
焼津漁港管理事務所ホームページ
ほたて王国　平内町ホームページ
Wikipedia
沖縄から伝えたい米軍基地の話
水俣病資料館ホームページ

資料等協力頂いた団体・企業 （順不同）

外務省　内閣府　農林水産省　林野庁
京都府　沖縄県本部町観光協会　京都市　高槻市
霧島市　海津市　厚岸町観光協会　森町観光協会
九頭竜川鳴鹿土地改良区　十三漁業協同組合
馬路村農業協同組合
独立行政法人水産総合研究センター
独立行政法人石油天然ガス・金属鉱物資源機構
国営木曽三川公園　本部町観光協会
JA 全農山形　JA 福井　美唄商工会議所
京都北山丸太生産協同組合
NPO 法人　土砂災害防止広報センター
京都友禅蒸水洗工業協同組合
株式会社北嶋絞製作所
株式会社てぃーだスクエア
株式会社梨屋
大川碾茶工房
小笠原村観光局
沖縄観光コンベンションビューロー
全国学校給食甲子園
毎日新聞

喜楽研の QR コードつき授業シリーズ

改訂新版

板書と授業展開がよくわかる

まるごと授業　社会　5 年

2024 年 3 月 15 日　　第 1 刷発行

細　密　画： 日向博子

イ ラ ス ト： 日向博子・山口亜耶 他

著　　　者： 羽田　純一・中楯　洋・倉持　祐二・安野　雄一

企画・編集： 原田 善造（他 10 名）

編　　　集： わかる喜び学ぶ楽しさを創造する教育研究所　宮城　敬

発 行 者： 岸本 なおこ

発 行 所： 喜楽研（わかる喜び学ぶ楽しさを創造する教育研究所：略称）
　　　　　　〒 604-0854 京都府京都市中京区二条通東洞院西入仁王門町 26-1
　　　　　　TEL　075-213-7701　FAX　075-213-7706
　　　　　　HP　https://www.kirakuken.co.jp

印　　　刷： 創栄図書印刷株式会社

ISBN：978-4-86277-451-4　　　　　　　　　　　　　　Printed in Japan